Besuchen Sie uns auf www.facebook.com/conbook

1. Auflage
© 2011 Conbook Medien GmbH, Meerbusch
Alle Rechte vorbehalten.

www.conbook-verlag.de
www.heimatbuch.de

In der Reihe »Heimatbuch« bisher ebenfalls erschienen:

München	Sarah Hakenberg	ISBN 978-3-934918-91-7
Ostfriesland	I. Lienemann & K. Jakob	ISBN 978-3-934918-87-0
Rheinland	Christan Bartel	ISBN 978-3-934918-89-4
Schwabenland	Holger Hommel	ISBN 978-3-934918-90-0
Westfalen	Mischa-Sarim Vérollet	ISBN 978-3-934918-93-1
Wien	Buchgraber & Brandl	ISBN 978-3-934918-88-7

Projektleitung und Lektorat: Christiane Barth
Redaktionelle Mitarbeit: Mario Savino, Uli Beckers, Helene Mierscheid
Einbandgestaltung: Linda Kahrl
unter Verwendung des Bildmotivs © istockphoto.com/Fiona1
Satz: David Janik, Linda Kahrl

Das Werk wurde vermittelt von der Autorenagentur www.wort-union.de

Druck und Verarbeitung: Ebner & Spiegel GmbH, Ulm

Printed in Germany

ISBN 978-3-934918-84-9

Murat Topal

Ich hab noch einen
Döner an der Spree
BERLIN
ein *Heimatbuch*

Zeig mir dein Berlin!

Eigentlich wollte Murat den Sommer entspannt zu Hause verbringen, die Zeit mit der Familie genießen und an seinem neuen Programm schreiben ... Aber es kommt anders.

So unerwartet wie unpassend kündigt ein alter Schulfreund seiner Frau einen mehrwöchigen Besuch an. Murat schwant nichts Gutes. Kann jemand, der Berlin bislang nur aus Büchern kennt und seinen Spitznamen „Karl" dem Besserwisser aus der TKKG-Bande verdankt, ein pflegeleichter Gast sein? Insbesondere wenn er gleich zu Beginn fragt, ob ihm Murat als Urberliner nicht den einen oder anderen Insider-Tipp geben könnte?

In der Tat entpuppt sich der schwäbische Besucher schnell als anstrengend. Als Stadtführer im Auftrag Ihrer Majestät, der unnachgiebigsten Ehefrau von allen, gerät Murat mit seinem etwas unbedarften und tollpatschigen Begleiter von einer schrägen Situation in die nächste. Doch nach und nach raufen sich die beiden zu einem echten Dreamteam zusammen.

Folgen Sie Murat und Karl auf ihren Streifzügen durch die Hauptstadt, zwischen Kottbusser Tor und Karneval der Kulturen, auf den Spuren von Frontstadt und Frontscheibenvarietés, mit Taxi und BVG bis in die fledermausumflatterte Zitadelle Spandau.

Locker und lehrreich präsentiert **Murat Topal** in amüsanten Episoden voll Action, Anschauungsmaterial und Augenzwinkern sein ganz persönliches Berlin.

Murat Topal, Deutsch-Türke und gebürtiger Berliner, arbeitete zehn Jahre lang als Polizist im Bezirk Kreuzberg, bevor er sich ganz dem Dasein als Comedy-Künstler widmete.

Er kennt so ziemlich jeden Winkel seiner Heimat Berlin, deren Bewohner ihn zu seinen Gags inspirieren. Bekannt ist Murat Topal unter anderem durch Auftritte in TV-Sendungen wie dem *Quatsch Comedy Club*, *NightWash*, *Verstehen Sie Spaß?* oder *Zimmer Frei!* und durch die Serie *Spezialeinsatz*, in der er die Hauptrolle spielt. Seit Februar 2011 tourt er mit seinem inzwischen dritten abendfüllenden Bühnenprogramm *MultiTool – Der Mann für alle Fälle* durch Deutschland.

Zusammen mit seinen ehemaligen Kollegen engagiert sich der in Neukölln aufgewachsene Ex-Polizist gegen Gewalt an Kreuzberger Schulen mit dem prämierten Projekt *Stopp Tokat* und der Aktion *School Talks*. Er ist zudem Botschafter des Kinderhilfsprojekts *Notinsel* sowie Juror für den Preis *Berliner Tulpe für deutsch-türkischen Gemeinsinn*.

Inhalt

Touristen erkennt man an der Freundlichkeit   9

Neukölln: verrufen und begehrt   16

So is(s)t Berlin   25

Knotenpunkt im Niemandsland   35

Drachen über Tempelhof   41

Sightseeing für Sparfüchse   57

Gruseln mit Karl   64

Der Glöckner am Kurfürstendamm   72

Hoffmanns Verstrebungen   79

Der Himmel über Berlin   87

Inhalt

Romantisches und Unromantisches 95

Frontscheibenvarietés 105

Käpt'n, lass die Leinen dran 112

Heiteres Promi-Raten 121

Nachts sind alle Kitkats schau 129

Eine echte Sumpfblüte 140

Zur Dialektik des Dialekts 147

Batman trifft Edgar Wallace 157

Schwofen bei Clärchens 164

Kaffeemaschinen Des Westens 174

Es gibt so viele Sänger an der Spree   182

Die Kinder vom Kottbusser Tor   192

Flohzirkus am Mauerpark   200

Galerie des Ostens   209

Unterbaum und Oberbaum   215

Lost im Reichstag   221

Berlin alaaf   230

125 Jahre und kein bisschen leise   237

Alles nicht ganz koscher   246

Das eigentliche Berlin   253

Anhang

10 Dinge, die man gesehen
oder erlebt haben muss   268

Die Top 10 Restaurants für
Alt-Berliner Küche   271

Murats Shoppingtipps   273

Wörterbuch   276

Die besten Berliner Sprüche   279

Glossar   281

Touristen erkennt man an der Freundlichkeit

»Morgens um sieben ist die Welt noch in Ordnung« war in den 70er-Jahren ein Lieblingsspruch meiner Mutter, den sie dem Titel eines in jenen Zeiten aktuellen Bestsellers entliehen hatte. Eine Aussage, die ich schon damals für eine der größten Lügen der Menschheitsgeschichte hielt. Morgens um sieben schepperte in unserem Kinderzimmer an jedem Werktag der altersschwache Wecker, um uns mit seinem an den Todeskampf eines lungenkranken Chihuahuas erinnernden Rasseln an unsere Schulpflicht zu gemahnen. Was sollte daran in Ordnung sein? In Ordnung war die Welt in meinen nächtlichen Träumen, in denen die Superhelden der von mir heiß geliebten »Marvel«-Comics größenwahnsinnige Schurken, die den Fortbestand der Menschheit gefährdeten, für immer oder wenigstens bis zum nächsten Heft aus dem Verkehr zogen. Punkt sieben Uhr aus diesen süßen Träumen gerissen zu werden, bedeutete für mich ohne Netz und doppelten Boden in eine raue Wirklichkeit katapultiert zu werden, der ich erst mit dem nächsten Einschlummern wieder entkommen konnte. Für mich war die Sieben also nicht wie in der Zahlenmystik eine heilige Ziffer, sondern seit früher Kindheit das Symbol der kosmischen Unordnung, das numerische Synonym für das Nicht-Ineinandergreifen-Wollen der für irdisches Glück verantwortlichen Zahnrädchen.

Folglich wäre ich am 7. (sic!) Mai 2011 jede Wette eingegangen, dass der folgenreiche Anruf meines ursprünglich aus Böblingen stammenden Heilbronner Freundes Karl um Punkt sieben Uhr morgens erfolgen würde. Als das unangemessen fröhliche »Wake Me up Before You Go-Go«-Krähen meines Handys mich aus einem komaähnlichen Schlaf riss, sagte mir ein kurzer Blick auf die digitale Zeitanzeige allerdings, dass es bereits zehn geschlagen und ich mit Pauken und Trompeten verschlafen hatte. Das für neun Uhr geplante Interview mit Radio eins hatte ganz offenbar ohne mich stattgefunden. Wer da wohl meine Rolle übernommen hatte? Trotz dieses größten anzunehmenden Unfalls drehte sich die Welt erstaunlicherweise gelassen weiter.

An dieser Stelle sollte ich kurz einflechten, dass mein Freund Karl eigentlich Holger heißt. Karl nennen ihn alle nur deswegen, weil all seine Schulfreunde gestandene TKKG-Fans waren. Und weil Holger einfach die perfekte Reinkarnation von Karl, dem Computer, ist. Also, jetzt nicht so vom Aussehen her. Karl, ich meine Holger, trägt zum Beispiel keine Nickel-, sondern eine drei Dioptrien starke antiquierte Kassenbrille und ist auch alles andere als spindeldürr. Auf unserer Hochzeit meinte eine Freundin zu meiner Frau: »Wer ist eigentlich das sprechende Bierfass dort?« Und obwohl sein Vater nicht wie bei TKKG-Karl Professor für Mathe und Physik ist, sondern Feuerwehrmann: Karl-Holger ist ein wandelnder Datenspeicher. Der merkt sich einfach alles. Das ist manchmal cool und öfter extrem nervend. Schlauschnacker, nennen Hamburger penetrante Besserwisser wie ihn. Der Rest der Welt sagt: Klugscheißer. Aber auch wenn Karls Festplatte manchmal heiß läuft und er nicht alle Bits im Schrank hat, soll man angeblich durchaus Spaß mit ihm haben können. Behauptet zumindest meine Gattin, der ich in der Regel nicht zu widersprechen wage.

Genau betrachtet ist Karl nämlich gar nicht *mein* Freund, sondern ein Schulfreund meiner Frau. Seitdem er meinem Vater auf unserer Hochzeit lang und ausdauernd erklärt hat, an welchen politisch-strategischen Fehlern das Osmanische Reich zugrunde gegangen ist, ist er auch der Freund meines Vaters. Sagt Karl. Mein Baba hat sich diesbezüglich noch zu keiner Aussage hinreißen lassen. Es sei denn, man interpretiert sein hartnäckiges Schweigen zu diesem Punkt als stilles Zeichen der Sympathie. Jedenfalls legt mir meine Frau, die ja die vernünftigste Ehefrau von allen ist, seit jenem schicksalsschwangeren Tag nahe, dass Karl als Freund meiner Gattin *und* meines Vaters auch mein Freund zu sein hat. Also ist er jetzt eben auch mein Freund. Obwohl ich mir während meiner eher unglücklichen Schulzeit geschworen hatte, unter keinen Umständen mit Lehrern befreundet zu sein. Inzwischen versuche ich, diesen mir selbst gegenüber begangenen Meineid (der wahrscheinlich genau deshalb so heißt!) damit zu entschuldigen, dass Sonderschullehrer bei Licht betrachtet keine echten Lehrer sind. Sondern einfach irgendwie sonderlich. Was auf Karl voll zutrifft. Nicht nur, dass der Begriff Bücherwurm ganz ohne Zweifel eigens für ihn erfunden wurde (wobei Bücherdrachen angesichts seiner Körperfülle sicher eine treffendere Metapher gewesen wäre. Aber vielleicht kann man sich ja mit dem Ausdruck Bücherlindwurm in der Mitte einigen). Wirklich schlimm und vor allem nervenzerfetzend ist sein zwanghaftes Monologisieren. Dieser Mann redet, von kleinen unbedeutenden Pausen abgesehen, rund um die Uhr und buchstäblich ohne Punkt und Komma.

Ihn morgens als ersten Anrufer am Apparat zu haben, konnte kein gutes Omen für den Rest des Tages sein.

Trotzdem drückte ich todesmutig auf die grüne Taste. Und riss den Hörer schon nach wenigen Sekunden so weit wie möglich von meinem misshandelten Ohr weg. In meiner Schlaftrunkenheit hatte ich vergessen, wie unglaublich laut Karl in sein Telefon spricht. Brüllt, genauer gesagt. Bei unserem allerersten Telefonat führte ich diese eindeutig gegen die Genfer Konventionen verstoßende Praxis auf eine falsche Lautstärke-Einstellung meines damals brandneuen Handys zurück. Bis ich, ganz der Technikkenner, nach stundenlanger Lektüre der komplett unverständlichen Bedienungsanleitung zu meinem Entsetzen feststellte, dass die Lautstärke noch vom Werk aus auf die niedrigste Stufe eingestellt war.

Seitdem halte ich bei Telefonaten mit Karl den Hörer zum Schutz meines Trommelfells mindestens eine halbe Armlänge vom Ohr weg. Was allerdings dazu führt, dass ich meinerseits sehr laut in Richtung des gut 30 Zentimeter von meinem Mund entfernten Handys kreischen muss. Eine Art, welche bei Gesprächen im Freien mitunter zu recht abschätzigen Blicken meiner Berliner Mitbürger führt. Ersatzweise auch gern mal zu handfesten Beleidigungen.

Allerdings muss ich zugeben, dass Beleidigungen jeder Couleur in meiner Heimatstadt quasi zum guten Ton gehören. Man begegnet ihnen jederzeit auch im alltäglichen Gedränge in der nach Mondphasen fahrenden S-Bahn oder beim so geselligen wie sportiven Hundekot-Slalom auf Neuköllner Bürgersteigen. Unsere städtische Marketinggesellschaft »Berlin Partner« versucht aus der zum landsmannschaftlichen Charakter gehörenden ruppigen Unfreundlichkeit auftragsgemäß das Beste herauszuholen und vermarktet sie offensiv als »Berliner Schnauze«. Zu den merkwürdigen Besonderheiten der menschlichen Natur gehört es, dass sowohl Ausländer als auch einheimische Auswärtige naiv und/oder masochistisch genug sind, sich mit kindischer

Freude von missgelaunten BVG-Mitarbeitern oder gelangweilt herumlungernden Hartz-IV-Klienten maßregeln und bepöbeln zu lassen. Ja, die täglich rund 400.000 Touristen gehen in ihrer unterwürfigen Demut sogar so weit, in rauen Mengen Postkarten mit beleidigenden Sprüchen wie »*Wat kiekstn so, Fatzke?*« oder dem im Berliner Dienstleistungsbereich allgegenwärtigen kundenfreundlichen Motto »*Allet klar, dit kannste gleich ma wieda knicken*« zu kaufen. Insofern scheint mir die 2008 gestartete Imagekampagne »be Berlin«, in der die Berliner verlogenerweise als freundliche, weltoffene und hilfsbereite Sippschaft dargestellt werden, unter Marketingaspekten eher kontraproduktiv zu sein. Ist doch der einheimische Nörgelpeter inzwischen offensichtlich eine mindestens genauso attraktive Sehenswürdigkeit wie Schloss Bellevue oder das Brandenburger Tor. Und geldsparend obendrein, denn für unfreundliches Verhalten müssen Berliner nicht extra geschult werden. Was für unsere notorisch klamme Stadt ein Segen ist. Letzten Endes wären kostenaufwendige Freundlichkeits-Schulungen sicher ähnlich aussichtslos wie der Versuch, unserem Wappenbären das Wiehern beizubringen. Es bleibt also dabei: Touristen erkennt man in Berlin nicht nur an sich im Wind verknäulenden Stadtplänen und zu jeder Tages- und Nachtzeit unpassenden Klamotten, sondern insbesondere an ihrer ortsunüblichen aufdringlichen Freundlichkeit. Solch speichelleckendes Liebeswerben haben wir Einheimischen nicht nötig. Schließlich sind wir Hauptstadt!

»*be* Berlin«

Die Kampagne »be Berlin« des Berliner Senats startete im März 2008 mit dem Ziel, das positive Image der Hauptstadt zu stärken und für diese zu werben. Gemeinsam mit der Deutschen Post wurden zum Beispiel 1.358.205 Infopost-Wurfsendungen an alle Berliner Haushalte versandt. Rund 2.000 Berliner schickten dem Team ihre persönlichen Botschaften, die zusammen als längste Liebeserklärung an Berlin auf 120 Meter langen Ground Stripes® acht S-Bahnhöfe verschönerten.

2009 wurde die Kampagne mit den Slogans »the place to be« und »be open, be free, be berlin« international. Dazu kam die Erweiterung »herz & schnauze« mit dem Spruch »sei herz, sei schnauze, sei berlin«, um die Stadt für Gastfreundschaft und Weltoffenheit berühmt zu machen. 15 Servicepartner der Stadt helfen dabei, unter anderem 1.000 Polizisten, fast 2.000 Beschäftigte von S- und U-Bahn, 150 Mitarbeiter der Berliner Stadtreinigung und 500 Hostessen der Berliner Messe stellen sich als Info-Helfer für Touristen zur Verfügung. 2010 startete die Initiative »ich bin ein berliner«, um Berlin als innovativen, jungen und international wettbewerbsfähigen Wirtschaftsstandort ins Licht zu rücken. Die erste Berlin Music Week rockte die Stadt und die Fotoaktion »Berlin, dein Gesicht« ehrte 204 gesellschaftlich engagierte Berliner.

Zentrales visuelles Element: die rote Sprechblase. Sie bildet den Rahmen für den beliebten »Dreiklang« und symbolisiert  zwei Dinge: die Kommunikation (der Kampagnenbotschafter) nach innen und die Wirkung dieser Botschaften nach außen. Für »herz und schnauze« wird darin ein Info-I abgebildet, dessen I-Tüpfelchen ein Herz mit Schnauze bildet:

 2011 ging die Spreemetropole unter anderem mit einer Aktionswoche gegen Rassismus unter dem Motto »sei international, sei vielfältig, sei berlin« an den Start.

Kampagnenbotschafter werden kann jeder, der in Berlin lebt oder in Berlin etwas erlebt oder bewegt hat. Einfach das Erlebnis aufschreiben und entweder unter www.sei.berlin.de einstellen oder per Post einsenden:

Redaktion be Berlin
c/o Berlin Partner GmbH
Ludwig Erhard Haus
Fasanenstraße 85, 10623 Berlin
Als Dankeschön gibt's ein Botschafterpaket.

Neukölln: verrufen und begehrt

K arl!«
»Was denn?«

»Schrei nicht so.«

»Ich schreie nicht.«

»Was gibt's? Bitte mach es kurz. Ich habe verschlafen und muss mich beeilen.«

»Verstehe. Also, kurz und knapp: Ich komme nächsten Freitag für ein paar Wochen nach Berlin und brauche ein Bett.«

»...«

»Murat? Haallooo!?«

»Wieso kommst du Freitag nach Berlin? Die Osterferien sind vorbei, oder!??«

»Ich lege ein Sabbatical ein. Die Kids machen mich fertig. Manchmal glaub ich, die hören gar nicht, was ich sage.«

»Unterrichte sie doch einfach per Telefon.«

»Bitte!?«

»Nix. Du, wenn du bei uns schlafen möchtest: Das geht nicht. Ann-Marie ist im fünften Monat schwanger, ich muss dringend mein neues Programm schreiben und leide unter einer krassen Schreibblockade und wir sind alle miteinander echt gestresst und brauchen ein klein wenig Ruhe. Was glaubst du, warum ich heute so horrend verschlafen habe!?«

»Gar kein Problem. Mach dir keine Umstände wegen mir. Tu einfach so, als sei ich nicht da. Ann-Marie hat außerdem schon Ja gesagt. Ich soll dich nur fragen, ob ich bei euch im Gästezimmer schlafen kann oder Matratze und Schlafsack mitbringen soll.«

Das reicht. Ohne weitere Umstände pfeffere ich das Handy in die hinterste Zimmerecke und mache mich als frisch entpuppter Wutbürger auf die Suche nach der wahnsinnigsten Ehefrau von allen. Währenddessen höre ich selbst auf der Treppe ins Erdgeschoss immer noch den egozentrischen pflichtvergessenen Sonderlehrer in meinem Handy herumtoben: »Murat? Haallooo!?«

Wie erwartet steht meine Angetraute in der Küche und bereitet offenbar das Mittagessen vor. Jetzt gilt es ein für alle Mal klarzustellen, wer in unserem Haus eigentlich der Herr der Ringe ist. Taktisch geschickt stelle ich mich direkt hinter sie und flöte scheinheilig: »Rate mal, wer gerade angerufen hat.«

Sie schaut noch nicht einmal auf und putzt in aller Seelenruhe ihren Salat weiter.

»Karl.«

Ich bin irritiert. Meine ausgefuchste Strategie baut auf ein, hier offenbar nicht vorhandenes, Schuldbewusstsein des Gegenübers und läuft nun unerwartet ins Leere. Also gerate ich etwas ins Stottern.

»Tja, äh, ich meine, er sagte, er wird die nächsten Wochen bei uns wohnen?«

»Ja, und?«

Verstehe. Jetzt gibt sie die schwäbische Stoikerin. Das ist wirklich die Höchststrafe, schlimmer geht's nimmer!

»Ann-Marie«, nun fahre ich ebenfalls schwere Geschütze auf, denn nichts hasst eine Schwäbin mehr, als ihren Namen ohne kosendes Diminutiv zu hören. Was soll's, wie du mir, so ich dir. »Ann-Marie«, die rhetorische Macht der

Wiederholung wurde mir im Polizeiunterricht eingebimst, »das meinst du doch nicht ernst. Du bist schwanger, unser Haus bestenfalls drei viertel fertig, mein Programm noch nicht einmal in die Kinderschuhe hineingewachsen, und du willst für unbestimmte Zeit diesen notorischen Besserwisser bei uns einquartieren!? Hast du sie noch alle? Meinst du, ich habe Lust, mir wochenlang seine dämlich-herablassenden Bemerkungen zu Do-it-yourself-Hausbau und Neukölln anzuhören!?«

Unwillkürlich bin ich während meiner Gardinenpredigt lauter geworden als beabsichtigt. Das merke ich daran, dass die stolzeste aller Ehefrauen abrupt die Salatschleuder ins Spülbecken donnert und mich nach einer zwar nur halben, aber nichtsdestotrotz gekonnten Pirouette streitlustig anblitzt.

»Scheffchen ...«, uj, jetzt ist sie richtig sauer. Sehr ungünstig für mich. Schon meine beiden jüngeren Schwestern haben in Kindertagen mit klug eingesetztem Liebesentzug und persönlichen Nadelstichen immer alles bei mir durchsetzen können. »Würdest du dich nicht immer nur um dein Motorrad, sondern auch hin und wieder um unser Haus und dein Programm kümmern, bräuchtest du keine Angst vor Kritik an deinem Arbeitseifer zu haben.« Eine höchst unfaire Replik. Jeder harmoniebedachte Ehepartner weiß, dass man eines bei häuslichen Auseinandersetzungen unter allen Umständen aussparen muss: die Wahrheit. Aber es geht munter weiter. »Und wenn du dich für Neukölln schämst: ICH wäre mit dir auch nach Zehlendorf gezogen.«

»Britz ist das Zehlendorf Neuköllns«, wende ich lahm ein, wohl wissend, dass ich bereits hoffnungslos in die Defensive geraten bin. Denn sie hat ja recht. Es war mein Wunsch, in Neukölln zu bauen. Denn ich bin diesem zu Unrecht in Verruf geratenen Stadtteil von Geburt an mit ganzem Herzen verbunden. Nicht anders als sicher auch Kurt Krömer, Frank Zander, Günter Pfitzmann, Marianne Rosenberg und Horst Buchholz, die ebenfalls hier geboren wurden.

Denn allen notorischen Neukölln-Miesmachern rufe ich kampfeslustig zu: Wer weitgehend harmonisch gelebtes Multikulti sehen will, der komme hierher. Wo sonst kommen die knapp 300.000 Bewohner einer Stadt aus über 160 unterschiedlichen Nationen? Wenn das nicht rekordverdächtig ist, was dann? Und wer wissen will, wo die Zukunft Berlins liegt, der schaue auf uns. Denn wir haben mit durchschnittlich 1,44 Kindern pro Familie die höchste Geburtenrate aller Hauptstadtbezirke. Also, hallo!?

Das ist aber noch lange nicht alles. Wo bitte findet man mitten im Herzen einer Innenstadt komplett erhaltene Dorfkerne? Bei uns im Böhmischen Dorf, in unmittelbarer Nachbarschaft unserer Haupt-Einkaufsmeile, der Karl-Marx-Straße. Wo bitte findet man mitten in der Stadt zwei Mühlen, vier Dorfkirchen und eine alte Schmiede? Nur bei uns, im ehemaligen Rixdorf, welches schon immer das Vergnügungsviertel der Hauptstadt war. Wie der alte Gassenhauer »In Rixdorf ist Musike« unschwer belegt. In einer der erwähnten Mühlen – der Britzer Mühle – kann man sich übrigens heutzutage in einer launigen Zeremonie »vermehlen« lassen. Aber weiter im Text.

Wo bitte kann man ein leibhaftiges Schloss samt Gutshof besichtigen? In Neukölln. Genauer gesagt in Britz, einem der drei Dörfer, die 1920 mit dem damals bereits mit Stadtrechten versehenen Rixdorf zum neuen Bezirk Neukölln zusammengelegt wurden. Und in welchem Stadtteil findet man noch 80 Prozent Altbaubestand aus der Gründerzeit? Na, Sie wissen schon.

Wirklich traurig, dass Neukölln stattdessen in Medien und Stammtischgesprächen penetrant nur mit Jugendkriminalität, Migrantenproblemen und Arbeitslosigkeit assoziiert wird. Wobei es mittlerweile auch schon das mediale Rollback gibt, das unseren schillernden Bezirk als *the next place to be* sieht, frei nach dem Motto: Vegetierst du noch oder gentrifizierst du schon? Als ausgebildeter Mediator kann ich sowohl den Schwarz- als auch den Schweinchen-rosa-Sehern nur sagen: Don't believe the Hype!

Gentrifiziert wird bestenfalls das kleine Karree zwischen Landwehrkanal und Hermannplatz – eine Gegend, die skrupellose Immobilienvermarkter, um vom positiven Image Kreuzbergs zu profitieren, inzwischen gerne Kreuzkölln, oder noch dreister: Kreuzberg-Süd, nennen. Südlich dieses In-Viertels beginnt aber keineswegs, frei nach Queen Elizabeth II., die *urbs horribilis*. Ganz im Gegenteil: Will man den Norden Neuköllns als »Szene- und Ausgehgegend« charakterisieren, so kann man den Süden unter den Stichworten »Architektur und Erholung« subsumieren.

Oder wussten Sie etwa, dass die in den 1920er-Jahren erbaute Hufeisensiedlung zum Weltkulturerbe der UNESCO gehört? Sehen Sie? Ohne Sie jetzt mit der Plattitüde langweilen zu wollen, dass Neukölln besser als sein Ruf ist: Hier bei uns lässt es sich entgegen aller Klischees verdammt gut leben. Weshalb ich mich keineswegs schäme, in Neukölln geblieben und gar Eigenheimbesitzer geworden zu sein. Was die cleverste Gattin von allen bei ihren provokanten Äußerungen natürlich richtig einzuschätzen weiß. Und mir damit jede Möglichkeit nimmt, den Besuch von Karl argumentativ abzuschmettern.

*N*euköllner Geschichte und Hymne

Richardsdorp, das spätere Rixdorf, wurde erstmals im Jahre 1360 urkundlich erwähnt. Unter der Gunst von König Friedrich Wilhelm I. siedelten sich hier im Jahre 1737 böhmische Glaubensflüchtlinge an. Heute gilt das in der Nähe des Neuköllner Richardplatzes gelegene Böhmische Dorf als eines der bedeutendsten Kulturdenkmäler Berlins. Die Grenze zwischen dem damaligen Deutsch-

Rixdorf und Böhmisch-Rixdorf verlief übrigens genau entlang der alten Dorfschmiede, die heute noch als traditionelle Kunst- und Messerschmiede in Betrieb ist. Dem preußischen König haben die Nachfahren der böhmischen Flüchtlinge an der Schnittstelle von Richardstraße und Kirchgasse ein Denkmal gewidmet – in tiefer Dankbarkeit. Und in dem am besten erhaltenen historischen Gebäude in der Kirchgasse 5 ist heute ein kleines Museum untergebracht, das die Geschichte der böhmischen Auswanderer in Berlin widerspiegelt.

1830 war Rixdorf bereits das größte Dorf bei Berlin mit rund 2.500 Einwohnern und zählte 1899 schon 80.000 Einwohner. In diesem Jahr erhielt Rixdorf die Stadtrechte und schied dadurch aus dem Kreis Teltow aus. 1903 genehmigte Kaiser Wilhelm II. Rixdorf ein eigenes Wappen. Spätestens Ende des 19. Jahrhunderts wurde der Rixdorfer überall bekannt, als ein Schlager in der Neuen Welt von dem Parodisten Littke-Carlsen vorgetragen wurde:

In Rixdorf ist Musike

Uff den Sonntag freu ick mir.
Ja, dann geht es 'raus zu ihr,
feste mit vergnügtem Sinn
Pferdebus nach Rixdorf hin.

Dort erwartet Rieke mir,
ohne Rieke kein Plaisir.
Rieke, Riekchen, Riekake,
die ist mir nicht pi-pa-pe.

Geh' mit ihr ins Tanzlokal,
»Liebes Riekchen woll'n wir mal?
Kost'n Groschen nur

für die ganze Tour.«
Rieke lacht und sagt: »Na ja,
dazu sind wir auch noch da!«
Und nu jeht es mit avec
immer feste weg.

Rieke feste angefasst!
Rechts herum, links herum,
mittenmang dem Publikum.
Kreuz und quer, hin und her,
das jefällt mir sehr, ja sehr.

Balancez, ach herrje!
Rieke tanzt wie eine Fee.
Tritt sie mir,
tret' ick ihr.
Dit jehört nun zum Plaisir.

Lass Dir ans Herze drücken,
ja drücken, ja drücken.
Da spür ick een Entzücken,
da ist Musike drin.

Nun liebes Rieckchen,
ete manete petete.
Dit is die feine Flöte,
von Rixdorf bei Berlin.

In Rixdorf ist Musike,
Da tanz ick mit der Rieke,
in Rixdorf bei Berlin.

Tritratrallala Trallala Trallala
Tritratrallala Trallalallalala.

Der Textursprung ist anonym, als Melodie wurde angeblich eine Böhmische Polka verwendet.

1912 wird Rixdorf in Neukölln umbenannt. 1920 wird es mit bereits 253.000 Einwohnern zum 14. Verwaltungsbezirk von Groß-Berlin. Vieles ist aus früherer Zeit noch heute im Bezirk zu sehen: zwei Mühlen, vier Dorfkirchen, die Schmiede am Richardplatz, das Böhmische Dorf und das Britzer Schloss mit Gutshof. Nord-Neukölln ist heute ein Szene- und Ausgehviertel und eine beliebte Wohngegend, während Süd-Neukölln den Fokus auf Architektur und Erholung legt.

Ein kulinarischer Spaziergang durch Neukölln

Probieren Sie zunächst die zigfach prämierte beste Blutwurst der Welt in der Blutwurstmanufaktur am Karl-Marx-Platz. Wandern Sie weiter nach Britz und trinken Sie nach vorheriger Anmeldung einen Berliner Wein, den der Moldawier Viktor Sucksdorf dort anbaut. Zurück in der Weserstraße schauen Sie sich in der Galerie »Su de Coucou« ein paar Schneckenskulpturen an, trinken in dem Schwulenclub Silverfuture ein Bier und kippen in der russischen Bar Kuschlowski ein paar Wodka obendrauf.

Blutwurstmanufaktur
Karl-Marx-Platz 9–11
12043 Berlin-Neukölln
www.blutwurstmanufaktur.de

Britzer Weingut
Koppelweg 70
12347 Berlin-Britz
www.britzer-weingut.de

Saloon Su de Coucou
Westerstraße 202
12047 Berlin-Neukölln
www.sudecoucou.net

Silverfuture
Weserstraße 206
12047 Berlin-Neukölln
http://silverfuture.net

Kuschlowski
Weserstraße 202
12047 Berlin-Neukölln
www.kuschlowski.de

So is(s)t Berlin

A uch das noch«, maule ich lautstark.

Schon wieder hängt wegen dieses vermaledeiten Karl-
Besuchs der Haussegen schief. Die eigensinnigste Ehefrau
von allen hat sich in den Kopf gesetzt, dem schwäbischen
Besucher eine Woche lang Original Berliner Küche vorzu-
setzen. Seitdem hockt sie nur noch vor dem Computer und
sammelt im Copy-and-Paste-Verfahren angebliche Ur-
Berliner Rezepte, von denen ich selbst als Geburtsberliner
teilweise noch nie etwas gehört, geschweige denn gesehen
oder geschmeckt habe.

Nun hat sie mir ungefähr zehn gigantische Einkaufszet-
tel in die Hand gedrückt, die ich im Supermarkt um die
Ecke abarbeiten soll. Schlimm genug, dass sie in den letzten
Tagen stundenlang meine Mutter belagert hat, um ihr et-
waige nostalgische Geheimrezepte aus ihrer lang verflossenen Kindheit aus dem Hausfrauengedächtnis zu entlocken.
Jetzt soll ich als Laufbursche ebenfalls in ihre Küchenarmee
eingegliedert werden. Obwohl ich mich des lieben Haus-
friedens willen in mein Schicksal füge, kann ich mir den
»Auch das noch«-Seufzer beim besten Willen nicht verkneifen. Ein schwerwiegender Fehler! Denn völlig aus dem

Nichts rastet die aufbrausendste Ehefrau von allen wegen dieser kleinen Unbeherrschtheit nun völlig aus. Ob ich sie denn noch alle hätte, sie würde sich hier abrackern, um unserem Besuch wenigstens ein bisschen was zu bieten, und ich, der ich doch eigentlich dringend an meinem neuen Programm arbeiten sollte, lungerte die ganze Zeit nur herum. Und nun würde sie mich zum ersten Mal um einen einzigen klitzekleinen Gefallen bitten und ich würde hier sofort den Macho raushängen lassen. Andere Männer – »Ich sage nur: Kurti!«, schreit sie mir ins verdutzte Gesicht (Kurti ist ein guter Bekannter von uns, der aber nun ausgerechnet derjenige Mann aus unserem Freundeskreis ist, der nachgewiesenermaßen noch nie auch nur einen einzigen Handschlag für seine Frau getan hat!) – würden ihren Frauen jeden Wunsch von Augen und Haarspitzen ablesen und ausgerechnet sie müsse nun unbedingt auf so einen im Mittelalter stecken gebliebenen Halbtürken hereinfallen. Ganz offenbar wäre ich wohl der Meinung, mir stünde ein Harem zu, der mich den lieben langen Tag über in einer Sänfte spazieren trägt. Bei dem Wort Sänfte erzittert die Küchentür von der Wucht des Aufpralls, mit der sie von der wütendsten Ehefrau von allen ins Schloss geworfen wird.

Da stehe ich denn nun bedröppelt allein in der uns vom Elchladen als »Designerküche« verkauften selbst gebastelten Kochwerkstatt herum. Auf all diese in unangemessener Lautstärke vorgetragenen, höchst ungerechten und in ihrer Schlüssigkeit teilweise recht fragwürdigen Vorwürfe hätte ich eine Menge zu entgegnen. Da ich aber nun eben kein halbtürkischer Macho, sondern in Wahrheit ein bereits in meiner Kindheit von meiner Mutter und vor allem von meinen beiden jüngeren Schwestern perfekt auf Emanzipation getrimmter Hausmann bin, verzichte ich darauf, meiner Angetrauten wie Zorro der Rächer durchs Haus zu folgen und sie ob ihrer ungerechtfertigten Beleidigungen zur Rede zu stellen. Stattdessen widme ich mich lieber dem Auslöser ihres Tobsuchtsanfalls: den diversen ellenlangen Einkaufszetteln, die ich immer noch wie Falschgeld in der Hand halte. Eine erste oberflächliche Durchsicht der von meiner temperamentvollen Angetrauten ausgewählten Rezepte belehrt mich, dass sie entgegen meinen ersten Befürchtungen die eher obskuren Gerichte vermieden und sich vernünftigerweise auf echte Klassiker der Berliner Küche konzentriert hat. Leber mit Äpfel und Zwiebeln lese ich da, genauso wie Königsberger Klopse, Blut- und Leberwurst mit Stampfkartoffeln oder Ragout aus Hühnerfleisch mit Kalbsbries und Kalbszunge, das sogenannte Frikassee Berliner Art. Selbst heutzutage weniger bekannte Klassiker wie Häckerle und Hoppelpoppel fehlen nicht.

Ja, wir Berliner mögen es eher deftig. In Alt-Berliner Küchen galt das SBK-Axiom: schlicht, bodenständig, kalorienreich. Ein befreundeter Koch hat mir einst erklärt, dass die Brandenburgisch-Berliner Küche vom preußisch-protestantischen Ethos geprägt wurde. Man integrierte Kochtraditionen der Einwanderer aus Schlesien, Böhmen, Mecklenburg und Pommern, verfeinerte die Grundrezepte aber nicht ehrgeizig, sondern schlug den leichten Weg ein und vereinfachte sie sogar noch. Aufwendige Zubereitungsformen oder gar raffiniertes Würzen liefen calvinistischer Tugendhaftigkeit zuwider und galten als dekadentes Teufelswerk. Ein beliebtes Scherzwort meiner Mutter lautete: »In der Schürze liegt die Würze«, was darauf anspielte, dass auch in ihrer Küche nur wenig Gewürze den Weg in den Kochtopf fanden.

Na, mir hat diese Einfachheit nichts ausgemacht, sondern im Gegenteil schon als Kind blendend geschmeckt, und daran hat sich bis heute nichts geändert. Während ich heute zum Essen allerdings meist Apfelschorle trinke, musste es in meiner Kindheit unbedingt eine eiskalte Fassbrause sein. Die ja auch ein Urberliner Lebensmittel ist.

Erfunden nämlich 1908 in der heute noch in Spandau existierenden »Essenzenfabrik Dr. Scholvien« und schon bald als »Rixdorfer Fassbrause« erfolgreich vermarktet. Wie bei Coca-Cola ist die exakte Rezeptur des Gebräus strikt geheim, aber irgendwie wurde ein Extrakt aus Lakritz und Apfel-Zitrus so komponiert, dass ein höchst erfrischendes alkoholfreies Getränk entstand. Seit einigen Jahren versucht die Kölner Brauerei Gaffel mit ihrem Ableger »Gaffels Fassbrause« das kühle Nass offenbar recht erfolgreich in Nordrhein-Westfalen zu etablieren. Neulich bei einem Auftritt in Düsseldorf hätte ich mich beinahe auf offener Bühne mit einem Zuschauer in die Haare bekommen, der die schnöde rheinische Kopie dem altehrwürdigen Berliner Original vorzog. Dieser tollkühne Geschmacksverirrte, der anscheinend seine Narrenkappe daheim vergessen hatte, vertrat allen Ernstes die Ansicht, der Rixdorf-Geschmack würde nicht annähernd an die Gaffel-Aromatik heranreichen. Am Ende musste er sich jedoch meinen inquisitorischen Fragen beugen und kleinlaut zugeben, überhaupt noch nie Rixdorfer Fassbrause getrunken zu haben. Was er bei seiner demütigenden Niederlage nicht ahnen konnte: Mir ging es mit dem Kölner Konkurrenzprodukt genauso. Aus schlechtem Gewissen heraus holte ich die Verköstigung aber einige Tage später nach. Und ich muss sagen: schmeckt zwar anders, aber gar nicht schlecht.

Orijinal jebürtije Balina wie meine Mutter nennen die Fassbrause übrigens Sportmolle. Molle ist nämlich Alt-Berliner Slang für Bier. Weshalb man auch ein anderes typisch berlinerisches Getränk, die Berliner Weiße, ein obergäriges alkoholarmes Bier aus Gersten- und Weizenmalz, oftmals nur kurz Molle genannt hat. Berliner Weiße trinkt man in der Regel nicht pur, sondern entweder mit Schuss (das heißt mit Himbeer- oder Waldmeistersirup) oder mit *Strippe* (das heißt, schauder!, mit Kümmelbranntwein). Ob pur, mit Schuss oder *Strippe*: Mich kann man mit dem Gesöff so oder so einmal durch den Grunewald und zurück jagen. Angeblich wird das Zeug in manchen Häusern gar als Suppe serviert. Dieser Teller ist glücklicherweise in all den Jahren an mir vorübergegangen. Möge es auf ewig so bleiben!

Es gibt übrigens inzwischen ein erst vor wenigen Jahren in unserer Stadt erfundenes Getränk, welches eventuell das Zeug zum Klassiker hat. Es trägt den hübsch anspielungsreichen Namen »Neuköllnisch Wasser« und ist eine Kopfgeburt der Berliner Künstlergruppe Jägudost, die das wundersame Gebräu 2006 aus Anis, Apfel, Zitrone, Limette, Zucker und knalligen 30 Prozent Alkohol mischte. Eine Zusammenstellung, welche die Macher so erklären: »Der Apfelgeschmack erinnert an die bäuerlichen Traditionen im frühen Rixdorf, Anis steht dagegen für die türkischen Einwanderer.« Aha.

Als eingeschworener Antialkoholiker habe ich das recht bunte Wässerchen noch nicht probiert, aber mir wurde kolportiert, dass schon der Genuss eines einzigen Fläschchens zu recht saftigen Kopfschmerzen führen kann. Ein Effekt, der wahrscheinlich an die verraucht-verruchten Rixdorfer Kneipen des frühen 20. Jahrhunderts erinnern soll.

Erstaunlicherweise assoziieren die meisten Touristen beim Stichwort »Berliner Küche« aktuell nicht mehr all die von meiner Gattin in mühsamer Kleinarbeit herausgesuchten Traditionsgerichte. Vielmehr beantworten sie die Frage nach typischer Berliner Esskultur ganz prosaisch entweder mit »Döner« oder mit »Currywurst«, DDR-Sozialisierte vereinzelt auch mit Ketwurst.

Eine Einschätzung, der man sich nur schwer verschließen kann. Denn tatsächlich behauptet das Standardwerk zum Thema Döner Kebap, »Aufgespießt« von Eberhard Seidel-Pielen, dass die uns heute bekannte Variante eines mit Grillfleisch und allerlei Gemüse gefüllten Fladenbrotes weltweit erstmals Mitte der 1970er-Jahre von einem Imbissbudenbesitzer am Kottbusser Damm angeboten wurde. Und die Erfindung der Currywurst wird allgemein einer gewissen Herta Heuwer (nicht verwandt mit dem entfernt ähnlich klingenden Berliner Skandalclub) zugeschrieben, die nach eigenen Angaben erstmals am 4. September 1949 in ihrem an der Ecke Kant- und Kaiser-Friedrich-Straße stehenden Imbissstand Brühwurst in einer aus Tomatenmark, Curry-pulver, Worcestershiresauce und weiteren Zutaten anbot, die sie sich einige Jahre später unter dem Namen »Chillup« markenrechtlich schützen ließ. Heute lautet ja die weltan-schauliche Gretchenfrage für jeden Currywurst-Liebhaber: »Mit oder ohne«? Was daran liegt, dass zu DDR-Zeiten in Ostberlin aus Mangel an Därmen anfangs nur Brat- und eben auch Currywürste ohne Darm angeboten wurden. Und der Mensch gewöhnt sich ja nicht nur an alles, sondern hält seine Gewohnheiten am Ende gar für das Wirklichkeit ge-wordene Paradies. Weshalb man an Berliner Imbissständen noch heute diese Qual der Wahl hat.

Als in Berlin geborener Halbtürke werde ich von Aus-wärtigen zu meinem großen Leidwesen für eine Art pro-movierter Kebap-Experte gehalten und bei jeder Gelegen-heit gerne gefragt »Sach ma, wo issn die beste Dönerbude?« Ein ganz verquer denkender Mensch hat mich sogar mal gefragt: »Wie issn dein spezielles Döner-Rezept?« Geht's noch? Anscheinend dachte dieser Hobby-Ethnologe, dass in jedem türkischen Haushalt in irgendeiner dunklen Ecke ein Dönerspieß steht, von dem sich die Familienmitglieder in hungrigen Momenten gierig ein Stück Fleisch absäbeln, um dieses anschließend in kleine Tiegel selbst kreierter Saucen zu tunken. Nein, liebe Freunde des dummen Kli-schees: Auch Türken kaufen ihren Döner brav in der Bude um die Ecke. Meiner Erfahrung nach schmeckt es überall dort, wo es voll ist, weil dort das Drehfleisch schnell genug über den Tresen geht, um immer frisch zu sein. Und man sollte als Kunde nicht zu sehr den Sparhansel geben, denn gar zu billige Dönerverkäufer müssen einfach an der Qualität ihrer Zutaten sparen. Wenn es dagegen um den besten Berliner Currywurst-Dealer geht, einigen sich alle selbst ernannten Fachmänner immer ganz schnell auf das Duell Konnopke (Ost) versus Curry 36 (West). Während Konnopke damit punkten kann, Ex-Kanzler Schröder mehrfach mit Wurst und Bier eingedeckt zu haben, bietet die zu jeder Tages- und Nachtzeit meterlange Warteschlange bei Curry 36 unbestritten eine der besten Flirtmöglichkeiten unserer Stadt. Geht es jedoch allein um die geschmackliche Qualität der Wurst, kann der Sieger aus der Sicht meines Freundes und Currywurst-Afficionados Sven nur die am Wittenbergplatz logierende Bude Fritz & Co sein. Das muss aber unbedingt unter uns bleiben, denn ich möchte nicht, dass Sven in Zukunft für seine Lieblingswurst stundenlang in langen Touristenreihen ansteht. Klatschbasen wie Karl werde ich aus diesem Grunde dort auf keinen Fall hinführen. Stattdessen werde ich diesem Groß- und Schlautuer lieber das erste »Deutsche Currywurst Museum« in der Schützenstraße 70 empfehlen – was er eigentlich gar nicht verdient hat, weil es wirklich kurzweilig-lehrreiche Unterhaltung bietet.

PS   *Für alle, die sich eine eigene Meinung im Currywurst-Ost-West-Konflikt bilden wollen: Kannopke's Imbiss befindet sich in der Schönhauser Allee 44B (Mitte), Curry 36 am Mehringdamm 36 (Kreuzberg).*

PPS   *Eigentlich wollte ich es ja lieber für mich behalten, aber da Sie als Leser von diesem Buch ja profitieren sollen, sag ich's Ihnen doch. Der tollste Imbiss Berlins ist Mustafas Gemüsekebap, schräg gegenüber vom Curry 36. Aber Vorsicht, das ist kein Schnellimbiss. Denn die Schlangen sind hier inzwischen derart lang, dass der ein oder andere Wartende schon mal zu Curry 36 rübergeht, um während des Anstehens nicht zu verhungern. Und in Cem's Burger-*

house, Reichenberger Straße 174 (direkt am U–Bahnhof Kottbusser Tor) können auch bekennende Moslems eine leckere Currywurst aus 100 Prozent Rindfleisch essen.

ℛezept Häckerle

Zutaten

4	Salzheringe
2	Äpfel
1	saure Gurke
2	Eier (hart gekocht)
1 EL	Kapern
1	Zwiebel
2 EL	Öl
	Salz, Pfeffer
	Saft von ½ Zitrone

Zubereitung

Die Salzheringe gut wässern und klein schneiden. Äpfel schälen. Mit saurer Gurke, Eiern, Kapern und Zwiebel klein hacken, Öl hinzufügen. Alles mit den Salzheringen vermengen und mit Pfeffer, Salz und Zitrone würzen. Schmeckt auf Brötchen oder Schwarzbrot.

ℛezept Hoppelpoppel

Zutaten

700 g	Pellkartoffeln
	Öl
	Salz, Pfeffer
	Kümmel, gemahlen

400 g	Schnitzelfleisch
2	mittelgroße Zwiebeln
	Butter
9	Eier
	Muskat
	Petersilie, gehackt

Zubereitung

Kartoffeln pellen, würfeln und in heißem Öl goldgelb braten. Mit Salz, Pfeffer und gemahlenem Kümmel abschmecken. In einer zweiten Pfanne das klein geschnittene Fleisch und die Zwiebelscheiben in Butter anbraten. Mit Salz, Pfeffer und eventuell noch etwas Kümmel würzen.

Fleisch zu den Kartoffeln geben, alles gut unterheben. Die Eier verquirlen, leicht salzen und mit Muskat abschmecken. Die gehackte Petersilie dazugeben. Mischung über das Fleisch-Kartoffel-Gemisch geben und leicht rühren, bis die Eier stocken. Mit sauren Gurken und Salat servieren.

𝒦etwurst – der heiße Hund des Ostens

Ketwurst, ein aus »Ketchup« und »Wurst« gebildetes Kunstwort, ist wie das Ampelmännchen eine die Wiedervereinigung überdauernde Erfindung der DDR. Ein weiches Weizenbrötchen wird auf einen heißen Metallzylinder gespießt. Die im Wasserbad erhitzte Wurst wird in Ketwurstsoße (de facto so was Ähnliches wie Ketchup) getunkt und in den Hohlraum gesteckt, den der Metallzylinder beim Rösten im Brötchen hinterlassen hat. Im Gegensatz zum sehr ähnlich entstehenden Hot Dog gibt es dazu aber weder Senf noch Röstzwiebeln noch Gewürzgurken. Erfinder der Ketwurst waren im Jahr 1979 Mitarbeiter des »Rationalisierungs- und Forschungszentrums Gaststätten« in Berlin. Für ihre Kreation erhielten sie verdientermaßen eine »Anerkennung für ausgezeichnete Leistungen [...] für das Exponat Versorgungslösung Ketwurst«.

Knotenpunkt im Niemandsland

Jedes Mal, wenn ich mit dem Auto zum inzwischen ein paar Jahre alten »neuen« Berliner Hauptbahnhof fahre, muss ich an den Abend der großen Eröffnungsfeier denken. Der 26. Mai 2006 war ein schöner Frühlingstag und am frühen Abend schwärmte tout le monde in Erwartung eines rauschenden Festes in Richtung Lehrter Straße. Ich samt Freundin (die einige Zeit später zur besten Ehefrau aller Zeiten werden sollte) und einigen Kumpels natürlich ebenso. Und während wir damals alle miteinander im hoffnungslos überfüllten Bus standen, dachte ich 15 Jahre zurück. 1991 hatte ich, relativ kurz nach dem Mauerfall und nicht einmal volljährig, in einer Ausstellung über die städtebauliche Zukunft Berlins erstmals ein Modell des geplanten und schwer futuristisch aussehenden neuen Bahnhofs gesehen. Damals erschien mir dieses Projekt wie pure Science-Fiction. Und warum sollte ausgerechnet inmitten des Brachlandes um den unbedeutenden S-Bahnhof Lehrter Straße herum ein solcher Renommierbau entstehen? Das schien mir so aberwitzig wie unmöglich, denn zu Westberliner Zeiten kam man nur dann in diese trostlos öde, direkt an die Mauer grenzende Gegend, wenn man im

Postamt Lehrter Straße ein Paket abzuholen hatte. Oder wenn man als Nordberliner den Bus Richtung Tiergarten/ Reichstag nahm.

Aber siehe da, an diesem lauen Maiabend 2006 sollte diese mir Anfang der 90er-Jahre noch so unvorstellbar erscheinende Vision nun also reale Gestalt annehmen und der neue Vorzeigebahnhof der Deutschen Bahn seinen Betrieb aufnehmen. Das Besondere am Berliner Hauptbahnhof ist ja, dass es sich um einen Turmbahnhof handelt, in dem sich eine West-Ost- und eine Nord-Süd-Trasse kreuzen. Und dies in einer Umgebung, die man auch heute noch mit Fug und Recht als Niemandsland bezeichnen kann.

Die Einweihungsfete selbst war eher enttäuschend, insbesondere weil man wegen der Unmenge an Neugierigen kaum etwas sehen konnte. Es überrascht jedes Mal aufs Neue, wie provinziell die sich ansonsten so smart gebenden Spreestädter auf Großereignisse reagieren. Auf einmal tut jeder so, als hätte die Stadt definitiv nichts anderes zu bieten als ebendieses eine Event. Und das in einer Metropole, in der die Programmteile der diversen Stadtzeitschriften den Umfang kleinstädtischer Telefonbücher haben. Nicht, dass ich mich über das Verhalten meiner Mitbürger erheben möchte – schließlich stand ich an dem fraglichen Abend selbst atemlos eng gedrängt inmitten der sensationsgierigen Meute.

Niemand aus der riesigen Menschentraube ahnte allerdings, dass die – leider sehr traurige – Sensation erst nach dem eigentlichen Ereignis eintreten würde. Als wir uns nämlich gegen 23:30 Uhr mit Tausenden anderer fußlahmer Gestalten durch die Wilhelmstraße quälten, wunderten wir uns schon bald über die ständig mehr werdenden und mit Blaulicht und Sirene durch die Straßen jagenden Polizei- und Notarztwagen. Sofort meldete sich mein immer latent alarmbereites Polizisten-Gen. Zwar war ich 2006 zugunsten meiner Kabarettkarriere schon vom Polizeidienst beurlaubt, aber das alte Schmähwort »einmal Bulle, immer Bulle« hat durchaus seinen wahren Kern.

Meine Schupo-Sozialisation, gepaart mit meiner angeborenen brennenden Neugier, trieb mich, in atemlosem Tempo hinter den immer zahlreicher werdenden Rettungsautos herzulaufen und die besorgten Warnrufe von Freundin und Kumpels nonchalant zu überhören. Je näher mich mein wilder Lauf dem Reichstagsufer brachte, desto mehr Menschen kamen mir mit Angst in den Augen entgegen, ohne dass ich dem allgemein stetig lauter werdenden Geschrei entnehmen konnte, was eigentlich die Ursache der rasant anschwellenden Panik war. Kurz vor dem ARD-Hauptstadtstudio wurde das Gewühl dann so dicht, dass ein Durchkommen praktisch unmöglich war. Hier nun konnte ich von Fliehenden atemlos herausgepresste Satzfetzen aufschnappen. Alle handelten sie von einem Verrückten, der wahllos Passanten niedersticht. In dem schwer zu schildernden hektischen Durcheinander fühlte ich mich von einem unkontrollierten Adrenalinschub berufen, den offenbar wahnsinnigen Amokläufer auf unkonventionelle Art und ohne offiziellen Auftrag zur Strecke zu bringen. Aber als ich wie einst Moses die Massen teilen wollte, um zum Ort des Geschehens durchzudringen, spürte ich plötzlich einen stechenden Schmerz und stürzte zu Boden. »Getroffen, ausgerechnet«, dachte ich im ersten Schockmoment nur. Schwer benommen nahm ich allenfalls schemenhaft war, dass sich ein mindestens zwei Zentner schwerer Koloss auf mich geworfen hatte und mich mit aller Macht zu Boden drückte. Im Gegensatz zu meinen bisherigen Vorstellungen von durchgeknallten Amokläufern, wirkte er sehr in sich – oder besser gesagt: auf mir – ruhend. Und dies trotz seines heftigen, wahrscheinlich seinem Übergewicht geschuldeten Keuchens. Auch ein Messer konnte ich bei erster flüchtiger Betrachtung weder in seinen Händen noch sonst irgendwo an seinem Körper entdecken. Also begann ich mich mit dem Gedanken abzufinden, dass ich wohl – warum auch immer – von einem zivilen Polizeibeamten dingfest gemacht worden war.

Ich mache es kurz: Der übereifrige Zivi hatte bereits eine Straßenkreuzung vor unserem unliebsam engen Körperkontakt meine Verfolgung aufgenommen, da ihm mein manischer Sprint in höchstem Maße verdächtig erschien. Überzeugt, den messerstechenden Amokläufer vor sich zu haben, sah er in seinem fiebrigen Jagdwahn plötzlich ein Messer in meiner Hand aufblitzen und machte mich nach good old Footballschool mit einem fetten Bodycheck dingfest. Sein fataler Irrtum klärte sich glücklicherweise recht schnell auf, da er bei mir trotz intensivster Suche keinen messerähnlichen Gegenstand finden konnte. Dennoch interessant, wie schnell aus einem harmlosen unbewaffneten Sprinter ein potenzieller Massenmörder wird.

In der Zwischenzeit hatten kompetentere Fahnder als mein Bezwinger den wahren Täter in Gewahrsam genommen. Womit sich auch mein heldenhafter Einsatz als überflüssig erwies. Der Übelmann war ein ausgerechnet aus Neukölln stammender 16-Jähriger, der völlig betrunken wahllos auf vorbeikommende Frauen und Männer eingestochen und dabei mehr als 30, zum Teil schwer Verletzte hinterlassen hatte. Zehn Monate nach der Tat wurde der junge Stecher wegen versuchten Totschlags und gefährlicher Körperverletzung zu sieben Jahren Haft verurteilt. Strafmildernd hielt ihm das Gericht zugute, dass er sich bei allen Opfern persönlich entschuldigt hatte.

All dies geht mir seitdem, wie gesagt, bei fast jeder Fahrt zum Hauptbahnhof als Endlosschleife durch den Kopf. Mögen andere Bahnkunden sich eher über die Posse mit den zu kurz geratenen Bahnsteigüberdachungen amüsieren, die ausgerechnet Erste-Klasse-Reisende im Regen stehen lassen. Oder über die stummeligste U-Bahn-Strecke der

Welt lachen, die sogenannte Kanzlerbahn. Oder sich an die erbitterten juristischen Auseinandersetzungen zwischen dem Chefarchitekten Meinhard von Gerkan und dem geradezu legendären ehemaligen Bahnchef Mehdorn erinnern, welcher dem Planer den ursprünglichen Bauentwurf aus finanziellen Opportunitätserwägungen eigenmächtig und ohne Rücksprache, Diskussion oder Sachverstand konsequent zusammenstrich. Ich jedenfalls sehe mich beim Stichwort Hauptbahnhof immer durch die Wilhelmstraße sprinten.

All diese Erinnerungen führen regelmäßig dazu, dass ich ins Trödeln gerate und de facto bei jeder Fahrt zum Hauptbahnhof zu spät komme. So sehe ich beim atemlosen Hinaufhetzen der Rolltreppen Karl schon mit einem riesigen Überseekoffer auf dem Bahnsteig stehen und mit saurer Spreewaldgurken-Miene nach mir Ausschau halten.

Was unsere Begrüßung dementsprechend kühl ausfallen lässt.

»Na endlich, Murat. Ich dachte schon, du hättest mich vergessen.«

Das ist alles, was er sich bei unserem kurzen Händedruck abringen kann, was ich wiederum mit einem knappen »Was hast du denn in dem Riesenkoffer?« kontere.

»Ich dachte, nur Frauen nehmen auf Reisen ihren gesamten Hausstand mit«, setze ich als kleines Sahnehäubchen obendrauf.

»Sehr witzig. Erstens habe ich einiges an Lektüre über Berlin mit und zweitens weiß ich ja noch nicht, wie lange ich bleibe.« Ein kleiner Satz, gelassen ausgesprochen, aber mit einer Wirkung wie ein Keulenschlag. Benommen taumele ich mit meinem dreisten Gast zum Auto und bin die gesamte Fahrt nach Hause hilflos dem Trommelfeuer seiner Wortsalven ausgesetzt. Ein sehr unangenehmes Gefühl, von dem ich bereits ahne, dass es in den nächsten Wochen zum Dauerzustand werden wird.

Der Hauptbahnhof Berlin

Der Berliner Hauptbahnhof ist der größte Turmbahnhof Europas und mit circa 300.000 Fahrgästen täglich der viertgrößte Personenbahnhof Deutschlands. Von 1868 bis 2002 befand sich auf dem Gelände der Lehrter Bahnhof. Entworfen wurde das 2006 eröffnete spektakuläre Bauwerk von dem Architekten Meinhard von Gerkan. Tag für Tag halten hier 225 Züge des Fernverkehrs, 325 Züge des Nahverkehrs sowie 627 S-Bahnen.

Kurz, kürzer, Kanzlerbahn

Die »Kanzlerbahn«, im offiziellen Sprachgebrauch der BVG »U55« genannt, verkehrt unterirdisch zwischen Brandenburger Tor und Hauptbahnhof. Sie ist ein Teilstück der noch geplanten Verlängerung der U-Bahn-Linie U5 vom Alexanderplatz zum Hauptbahnhof. Der Spottname »Kanzlerbahn« bezieht sich auf den ehemaligen Bundeskanzler Helmut Kohl, der dafür sorgte, dass der Bau der von den meisten Berliner Bürgern als unsinnig empfundenen Linie im Hauptstadtvertrag festgeschrieben wurde. Das Projekt an sich ist gleich mehrfach rekordverdächtig. Mit ihrer sagenhaften Länge von 1,74 Kilometern ist die U55 vermutlich die kürzeste U-Bahn-Strecke der ganzen Welt. Umgekehrt proportional zu ihrer verkehrstechnischen Bedeutung hat die Minibahn die astronomische Summe von 320 Millionen Euro verschlungen – umgerechnet gut 178.000 Euro pro Meter. Die Bauzeit betrug erstaunliche 14 Jahre, was schon deswegen sensationell ist, weil die Linie im Schnitt von gerade einmal ungefähr 6.400 Fahrgästen pro Tag genutzt wird. Schilda, dein neuer Name ist Berlin.

Drachen über Tempelhof

Da ich in diesen sonnigen Maitagen zukünftigen Vaterfreuden entgegensehe, darf ich endlich wieder ungestraft in Spielwarenabteilungen wildern. Also nehme ich Karl-Holger am Samstag zu Karstadt am Hermannplatz mit, um gemeinsam mit ihm für meinen in Ann-Maries Bauch heranwachsenden Sohn nach Flugdrachen zu gucken.

»Was hältst'n von dem hier, Karl?«

»Ist der nicht ein bisschen zu groß?«

»Zu groß? Ab der Größe geht der Kick doch erst richtig los.«

»Für dich vielleicht. Aber ich denke, der ist für deinen Kleinen – oder willst du den damit per Luftpost ins Ausland schicken?«

»Nee, aber er soll doch stolz auf seinen Baba sein. Sieht doch cool aus, das Teil. Wie 'ne Kreuzung aus Adler und Airbus.«

Karl seufzt und begutachtet sehnsüchtig die Master-Edition vom »Superhirn«, während seine Hände in den Taschen seines Kordjacketts wühlen.

»Wenn du meinst.«

»Ja, ich meine«, sage ich resolut, denn anders kannst du dich gegen Karl nicht durchsetzen. Und stapfe also zur Kasse, die Beute fest unter dem Arm.

Als wir vor Karstadt auf den Hermannplatz hinaustreten, steht die Sonne hoch am Himmel. Es ist noch nicht mal Mitte Mai und schon richtig heiß. Beste Bedingungen für einen Jungfernflug. Während ich wilden Flugabenteuern entgegenfiebere, bleibt Karl erst einmal wie angewurzelt stehen und putzt sich ausführlich die Nase. Wie ich schon gestern gemerkt habe, ist das eine echte Marotte von ihm, mit der er aufkommende Unsicherheit zu überspielen versucht. Ist dabei auch egal, ob er die Nase wirklich voll hat oder nicht. Das ist eine regelrechte Zwangshandlung: das Stofftaschentuch entfalten – Menschen wie er haben immer Stofftaschentücher –, drei Mal kräftig durchblasen, dann den Fang begutachten, Taschentuch wieder zusammenfalten. Währenddessen ist Karl nicht ansprechbar. Als er nach einer gefühlten Stunde endlich seine voll geschnaubte Rotzfahne zusammengefaltet und zurück in die Hosentasche gestopft hat, schaut er mich fragend an: »Und jetzt?«

Ich nestele meine unschlagbar coole Sonnenbrille heraus, Modell »City Cobra« aus den 80er-Jahren – den Stallone zu geben ist meine Art, Unsicherheit zu überspielen.

»Jetzt, mein Lieber, gehen wir den Drachen testen! Damit ich weiß, ob es der Richtige für meinen Steppke ist.«

Karl schaut den Hermannplatz hoch und runter. »Testen? Wo denn? Ein Drachen ist ein Fluggerät, das seine Auftriebsenergie aus dem Wind bekommt, der über seine Segelfläche gelenkt wird, und man braucht also Platz, um ...«

Aaaarghhhh. Keine Ahnung, warum meine Frau mit solch einem Schwafelbaron Brockhausen aufwachsen musste.

»Momentchen, Karl. Ich will nicht hier testen. Wir gehen aufs Tempelhofer Feld, Mann.«

»Was?« Karl schaut mich irritiert an. »Bist du sicher? Ich dachte, du wolltest heute an deinem neuen Programm arbeiten? Ann-Marie hat gesagt ...«

Ich werfe ihm einen genervten Blick zu – den er nicht zur Kenntnis nimmt. Das muss an meiner voll verspiegelten Fassade liegen. Karl lässt nicht locker.

»Sie hat gesagt, dass du heute dringend an den Schreibtisch musst. Stattdessen willst du jetzt 'nen Drachen steigen lassen? Zwischen löchrigen Landebahnen, Flugzeuggerippen und Hundekot?«

Was ist das hier? Ein abgekartetes Spiel? Wurde Karl von meiner Frau eingeladen, um mich im Geheimdienst Ihrer Majestät zu beschatten?

»Reg dich ab, Mann. So ein Himmel und dieser Wind, das ist 1a-Flugwetter. Und das alte Rollfeld ist jetzt ein Park. Ein Riesenteil, mitten in meinem alten Kiez. Früher wollte da keiner wohnen, is ja Neukölln, aber jetzt tun alle so, als wäre das dort die neue Lower Eastside und machen auf Gentrifier statt auf Mieter.«

Karl seufzt nur. »Wenn du schon mit Jugendslang brillieren willst, Murat: Das heißt jetzt auch nicht mehr Drachen steigen lassen. Das heißt Kiting.«

Während Karl noch über den Unterschied von Drachen und »Kites« monologisiert, habe ich ihn schon unauffällig auf den Bahnsteig der U8 gelotst. Diese Art von nonverbaler Menschenführung habe ich bei der Polizei gelernt. Der ein oder andere Delinquent staunte früher auch nicht schlecht, wenn er sich unversehens in unserer grünen Minna wiederfand.

Während der Fahrt fummelt Karl die Bedienungsanleitung des Fliegers aus der Packung und beginnt, sie von der ersten bis zur letzten Seite zu lesen, oder, besser gesagt: Er *scannt sie ein*.

Als wir am U-Bahnhof Boddinstraße wieder ins Helle treten, wirkt er schon völlig verpixelt. Gemeinsam trotten wir die Herrfurthstraße Richtung Tempelhofer Feld entlang. Dort angekommen, bleibt meinem Begleiter vor Staunen der Mund offen stehen. Unsere Blicke schweifen über die Riesengrünfläche, endlose Weite bis zum Horizont, überall buntes Treiben. Karl nutzt die andächtige Pause für seine notorische Nasenreinigung. »Das ist ja eine gigantische Grünfläche! Und so viele Leute hier!«

Ich grinse und kann mir den Stolz des Lokalmatadoren nicht verkneifen. »Guck ma hier. Die haben sogar noch die alten Schilder stehen lassen, die mal für die Piloten waren, wie ›From here only go on with radio contact with the tower‹ und so.«

Karl betritt ehrfürchtig den Rasen – und schweigt. Wie erholsam!

»Und Kampfhunde«, nutze ich seine Sprachlosigkeit schamlos aus, »sind nur in den Hundeauslaufzonen erlaubt. Kannst also ganz entspannt sein.«

Karl durchwühlt seine Taschen und bringt eine dunkel getönte Nickelbrille zum Vorschein.

»Was machst du denn da?«

»Na, meinen Sonnenschutz aufsetzen.«

Jetzt will er aber endgültig zu TKKG-Karl mutieren, denke ich. Sagen tu ich aber: »Nee, Mann, nee! So kannste hier als Kiter nicht rumlaufen. Das sieht total gaga aus!«

»Du glaubst also, deine Pseudo-Pilotenbrille wirkt cooler? Echte Piloten würden damit bestenfalls hochkant aus dem Cockpit fliegen«, pampt er zurück. Ich spare mir jede weitere Diskussion – aus dem Mann wird einfach kein *Styler* mehr – und rücke die eigene, in Wirklichkeit natürlich todschicke Actionbrille noch ein wenig lässiger auf meiner Charakternase zurecht. Immerhin steckt er das dämliche Nickelgestell wieder zurück in die Tasche. Nicht, dass sein übliches panzerglasdickes Nasenfahrrad besser aussehen würde, aber daran habe ich mich inzwischen wenigstens gewöhnt.

Auf dem riesigen Gelände tummelt sich die Gemeinde der Drachenbändiger. Der Himmel ist voller Kites in allen Farben und Formen: neonfarbene Kastendrachen, Fantasieprodukte, die wie Vögel aussehen, Monster und Flugzeuge. Kinder üben mit ihren Vätern. Daneben bändigen tätowierte Jungs in Muscle-Shirts ihre Monsterkites und heben fast ab dabei. Kreischende Mädels in hautengen Sonnentops vollführen wilde Flugmanöver und lassen ihre bunt gemusterten Flugobjekte geschickt mit denen der coolen Muckiboys kollidieren. Kurz darauf sieht man Jungs und Mädels bei der gemeinsamen Seilentknotung. Hier könnte sich was entwickeln ...

Selbstverliebte Rollerblader lassen sich in aberwitzigem Tempo von teuren Lenkdrachen über das Asphaltband der ehemaligen Startbahn katapultieren, als wollten sie gleich abheben und die einstige Luftbrücke wieder zum Leben erwecken.

»Weißt du eigentlich«, beginnt Karl, der offenbar langsam wieder in seine übliche Rolle findet, »dass das Tempelhofer Feld zur Teltowhochfläche gehört? Dieses Stück Land, das jetzt der Park ist, liegt also geografisch betrachtet auf einem Plateau. Ich glaube, zum ersten Mal urkundlich erwähnt wurde es vor 700 Jahren, als Markgraf Ludwig der Reine Frieden mit den Städten Berlin und Coelln schloss.«

»Der Reine? Hat der das Reinheitsgebot erfunden?«, versuche ich einen reichlich lahmen Witz, um den Lebeduden etwas aus dem Konzept zu bringen. Steigert der Knabe sich erst einmal so richtig in seine Wissensraserei hinein, gibt es für Außenstehende keine Bremsmöglichkeit mehr.

»Höchst amüsant. Vor allem wenn man bedenkt, dass du so was beruflich machst«, stichelt Karl und fährt unbeirrt fort: »Bis zum 18. Jahrhundert wurde das Feld vor allem von Schöneberger Bauern beackert – es liegt ja zwischen Tempelhof, Neukölln und Schöneberg, da bot sich das an. Es wurde einfach nur das Große Feld genannt. Mit Beginn ...«

»Ist ja mal originell – das Große Feld! Wieso nicht der aasige Acker oder einfach Riesenrasen?«, starte ich einen weiteren verzweifelten Versuch, dem Bildungsroboter den Stecker zu ziehen. Vergeblich. Karl redet jetzt an einem Stück und steuert bedenklich zielstrebig auf das vor ihm liegende Picknick einer türkischen Großfamilie zu. Im letzten Moment zerre ich ihn mit geübtem Polizeigriff zur Seite und verhindere noch gerade, dass er das Essen unter seinen Birkenstocks püriert. Auch das bringt ihn nicht aus dem Takt. Hat die Maschine erst einmal den Point of no Return erreicht, hebt sie ab. Da unterscheidet sich Karl kein bisschen von den Propellerflugzeugen, die viele Jahre vor ihm dieses Gelände nutzten.

»Entschuldigung, mein Freund hier ist gerade etwas verwirrt«, sage ich auf Türkisch und bekomme verständnisvolles Kopfnicken zur Antwort. Karl bleibt gelassen:

»Friedrich Wilhelm I. hat das Feld ab Beginn des 18. Jahrhunderts als militärischen Parade- und Exerzierplatz und als Übungsgelände für die preußische Armee genutzt. Kurz darauf kaufte das Militär das Gelände und verpachtete einen Teil. Darauf wurde eine Pferderennbahn eingerichtet. Kam extrem gut an bei den Berlinern, das kannst du mir glauben! In der Mitte ...«

Oh je. Jetzt ist er endgültig auf Betriebstemperatur.

»Äh, Karl, lass doch mal die Jogger hier vorbei ...«

Genauso gut könnte ich den zunehmenden Mond bitten, heute Nacht mal ein wenig abzunehmen.

»Mitte des 18. Jahrhunderts war es vorbei mit der Rennbahn, da wurde nämlich für die Anhalter Eisenbahn umgebaut. Nach dem Deutsch-Französischen Krieg 1870/71 wurden außerdem eine Kaserne, ein Verladebahnhof und ein Übungsplatz für das neu aufgestellte erste preußische Eisenbahnregiment errichtet. Später kamen noch zwei Regimente dazu. Und das Feld wurde auch damals schon sportlich genutzt!«

»Karl! Pass auf, die Skaterin!!«

Eine Rotgelockte mit endlos langen Beinen schießt auf uns zu und zieht dann mit einem lässigen Ausweichmanöver an uns vorbei. Au Mann, das war wirklich knapp. Freudig überrascht winkt Karl ihr zu – sie winkt lächelnd zurück! Moment, hat sie wirklich *ihn* gemeint? Woher kennt der Nerd so ein Geschoss?

»Mensch, das war ja die Britta«, kommentiert Karl meinen fassungslosen Blick. »Wir waren vor vielen Jahren in Böblingen zusammen im Yogakurs.«

Hätte die Schocktherapie eines Zusammenstoßes meinen Doktor Higgins eventuell von seiner Dozierwut geheilt? Sicher nicht. Eher würde es morgen Fassbrause vom Himmel regnen.

»Auf dem Gelände, auf dem nicht gebaut worden war, gab es einen Badesee. Sogar der erste Berliner Fußballverein, der BFC Frankfurt 1885, trug hier seine Heimspiele aus, und der deutsche Fußballmeister von 1905 ...«

»Union Berlin!«

»Ja, genau. Woher weißt DU das denn? Du hast doch angeblich gar keine Ahnung von Fußball!?«

Siehe da, eigenes Wissen schien ein Mittel zu sein, den Robotermotor ins Stottern zu bringen. Spontan nehme ich mir vor, in Zukunft den einen oder anderen Motorradtrip durch Bibliothekssitzungen zu ersetzen.

»Mann, ich hab so viele Union-Spiele polizeilich begleiten müssen. Wenn ich das noch nicht mal mitbekommen hätte ...«

»Dann interessiert dich bestimmt, dass auch der älteste noch existierende Fußballverein Deutschlands, der BFC Germania 1888, auf dem Tempelhofer Feld seine ersten Spiele gekickt hat. Aber nicht, dass du denkst, hier wurde nur Fußball gespielt! Hier wurde Luftfahrtgeschichte geschrieben! Ein Meilenstein der Historie! Und das, was da in die Luft stieg, das waren keine bunten Kinderdrachen.«

»Hier ist es perfekt«, sage ich, seine spöttische Bemerkung geflissentlich überhörend.

»Was?«, fragt Karl, nun doch irritiert aus seiner Neverending Story gerissen.

»Na, perfekt für den ersten Start!« Ich lege den Drachen auf die Wiese. »Hast du die Bedienungsanleitung?«

Karl kramt alle seine Taschen durch.

Der Drachen sieht fantastisch aus: blau-weiß gestreift mit V-förmigen Segeln, ein bisschen wie eine übergroße Schwalbe aus Papier.

»Habe ich in der U-Bahn liegen lassen«, sagt er kleinlaut. »Aber macht nichts, ich weiß noch, was drinstand. Also erstens: Man verbindet die Stangen A und B mit ...«

Bauleiter, die sich lieber auf ihr Gedächtnis als auf ihre Baupläne verlassen, kann ich nun wirklich gar nicht brauchen. Solche Leute haben in Berlin schon die »Schwangere Auster« (siehe Kasten) zum Einsturz gebracht.

»Nee, lass mal gut sein, Karl, ich improvisiere das lieber, *à la turka*.«

Vorsichtig lege ich den Drachen auf den Boden; während das Nervengift an meiner Seite in den azurblauen Himmel starrt und aus purer Langeweile wieder das Dozieren anfängt.

»Hast du eigentlich gewusst, dass die ältesten deutschen Luftaufnahmen von einem Ballon aus geschossen wurden, der hier abgehoben hat? Hier haben Erfinder und Wissenschaftler auch ihre neuesten Flugobjekte und Luftschiffe vorgeführt – mit der einen oder anderen Bruchlandung. Schon mal was von Graf von Zeppelin gehört?«

»Nee, ich kenne nur Graf Koks.« Mann oh Mann, ich sollte echt mal an meiner Schlagfertigkeit arbeiten.

Karl grinst gönnerhaft über meine vermeintliche Unwissenheit. Als ob ich noch nie was von Zeppelinen gehört hätte – in den nächsten Tagen muss ich dem arroganten Schnösel doch mal den vorlauten Schnabel stopfen.

»Im Sommer 1901 hob der Ballon ›Preussen‹ mit zwei Meteorologen an Bord vom Tempelhofer Feld ab. Sie erreichten eine Höhe von fast 11.000 Metern und hielten damit 30 Jahre lang den Weltrekord!«

»Ich hoffe, sie mussten dazu nicht 30 Jahre oben bleiben«, witzele ich dazwischen.

»Für die Entdeckung der Stratosphäre ein Jahr später war diese Fahrt von höchster Bedeutung«, kontert mein ironiefreies Gegenüber.

»Die zweite Schicht der Erdatmosphäre«, murmele ich, um diesem größenwahnsinnigen Rezitator klarzumachen, dass ich sehr wohl über so etwas Ähnliches wie Allgemeinbildung verfüge. Als Lohn fange ich mir einen strafenden Blick ein.

»Ich hab doch gesagt: Stratosphäre!«

Jetzt reicht's. Wortlos reiße ich die Folie vom Drachen ab und beginne, ihn auf dem Gras auszubreiten.

»Anfang des 20. Jahrhunderts hat die Gemeinde Tempelhof dem Militär das Gelände abgekauft und einen Teil zur Bebauung freigegeben. Doch dann kam der Erste Weltkrieg und stoppte das Vorhaben. Nach dem Krieg wurde die Arrest-Anstalt, die am heutigen Columbiadamm errichtet worden war, als Polizeigefängnis genutzt. Ab 1933 war hier zuerst ein Gefangenenlager der SS und der Gestapo und danach ein reguläres Konzentrationslager, das KZ Columbia.«

Zunehmend bockig, gebe ich Kontra.

»Hast du nicht gesagt, das war hier ein Flughafen?«

Wow, geschafft. Der Drachen ist zusammengesteckt. Sieht wirklich toll aus. Wo aber sind die Lenkschnüre?

»War es ja auch. 1909 fand hier der erste Motorflug statt. Außerdem stellte der amerikanische Flugzeugbauer Orville Wright von hier aus einen Höhenweltrekord auf. Die Geschichte des Flughafens Tempelhof begann aber erst so richtig im Jahr 1922. Und kurz darauf war Tempelhof der erste offizielle Verkehrsflughafen der Welt, Murat! 1928 wurde er fertiggestellt, war aber schon damals zu klein. Von 1936 bis 1941 entstand dann das neue Flughafengebäude, als Teil der von Hitler geplanten Nord-Süd-Achse der ›Welthauptstadt Germania‹.«

Ich halte den Drachen testweise in die Höhe.

»Lass mich raten: Das ist das Riesending dahinten, was heute noch steht?«

»Ja. Und es ist verdammt gut erhalten. Norman Foster, der Stararchitekt, hat übrigens mal gesagt, für ihn sei Tempelhof die ›Mother of Airports‹.«

»Yo, Mother of Airports, here we come!«

Respekt, wem Respekt gebührt. Ich salutiere kurz und versuche, meinen Drachen in die Luft zu bekommen. Auf Karls Mithilfe warte ich vergeblich. Doktor Allwissend ist noch nicht am Ende seines Lateins angelangt.

»Guck mal, man sieht von hier aus die Treppentürme. Die waren im Dritten Reich als Tribüne gedacht, damit die Berliner vom Dach aus den Truppenaufmärschen zuschauen konnten. Während des Zweiten Weltkriegs haben sie hier die Stukas, die berüchtigten Sturzkampfbomber, gebaut. Tausende Zwangsarbeiterinnen und Zwangsarbeiter aus ganz Europa haben die Bomber vor Ort zusammengeschraubt. Seine Glanzzeit hatte der Flughafen aber während der Berlin-Blockade 1948 bis 1949: Da wurde das von der Versorgung abgeschnittene Westberlin von den Alliierten komplett aus der Luft versorgt. Daher der Name Luftbrücke. Der Flughafen war dabei so was wie der Hauptdarsteller – und wurde weltweit zu einem Symbol der Freiheit. Die sogenannten Rosinenbomber landeten teilweise im 90-Sekunden-Takt, stell dir das mal vor! Eine logistische Meisterleistung!«

»Mann, da ging's ja ab wie in Malle zur Hauptsaison«, funke ich dazwischen.

»1970 wurde der Flughafen Tegel eröffnet, da war's erst mal vorbei mit dem zivilen Luftverkehr. Von 1985 bis 2008 gab es noch mal ein Revival. Heute ist endgültig Schluss und das Gebäude steht unter Denkmalschutz.«

»Dich stellen sie irgendwann auch mal unter Denkmalschutz – als letzten biologischen Datenträger.«

Jetzt reicht's nämlich echt. Ich kämpfe hier einen ebenso heroischen wie derzeit noch vergeblichen Kampf mit widerspenstigen Lenkschnüren und der Kerl hat nichts anderes zu tun, als die gesamte Weltgeschichte aufzufädeln.

Karl holt Luft, nimmt die Brille ab und poliert halbherzig die dicken Gläser. Dann versucht er, sein Schnäuztuch aus der Tasche zu zerren.

»Genug geschnäuzt für heute. Zeig mal, ob du nur Theorie oder auch Praxis auf dem Kasten hast. Hilf mir gefälligst, diese blöden Schnüre zu sortieren. Mann, ich dachte, das wär nur *eine* Schnur!«

»Das ist ein Lenkdrachen, der hat mehrere Lenkleinen. Laut Bedienungsanleitung muss die Leine A ...«

»Das ist wieder nur Theorie. Zeig Praxis, Mann.«

Zu meinem Erstaunen fasst Karl tatsächlich mit an. Und entwirrt unerwartet geschickt das Makramee aus Lenkschnüren.

»Wie groß ist der Park eigentlich?«

Kann der Mann nicht einfach mal stumm bei der Sache sein?

»Keine Ahnung«, quetsche ich zwischen den Zähnen hervor, weil mich meine in den Leinen verhedderten Finger mehr beschäftigen als seine dummen Fragen. »Ich glaube, in der Zeitung stand was von 300 Hektar.« Nicht, dass er womöglich denkt, er wäre der Einzige, der gedruckte Buchstaben in Angeberwissen verwandeln kann.

»300 Hektar? Dann ist das ja der größte Park in Berlin!« Prompt lässt Karl vor lauter Begeisterung die Schnüre los – was für ein Hampelmann! Entnervt lasse ich mich auf die Wiese fallen. Vielleicht bin ich ja doch zu alt für solche Kindereien wie Kiting. Und erst recht für solche Zeitgenossen wie Karl. Das Leben ist doch kein TKKG-Spielplatz. Immerhin scheint Mister Roboto zum ersten Mal, seitdem wir auf dem riesigen Gelände sind, so etwas Ähnliches wie Notiz von mir und meinen Gefühlen zu nehmen.

»Entschuldige, Murat. Das war dämlich von mir. Aber 300 Hektar sind einfach sensationell. Dagegen wirkt ja selbst der Große Tiergarten wie die Spielwiese eines Kleingärtnervereins. Was haben die denn hier jetzt auf Dauer vor?«

Während sich seine halbherzige Entschuldigung also als neue Frage entpuppt, habe ich es endlich geschafft, meine Finger aus den Fängen der Drachenschnüre zu befreien. Zeit wurde es, ich kam mir schon vor wie ein vom bösen Drachen entführter Prinz.

»Ich weiß auch nicht. In der Zeitung stehen fast jede Woche irgendwelche neuen Fantasy-Storys. Mal wollen die den Park fluten und daraus einen See machen, dann wieder einen Berg anlegen oder Obstbäume anpflanzen oder eine neue Bücherei bauen und was weiß ich noch alles. Am coolsten fand ich persönlich die Idee, hier einen mehrere Hundert Meter hohen Berg hinzusetzen. Ich mein, stell dir vor, du fährst mit der U-Bahn in die Berliner Alpen, mitten in der Stadt gehst du im Sommer Bergsteigen und im Winter Skifahren.«

Karl sieht mich an, als wüsste er nicht, ob ich ihn verscheißern will oder komplett durchgeknallt bin.

»Kannst du mal bitte die Lenker halten?«

»Wie meinen?«

»Na, die Griffe vom Drachen da.«

»Ach so. Wie ist der Plan?«

Ich atme tief durch. »Pass auf: Ich halte das Teil hoch und gehe da lang, bis die Schnüre Spannung haben; und wenn ich ›Los!‹ brülle, dann rennst du los und ich schicke das Ding in den Himmel. Alles klar?«

»Theoretisch schon.«

»Na dann.« Ich gehe auf Abstand und brülle martialisch: »Los!« Karl beginnt im Tempo eines gehbehinderten Tausendfüßlers über die Wiese zu humpeln, während der Drachen in quälender Zeitlupe versucht, den Tempelhofer Luftraum zu erobern. Kaum hat er ein paar Meter an Höhe gewonnen, bleibt mein wahnsinniger Helfer plötzlich stehen, schaut dem trägen Steigflieger nach, verrödelt sich dabei mit den Leinen, rammt im Wanken eine junge Mutter mit Kinderwagen, überschlägt sich und plumpst der Länge nach auf seinen dicklichen Bauch, wobei er bei seinem täppischen Versuch, sich im letzten Moment irgendwo abzustützen, mich zu allem Überfluss ebenfalls umreißt. Na danke schön!

Wie eine überfütterte polnische Mastgans fällt unser stolzer Drachen vom Himmel und rammt sich vor mir in die Wiese.

Zwei Rotznasen, die ihre tischtennisplattengroßen Fluggeräte mühelos im Wind halten, machen sich vor Lachen über unsere Tölpelhaftigkeit fast in die Hose. Neben den beiden posiert ein Rainer-Langhans-Verschnitt mit Zopf und Batikhemd; er mustert uns interessiert, ohne dabei seinen eigenen Flieger aus den Augen zu lassen.

»Lenkdrachen kann man übrigens auch alleine starten. Einfach in den Wind legen und an einer der Leinen ziehen.«

O Mann, jetzt muss man sich schon sich von Alt-68ern seine eigenen Trendsportarten erklären lassen, das ist echt die Höchststrafe.

»Danke für den Tipp«, murmele ich trotzdem. Was macht der Sponti überhaupt hier, gibt es heute nix zu demonstrieren?

»Hast du gehört, Karl?«, rufe ich. »Karl?« Wo ist der jetzt hin?

Egal, es geht ja angeblich auch ohne den Tollpatsch. Ich stehe auf, platziere den Drachen behutsam neben einem Maulwurfshügel und gehe so lange rückwärts, bis sich die Leinen spannen. Tatsächlich: Der Drachen hebt ab! Erst die eine Seite, dann die andere, steigt er leicht torkelnd in den Himmel.

»Yeah!«, schreie ich euphorisch. »Jetzt gibt's Loopings! Im Dutzend billiger!«

Langsam erforsche ich die Schnüre, zupfe, ziehe, gebe Leine. Der Drachen tanzt mal dahin, mal dorthin, stürzt fast zur Erde, fängt sich wieder, dreht sich und steht knatternd im Wind.

Voller Glück tänzele ich hin und her und ramme dabei meinen Ellbogen mit voller Wucht einem alten Bekannten in den Schmerbauch: meinem Nachbarn Pasulke. Verdammt, der ist auch immer da, wo man ihn nicht braucht! Hat der kein Zuhause? Vor lauter Überraschung flutscht mir eine der Schnüre aus der Hand und der gerade noch so majestätisch wirkende Drachen taumelt und stürzt erneut kläglich ab. Ich könnte heulen.

»*Tja, Topal*«, streut Pasulke erbarmungslos Chilipfeffer in meine frische Wunde, »*ick hab ja nüscht jejen euch Osmanen, aber dit Drachenbauen habt ihr nich erfunden, wa. Kiek ma um dich. Bevor ihr Brot sacht, ham deutsche Jungs schon drei Mal abjebissen, wa. Bleiben Se lieber ma im Witzejewerbe, Herr Nachba, dit passt bessa zu Ihnen.*«

Und marschiert fröhlich »In Rixdorf is Musike« pfeifend ab.

Zu allem Überfluss taucht jetzt stattdessen Karl wieder hinter mir auf, im Schlepptau die rothaarige Skater-Königin, diesmal barfuß. Beide nippen Rotwein aus einem Pappbecher und kichern. »Ach so, Britta, das ist übrigens Murat.«

»Hey, Murat.«

»Hi, äh, Britta. Ich teste nur grade mal den Drachen hier ... für meinen Sohn ...«

Sie mustert mich skeptisch.

»Ja, schon klar. Schicke Brille übrigens. Tragen so was nicht immer die Cops in diesen 80er-Jahre-B-Movies, wenn sie besonders cool wirken wollen?«

Zu ihrem großen Glück sieht sie meinen tödlichen Blick nicht. Spiegel-Sonnenbrillen haben halt viele Vorteile.

*D*ie Schwangere Auster

Die im Tiergarten stehende ehemalige Kongresshalle wurde 1957 von dem amerikanischen Architekten Hugh Stubbins erbaut. Wegen ihrer ungewöhnlichen Silhouette erhielt sie von den Berlinern von Beginn an den liebevollen Spottnamen »Schwangere Auster«. Am 21. Mai 1980 stürzte die kühne Dachkonstruktion – ausgerechnet während einer Tagung des Rings Deutscher Makler – teilweise ein. Nach dem Wiederaufbau firmiert das Gebäude seit 1989 als »Haus der Kulturen der Welt«, einer Heimstatt für internationale Kunst, Musik, Literatur, Film, wissenschaftliche Diskurse und digitale Medien.

*D*ie Zukunft des Tempelhofer Feldes

Am 8. Mai 2010 wurde das 303 Hektar große Gelände des ehemaligen Flughafens Tempelhof unter dem Namen »Tempelhofer Park« seiner neuen Bestimmung übergeben. Schon am ersten Tag kamen rund 235.000 Besucher. Schritt für Schritt soll hier in den nächsten Jahren in einem nachhaltigen Entwicklungsprozess eine vielseitig nutzbare und strukturierte urbane Parklandschaft entstehen. Dabei wird die Ausrichtung der Internationalen Gartenausstellung (IGA) 2017 ein besonderer Meilenstein sein. In einem international ausgeschriebenen Wettbewerb wurden im Sommer 2010 aus 78 eingereichten Arbeiten sechs Wettbewerbsentwürfe ausgewählt. Im Frühjahr 2011 wurde die Arbeit des schottischen Teams Gross.Max. / Sutherland Hussey als Grundlage der neuen Planungen bestimmt. Auf einem Teil des Geländes sollen demnach Wohnquartiere entstehen. Im Süden des Geländes ist ein neuer Innovationspark geplant, auch ein S-Bahnhof sowie eine Fußgängerbrücke über die Stadtautobahn und die S-Bahn-Trasse sind im Gespräch. Kern der großen Fläche soll aber eine Grünlandschaft mit See, Parzellen und Kletterfelsen bleiben.

Sightseeing für Sparfüchse

Sonntag, der 15. Mai. Heute steht ein echtes Alt-Berliner Frühstück an: Buletten mit Kartoffelsalat (beides kalt), Spreewaldgurken, Berliner Pfannkuchen (also das, was Auswärtige meist schlicht »Berliner« schimpfen), Wurst, Käse sowie ausreichend Schrippen und Schusterjungen (das sind quadratische Brötchen aus Weizen- und Roggenmehl). Nicht zu vergessen Soleier, schön in Salzlake eingelegt. Lecker!

Karl scheint nicht ganz meiner Ansicht zu sein. Jedenfalls blickt er bei seiner Ankunft im Esszimmer wie Zappel-Philipps Mutter erst einmal stumm auf dem ganzen Tisch herum. Das will bei meinen bisherigen Erfahrungen mit ihm etwas heißen: Hier ist jemand offensichtlich schwer beeindruckt – wenn auch nicht unbedingt im positiven Sinne.

Die freundlichste Ehefrau von allen ignoriert seine unübersehbare Irritation und schiebt ihm einen Stuhl unter den Hintern: »Kaffee, Tee oder Mich?« Schadenfroh konstatiere ich, dass ihre selbstbewusst-resolute Art den großen Dampfplauderer einschüchtert. Das sind diese – zum Glück sehr häufigen – Momente, in denen ich weiß, warum ich genau diese Frau geheiratet habe. Unlustig pickt Karl, nachdem er eine große Tasse Milchkaffee geordert hat, mal hier, mal da, im Frühstücksangebot herum. Wenn man ihm dabei so zusieht, kann man sich nicht erklären, wo eigentlich seine sagen wir mal: kräftige Statur herrührt. »Also, Leute«, hebe ich zu einer offiziellen Tischrede an, »heute sollten wir den so sonnigen wie freien Sonntag nutzen und mal so richtig touristisches Sightseeing betreiben, damit Karl einen Überblick über unsere Stadt bekommt.«

Als hätten meine Worte ihn mit dem Stromnetz verbunden, ist Karl urplötzlich elektrisiert und voll dabei. »Super! Lass uns eine dieser Segway-Touren machen. Die Dinger wollte ich schon immer mal ausprobieren!«

»Segway?«, erkundigt sich die unmodernste Ehefrau von allen ratlos.

»Du erinnerst dich an das Hertha-Spiel, zu dem uns Kurti letztes Jahr geschleppt hat?«, frage ich schaudernd. Ich hasse Fußball! Meine Gattin nickt.

»Gut. In der Halbzeitpause haben wir uns köstlich über diesen erwachsenen Mann im Bärenkostüm amüsiert, der auf so einer Art elektrischem Roller ständig um das Spielfeld herumbrausen musste.«

»Das ist Herthinho, das Hertha-Maskottchen«, wirft Karl überflüssigerweise ein.

»Dieser alberne Roller nennt sich Segway«, fahre ich in meinen Erläuterungen unbeirrt fort.

»Oh weh«, entfährt es Ann-Marie aus tiefstem Herzen.

»Was denn«, lässt sich Karl nicht so leicht von seiner Begeisterung abbringen, »mit den Dingern durch die Stadt zu düsen macht bestimmt Spaß!«

»Und ist mit Sicherheit total teuer. Nichts da«, poltert die schwäbischste Hausfrau von allen, »ich habe mich in der Hinsicht gestern schlaugemacht, und die beste Methode ist: Sightseeing mit dem Bus.«

»Das ist aber nicht halb so lustig. Und mit Sicherheit genauso teuer«, nölt unser verzogener Gast.

»Denkst du!« Triumphierend zaubert die cleverste Ehefrau von allen einen BVG-Plan auf den Frühstückstisch. »Das kostet uns gerade einmal den Preis einer Tageskarte, also 6 Euro und 30 Cent pro Nase. Und wenn wir eine Kleingruppen-Tageskarte für bis zu fünf Personen nehmen, kostet der Spaß jeden gar nur 5 Euro.«

»Echt?« Als Geburts- und Gesinnungsschwabe ist Karl von der Aussicht auf ein Schnäppchen sofort angefixt und greift gierig nach dem BVG-Plan. »Was gibt es denn da für Möglichkeiten?«

»Also«, hebt meine Angetraute an und erobert den Plan zurück. »Am besten nimmt man natürlich den Bus.«

»Stimmt. Der Blick aus dem U-Bahn-Fenster ist etwas eintönig.« Wer redet hier so altklug daher? Dreimal dürfen Sie raten.

»Genau. Ich hab die Buslinien durchforstet und ideal sind der 100er und der 200er.«

Karl wirft sich in die Brust. »Es ist ja nicht so, dass ich mich vor der Fahrt nach Berlin nicht schon einmal in diese Materie eingearbeitet hätte.« Schon läuft sein Motor wieder rund. Vielleicht beruhte seine Einsilbigkeit vorhin gar nicht auf dem ungewohnten Frühstücksmenü, sondern auf einer angeborenen Morgenmuffeligkeit!? Dann sollte ich unsere zukünftigen gemeinsamen Aktivitäten unbedingt auf die frühen Vormittagsstunden legen. »Und zwar habe ich gelesen, dass die Berliner Verkehrsbetriebe Eindecker, Doppeldecker und Gelenkbusse einsetzen. Welchen Typ dürfen wir denn auf den beiden von dir genannten Linien erwarten? Davon würde ich meine endgültige Zustimmung zu dem Vorschlag abhängig machen.«

Was für ein größenwahnsinniger Mops! Als ob es auch nur die geringste Chance gäbe, sich Vorschlägen der diktatorischsten Gattin von allen zu widersetzen. Dennoch spielt sie das Spiel mit.

»Doppeldecker natürlich. Ist das dem Herrn genehm?«

»Klar, sofern man einen Platz im Oberdeck bekommt.«

»Ich denke, wir fahren einfach mit dem Auto zur 100er-Endhaltestelle Memhardstraße. Dort hat man wahrscheinlich eine reelle Chance auf die oberen Plätze ganz vorne.«

»Gute Idee. Und was bekommt man dann zu sehen?«

»Alexanderplatz, Unter den Linden, Brandenburger Tor, Reichstag, Kongresshalle, Siegessäule, Schloss Bellevue, das Botschaftsviertel, Europa-Center, Gedächtniskirche und Zoo. Dauert circa 'ne halbe Stunde.«

»Falls ich auch mal was Angelesenes einwerfen darf: Die 100 war nach dem Mauerfall die erste durchgehende Busverbindung zwischen Ost und West.« Es ist ja nicht so mein Stil, mich in einen lebhaften Dialog einzumischen, aber hier habe ich das deutliche Gefühl, ein Zeichen setzen zu müssen. Es kann ja nicht angehen, dass die beiden Schwabenpfeile so tun, als wären sie die einzigen Menschen im Raum, die je das ABC gelernt haben.

Karl gelingt es jedoch perfekt, ihn nicht interessierende Einwürfe geflissentlich zu überhören.

»Gut. Die 100 ist gekauft. Aber eine halbe Stunde ist schnell rum. Was machen wir dann?«

Auf diesen Einwand hat meine Göttergattin offenkundig nur gewartet. Ihre Antwort kommt wie aus dem Infohäuschen.

»Dann steigen wir am Bahnhof Zoo in den 200er um und fahren Richtung Prenzlauer Berg. Was uns die Möglichkeit gibt, die nordischen Botschaftsbauten, die Philharmonie und vor allem den Potsdamer Platz zu sehen. Bei dem tollen Wetter steigen wir auch nicht am Alex aus, sondern fahren weiter bis zum Volkspark Friedrichshain. Da können wir uns den hübschen Märchenbrunnen anschauen und anschließend im Café am großen Teich lecker Kuchen essen.«

»Kuchen essen ist eine prima Idee. Bis dahin habe ich sicher wieder Hunger.«

Hunger ist das ideale Stichwort für mich, um auf Karl-

Holgers nicht anders als unhöflich zu nennenden Frühstücksboykott zu sprechen zu kommen. »Wir könnten ja für die Fahrt ein paar von den Buletten und Soleiern einpacken. Ist ja noch verdammt viel übrig geblieben.«

Als hätte sich genau in diesem Moment ein glibberiges Solei in seine Hose verirrt, beginnt Karl sich wie auf Kommando auf seinem Stuhl hin und her zu winden. »Uh-oh, ich glaube, im Berliner Nahverkehr ist das Verzehren von Speisen verboten.« Na gut, geschickt gekontert. Wo er recht hat, hat er recht. Also wechsele ich dezent das Thema.

»Apropos Busfahren: Während der Luftblockade wurde der Berliner Nahverkehr fast nur mit Bussen abgewickelt. Wisst ihr, warum?«

Karl schnaubt gelangweilt durch die Nase: »Na, das kann man sich doch denken. Straßenbahnen und U-Bahnen konnten wegen der dauernden Stromsperren mit Sicherheit so gut wie nie fahren, während man Benzin oder Diesel für die Busse bestimmt per Rosinenbomber in die Stadt einfliegen konnte.«

Also gut, der Kerl nervt zwar. Aber auf den Kopf gefallen ist er nicht.

Trabi- und Segway-Touren

Wer mit einem Trabi, dem Kultauto der (Ost-)Deutschen, Berlin erkunden möchte, kann entweder eine Tour buchen oder selbst fahren. Anbieter, Trabi-Touren für jeden Geschmack und Bedarf sowie die verschiedensten Trabi-Modelle (vom roten Cabrio bis zur himmelblauen Limousine) finden Sie zum Beispiel unter:

www.trabantberlin.de
www.trabi-safari.de

www.trabi-xxl.de
www.city-trabi-berlin.de

Segway-Touren finden Sie unter anderem bei
www.citysegwaytours.com
www.berlin.segway-citytour.de
www.segtour-berlin.de
www.magic-ride.de

*D*er Volkspark Friedrichshain

Auf einen Beschluss im Jahre 1840 wurde der 52 Hektar
große Volkspark Friedrichshain anlässlich des 100-jähri-
gen Thronjubiläums Friedrichs II. als Erholungspark für
alle Stände errichtet. Der von Ludwig Hoffmann konzi-
pierte Märchenbrunnen, eine der Hauptattraktionen des
Parks, wurde erst über 70 Jahre später fertiggestellt.

Der Bau der Flaktürme 1941 und die Luftangriffe
während des Krieges vernichteten fast den gesamten
alten Baumbestand. 1946 wurden die beiden Bunker gesprengt und die Ruinen mit Bauschutt gefüllt und über-
deckt. So entstanden die sogenannten Trümmerberge
(»Mont Klamott«), die nach einem Entwurf von Reinhold
Lingner begrünt wurden.

1950 wurde die Freilichtbühne im südlichen Bereich
des Parks errichtet, die heutzutage im Sommer für Kon-
zerte und Filmvorführungen genutzt wird. Von 1995 bis
2004 kam es zu einer umfassenden Rekonstruktion des
Parks und seiner Anlagen. Neben einer Spiel- und Lie-
gewiese gibt es für sportliche Aktivitäten ein Beachvol-
leyballfeld, eine Halfpipe, eine Rodelbahn, Basketball-
und Fußballplätze, einen Kletter-(Boulder-)Felsen, einen

Rundkurs für Inlineskater und eine separate Strecke für Jogger. Für Kinder gibt es mehrere Spielplätze. Der Kleine und der Große Bunkerberg verfügen je über eine Aussichtsplattform.

Gruseln mit Karl

Nach einem phänomenalen, geradezu sommerlichen Wochenende kommt pünktlich mit dem Beginn der neuen Woche der große Regen. Berlin – grau in grau: Das ist nicht unbedingt etwas für depressiv veranlagte Charaktere. Lange Zeit kursierte unter uns Einheimischen gar das Gerücht, während der kurzen dunklen Novembertage gäbe es in Berlin alljährlich mehr Selbstmorde als in ganz Restdeutschland.

Auch wenn dies meines Wissens nie der Realität entsprach, hielt es zumindest jeder, der trostlose Berliner Novemberwochen durch- und überlebt hatte, für möglich. Dies allein zeigt, wie die Stadt im Dauergrau wirkt. Und zwar nicht nur im November. Auch das Maigrau kann einem kräftig aufs Gemüt schlagen.

Kann – muss aber nicht. Karl jedenfalls ist schon am frühen Morgen putzmunter und aufgedreht. Anscheinend war es also doch das ungewohnte Frühstück, das ihm gestern die Laune verhagelt hatte. Denn während ich noch wie ein Aushilfszombie mit schlafverklebten Augen in die Küche torkle, tigert er schon mit elastischen Schritten durch den Raum. Hin und her, her und hin.

»Karl, kannst du dich bitte um diese nachtschlafende Uhrzeit wie jeder vernünftige Mensch still auf deine vier Buchstaben setzen?«

»Murat«, der zwanghafte Wanderer ist in seinem Bewegungsdrang nicht zu stoppen. »Heute ist das ideale Wetter für einen Besuch des Gruselkabinetts. Die Location steht ganz oben auf meiner Sightseeing-Liste.«

Wovon spricht dieser Knallkopf? Gruselkabinett? In Berlin? Sagt mir nix. Ich versuche dies dem vergnügungssüchtigen Besucher gegenüber so verständlich zum Ausdruck zu bringen, wie es mein noch im Schlafmodus ruhendes Sprachzentrum eben gerade zulässt.

»Waaas?« Mit einem Ruck kommt der Küchenpilger zum Stehen. »Du kennst das Berliner Gruselkabinett nicht? Was hast du die letzten paarunddreißig Jahre eigentlich den ganzen Tag über getrieben?«.

Das muss ich diesem Chefinquisitor nun wirklich nicht erklären. Also verzichte ich auf eine Antwort und suche im Kühlschrank die umfangreichen Reste des gestrigen Frühstücks zusammen.

»Ich hab keinen Hunger«, wehrt Karl vorsichtshalber gleich ab, um sich dann in Dozentenpositur zu werfen. »Das Berliner Gruselkabinett ist in dem bundesweit einzigen permanent geöffneten Bunker des Zweiten Weltkrieges untergebracht. 1943 als Luftschutzbunker für die am Anhalter Bahnhof ankommenden oder abfahrenden Reisenden erbaut.«

»Aha.« Missmutig versuche ich, mir einen Kaffee zu brühen. Ich habe extrem schlecht geschlafen. Ständig suchte mich das Bild heim, wie ich zur Premiere meines neuen Programms auf die Bühne steige und dem erwartungsfrohen Publikum stotternd erkläre, dass ich leider monatelang anstrengenden Besuch hatte und wegen meiner Gastgeberpflichten keine neuen Nummern schreiben konnte. Seltsamerweise reagierten die Besucher in meinen

Wachträumen wenig kooperativ und verlangten unter drastischen Beschimpfungen lautstark ihr Geld zurück. In der Realität wären meine Fans mit Sicherheit verständnisvoller. So zumindest das Mantra, mit dem ich mich in der Nacht zu beruhigen mühte. Was könnte sich besser anbieten, endlich mit der Kreativarbeit zu beginnen, als ein verregneter Montag? Dies probiere ich meinem Quälgeist in sehr langsamen und halbwegs deutlichen Worten klarzumachen.

Der Erfolg: gleich null.

»Papperlapapp, Murat. Jetzt hast du schon so viel Zeit verplempert. Da kommt es auf einen weiteren Tag nicht an. Alleine schaffst du das Programm in den paar Wochen bis zur Premiere eh nicht mehr. Also habe ich mir überlegt, ab morgen stelle ich dir einen kompetenten Co-Autor zur Seite.«

»Interessant. Wen denn?«

»Mich.«

»Dich?«

Ich bin wirklich nicht leicht aus dem Gleichgewicht zu bringen, aber bei diesem aberwitzigen Vorschlag fällt mir vor lauter Schreck die gerade angebissene Schrippenhälfte in den Milchkaffee. Schlimm, was das Lehramtsstudium mit ursprünglich gesunden menschlichen Hirnen anstellt. Kurz überlege ich, ob ich mit Mister Größenwahn nicht einen kleinen Ausflug in die Dietrich-Bonhoeffer-Klinik mache, im Volksmund kurz und knackig *Bonnies Ranch* genannt. Dann könnte ich ihn dort auch gleich in Obhut geben. Doch mein gutes Herz siegt mal wieder über die Vernunft.

»Karl, hör mal. Ich weiß, du bist extrem belesen. Du bist womöglich sogar ein guter Autor, keine Ahnung. Aber ein Comedyprogramm zu schreiben, das ist schon was Spezielles. Dafür gibt es hoch bezahlte Spezialisten.«

»Murat ...« Karl schaut mich an, als wollte er seinerseits liebend gerne mich in *Bonnies Ranch* verfrachten. »Sprich nicht mit mir, als hätte ich den IQ einer unterbelichteten Amöbe. Ist mir schon klar, dass man dafür ein besonderes

Know-how braucht. Nachdem du mir bei unserem Telefonat von deiner Schreibblockade erzählt hast, habe ich mir gleich ein Buch zu dem Thema gekauft. Und kann nun mit Fug und Recht sagen: Ich bin ein akribisch ausgebildeter Comedywriter.«

Comedywriter! Den Anglo-Slang aller Pseudokreativen hat er immerhin schon perfekt drauf. Warum eigentlich werden zu jedem noch so abseitigen Thema Ist-alles-keine-Hexerei-bring-es-dir-doch-einfach-selber-bei-Bücher veröffentlicht? Ich glaube, weil unsere Gesellschaft keinen Respekt mehr vor dem Handwerk hat. Stattdessen huldigt man dem Glauben, jeder sei in der Lage, alles zu können. Ein tragischer Irrtum, weswegen in der Menschheitsgeschichte mit Sicherheit noch nie so viele sich Superstar schimpfende Dilettanten herumhüpften wie heutzutage. Aber Karl-Holger ist eh ein hoffnungsloser Fall. Manche Menschen kommen wahrscheinlich einfach mit einem Größenwahn-Gen auf die Welt.

»Aber wenn du dir wirklich Sorgen machst, Murat, verzichte ich von mir aus heute auf das Gruselkabinett, und wir fangen sofort mit dem Schreiben an.«

»Neeeee!« Ich kann nicht verhindern, dass mein Schreckensruf ein paar Dezibel zu laut ausfällt. Schnell drossle ich meine Lautstärke wieder. »Gruselkabinett ist bei dem Wetter vielleicht echt keine schlechte Idee.« Zeitgewinn ist für den Anfang die einzig mögliche Strategie. Schließlich stecke ich in einer bösen Zwickmühle: Stoße ich unseren Besuch zu heftig vor den Kopf, bringe ich zwangsläufig auch die mitfühlendste Ehefrau von allen gegen mich auf. Hier sind also soziale Kompetenz und Fingerspitzengefühl gefragt. Nichts, woran es mir normalerweise mangeln würde. Es gibt aber Menschen, an denen selbst die einfühlsamste Sozialkoryphäe scheitern würde. Je näher ich Karl kennenlerne, desto mehr sehe ich mein persönliches Sozialkompetenz-Waterloo unausweichlich näher rücken.

Zwei anstrengende Stunden später, in denen der angehende Comedypapst mir so lang wie breit seine Lesefrüchte über kreative Komikarbeit referiert hat, stehen wir vor dem Eingang des Berliner Gruselkabinetts in der Schöneberger Straße 23A. Das veranlasst den Monologexperten endlich das Thema zu wechseln.

»Die haben den Bunker hier 1997 komplett restauriert, Murat. Wasseranlage, Sanitär, Heizung, Elektroinstallation, Brandmelder, Rollstuhlrampen, Türen eingebaut. 3.650 Quadratmeter Fläche auf fünf Etagen, von denen aber nur drei genutzt werden. Und auf jeder dieser Etagen gibt es je eine Ausstellung.«

»Verstehe. Und was sind das für Ausstellungen?«

»Sei froh, dass ich das alles nachgelesen habe.« Tjaha, deine Amnesie wäre meine Amnestie. Denke ich, sage ich aus Höflichkeit aber nicht.

»Im Untergeschoss, dem Bunkerkeller, befindet sich ein weltweit einzigartiges Luftschutzbunkermuseum. Dort kann man die Bunkerpläne von 1943 einsehen, Berichte von Zeitzeugen anhören und Luftaufnahmen der Alliierten anschauen. Im Erdgeschoss werden dagegen medizinhistorische Szenen nachgestellt. Das hört sich ziemlich spektakulär an: mittelalterliche Beinamputationen, Lendenoperationen, bei denen man die Patienten an den Füßen aufhing. Und mein absoluter Favorit: ein Scheintodsarg mit Untoten.«

Ich muss lachen.

»Untot bin ich selber! Ich dachte, man soll sich in einem Gruselkabinett gruseln?«

Karl schaut mich verständnislos an. »Na, du bist ja hartgesotten. Ich finde kopfüber aufgehängte Lendenoperierte irre gruselig. Aber das eigentliche Gruselkabinett liegt in der Tat im Obergeschoss. Gruselaction mit jeder Menge Spezialeffekten. Und, halt dich fest: mit dem einzigen hauptberuflichen Gespenst Deutschlands!«

»Was?«

»Ja, echt wahr. Und die haben wohl Nachwuchssorgen. Wäre übrigens ein Fall für die Gleichstellungsbeauftragte: Frauen werden nämlich nicht genommen.«

Ach ja, die guten alten Lebensweisheiten. Sie haben ja doch ihre Berechtigung. So wie in diesem Moment für mich: Immer wenn du glaubst, es geht nicht mehr, kommt von irgendwo ein Lichtlein her. Bei unserem gestrigen Kuchenessen im Volkspark Friedrichshain hatte sich zu meinem Schrecken nämlich herausgestellt, dass die Geschichte mit dem Sabbatical erlogen und erstunken war. In Wirklichkeit war unserem Gast ganz schnöde gekündigt worden – aus Gründen, die aus ihm nicht herauszubekommen waren. Nun erhoffte er sich von der Metropole Berlin neue berufliche Inspirationen. Wer hätte gedacht, dass er so schnell fündig werden könnte …

Der Anhalter Bahnhof

Der Anhalter Bahnhof ist ein ehemaliger Fernbahnhof am Askanischen Platz in Kreuzberg. Eingeweiht am 1. Juli 1841 diente er der Sächsischen Eisenbahn als wichtigster Kopfbahnhof für die Bahnverbindungen nach Österreich-Ungarn, Italien und Frankreich. Der Anhalter Bahnhof, deshalb im Volksmund auch kurz »Anhalter« oder »Das Tor zum Süden« genannt, war bis zu seiner kriegsbedingten Zerstörung im Jahr 1945 ein wirtschaftsstarker Handelsplatz. Entworfen von dem Berliner Architekten Franz Schwechten, erreichte die Bahnhofshalle eine Höhe von 34 Metern und eine Binderlänge von 62 Metern – damals die größte Spannweite auf dem Kontinent.

Für abenteuerlustige Reisende war der Anhalter Bahnhof auch Ausgangspunkt für Afrikareisen, denn die Züge von Berlin nach Triest und nach Neapel hatten einen Schiffsanschluss nach Alexandria, Ägypten. Von dort konnte man mit dem Zug weiter nach Khartum und Kairo. Ab 1928 hatte der Anhalter ein weiteres Highlight zu bieten, nämlich den längsten Hoteltunnel der Welt. 80 Meter lang führte er vom Hotel Excelsior unterhalb der Königgrätzer Straße (heute: Stresemannstraße) direkt in die Bahnhofshalle. Die heute noch stehende Portalruine war Teil der repräsentativen Fassade und Durchgang zur ehemaligen Eingangshalle.

Im alten Luftschutzbunker des Anhalter Bahnhofs befindet sich heute das

Berliner Gruselkabinett
Schöneberger Straße 23a
10963 Berlin-Kreuzberg
www.gruselkabinett-berlin.de

ℬerliner Bunkerwelten

Mit Beginn des 20. Jahrhunderts hat sich im Untergrund Berlins eine eigene Landschaft von Tunneln und Schutzräumen entwickelt. 1945 zählte man in Deutschlands Hauptstadt fast 1.000 verschiedene Bunker, von kleinen Ein-Mann-Räumen bis hin zu großen Einrichtungen mit Kapazitäten für mehrere Tausend Menschen und eigenen Autoeinfahrten.

Seit 1999 kümmert sich mit dem Berliner Unterwelten e. V. ein eigener Verein um die Erkundung und Instandhaltung der Unterstände. Der Verein bietet für Interessierte außerdem regelmäßige Führungen durch die

geheimnisumwitterte und lange Zeit in Vergessenheit
geratene Bunker- und Verkehrswelt des Berliner Unter-
grunds an.

Weitere Infos findet man unter:
www.berliner-unterwelten.de

Der Glöckner am Kurfürstendamm

Leider scheitert der aus meiner Sicht so vielverspre-chende Karrieresprung am vereinten Widerstand von Karl-Holger und der Gruselkabinett-Chefin. Während der von mir wärmstens angepriesene Moppel-Geist mit dem schmalen Monatssalär von 1.000 Euro brutto, welches er selbst als Sonderschullehrer locker überbieten konnte, nicht zufrieden ist, stören die Gruselmeisterin vor allem Brille und mangelnde Wendigkeit des korpulenten unfreiwilligen Bewerbers. Wie sie nicht müde wird zu be-tonen, sollten professionelle Gespenster Luchsaugen ha-ben, flink und nicht zu groß sein sowie einen ausgepräg-ten Spieltrieb besitzen. Trotz heftiger Widerrede, in der ich ein ums andere Mal Karls zahlreiche furchterregenden Eigenschaften hervorhebe, muss ich am Ende zugeben, dass mein Begleiter das Anforderungsprofil nicht wirklich erfüllt.

Nachdem dieser Versuch einer Problemlösung also sang- und klanglos in die Binsen gegangen ist, sehe ich mich weiterhin mit der Frage konfrontiert, wie ich Karl auf diplomatischem Weg von seinem Kreativwahn abbringen soll. Erstmals in meinem Leben tut es mir fast leid, dass ich keinen Alkohol trinke. So ein kräftiges Besäufnis unter Männern soll ja angeblich helfen, die Fronten zu klären. Zumindest würde ich mich bei 1,5 Promille im Blut eventuell leichter tun, den Do-it-yourself-Loriot von seinen abstrusen Autorenambitionen abzubringen.

Nüchtern ist das alles erheblich schwerer. Auch der unerwartet interessante und unterhaltsame Besuch im Gruselkabinett hat mir keinen Geistesblitz beschert. Wie in einem Hamsterrad treten meine Gedanken ständig auf der Stelle, ohne einen Ausweg zu finden. Geistig gelähmt bin ich den Wortkaskaden und Planungen meines Gastes hilflos ausgeliefert. So sitze ich am frühen Abend, nachdem der strömende Regen entgegen der Wetterprognose nachmittags wieder von der Sonne abgelöst wurde, zu meiner eigenen Überraschung im sehr schönen und großzügigen Sommergarten des Quasimodo-Cafés und versuche vergeblich zu rekonstruieren, wie wir eigentlich hierher gekommen sind.

Musikfans muss ich sicher nicht erklären, dass das Quasimodo nichts mit dem namensgleichen Glöckner von Notre Dame zu tun hat, sondern eine echte Berliner Kulturinstitution ist. Den anderen sei gesagt, dass es sich um einen der renommiertesten europäischen Liveclubs handelt, vergleichbar mit dem Londoner »Jazz Cafe« oder dem »New Morning« in Paris. Im Übrigen ist das gesamte in unmittelbarer Nähe des ehemaligen Berliner Fernbahnhofs Zoologischer Garten und des Kurfürstendamms gelegene Karree ein beeindruckender Kulturstandort, der einstmals das Zentrum Westberlins repräsentierte. Denn in unmittelbarer Nachbarschaft des »Quasimodo« findet man nicht nur das weltbekannte »Theater des Westens«, sondern auch die traditionsreiche Vaganten Bühne mit ihren spannenden Inszenierungen zeitgenössischer Dramen und insbesondere den historischen Delphi Filmpa-

last. Dieser ist nicht nur eines der nicht mehr allzu zahlreichen Kinos, in denen klassische 70-Millimeter-Filme
gezeigt werden können, sondern auch ein Filmtempel
mit echt nostalgischem Flair. Ende der 20er-Jahre des
vorigen Jahrhunderts als Tanzpalast konzipiert und unter dem Namen Delphi-Palais eröffnet, bietet es heute
etwa 700 Besuchern Platz und als Uraufführungsstätte
von Arthouse-Filmen ein selten gewordenes klassisches
Kinoerlebnis.

Als hätten die übernatürlichen Exponate des Gruselkabinetts Karl inspiriert, sich als Gedankenleser zu versuchen,
verkündet er unvermittelt: »Das Delphi-Palais galt Ende
der 20er nicht nur als *der* Berliner Tanztempel, sondern vor
allem als das Mekka der Swing-Kids.«
    »Weißt du, Karl, Mekka und Swing-Kids scheinen mir
zwei etwas schwer miteinander zu vereinbarende Begriffe
zu sein.«
    Ein, wie ich finde, recht scharfsinniger Einwurf, der aber
den Schwafelhans an meiner Seite keineswegs zum Inne-
halten animiert. Ohne mich auch nur eines Seitenblickes
zu würdigen, fährt er in unvermindertem Tempo fort. »Die
Swing-Kids oder Swing-Jugend, wie sie offiziell meist genannt wurde, war eine im Groß- und Bildungsbürgertum
angesiedelte oppositionelle Jugendbewegung, die sich über
den Spaß am amerikanischen Swing-Jazz definierte. Also,
ich sag mal: Punks mit Manieren, gepflegtem Äußeren und
gutem Musikgeschmack.«
    »Genau, Karl. Du bist der Waldmeister des treffenden
Vergleiches. Sag doch gleich: Gesunde sind Kranke ohne
Krankheiten.«
    »Bring mich doch nicht dauernd aus dem Konzept, Mu-
rat. Willst du nun etwas über Berlin lernen oder nicht?«
Resigniert lehne ich mich in meinen Gartenstuhl zurück
und lasse den Dingen ihren unvermeidlichen Lauf. Gute

Gastgeber sind schlechte Gastgeber mit Verständnis für die Macken ihrer Gäste.

»Genau wie die vorwiegend im Kölner Raum aktiven Edelweißpiraten waren die Swing-Kids ursprünglich zwar unangepasst, aber völlig unpolitisch. Erst während der Naziherrschaft politisierte sich die Bewegung zunehmend, vor allem als die Swinger ab 1940 von der Gestapo so gezielt wie gewalttätig verfolgt wurden.«

»Swinger ist in diesem Kontext ebenfalls ein höchst unpassender Ausdruck. Falls du in der Hinsicht deinen Horizont erweitern willst, können wir ja zur Abwechslung heute Abend einen entsprechenden Club besuchen.«

»Von mir aus. Aber dann würden unsere Tickets für den Quasimodo-Club verfallen.«

»Tickets für das Quasimodo? Vergiss es. Heute Abend spielt hier Helge Schneider mit seinem Original Holzkopp Orgel Trio. Das ist garantiert seit Wochen ausverkauft.«

»In der Tat, ist es. Unter anderem deswegen, weil ich vor meiner Abreise nach Berlin per Internet Karten dafür geordert habe.«

Potzblitz! Eins kann man dem Mann wirklich nicht unterstellen: Berechenbarkeit.

»Ann-Marie hat mir erzählt, dass du ein großer Helge-Schneider-Fan bist. Also dachte ich, ich könnte dir eine kleine Freude machen und dich mit den Tickets überraschen.«

Junge, jetzt muss ich doch tatsächlich kurz einmal schlucken, damit mir nicht womöglich ein paar Rührungstränchen aus dem Auge kullern. Wer hätte geahnt, dass dieser pummelige Zehnmalkluge ein fühlendes Herz für seine Mitmenschen hat. Stünde nicht immer noch das Problem seines anmaßenden Co-Autoren-Angebotes zwischen uns, würde ich ihn in diesem Moment, wenn auch nur kurz, dankbar drücken. So aber belasse ich es bei einem verlegenen Dankesgrummeln, von dem ich mir nicht sicher bin, ob es akustisch überhaupt ankommt. Denn seine Aufmerk-

samkeit hat sich schon wieder ganz anderen Dingen zuge-
wandt.

»Was sind das eigentlich für Bäume in diesem Garten?«

»Linden und Platanen«, trumpfe ich auf. Als typische
Citypflanze habe ich zwar weniger als null Ahnung von
Fauna und Flora, aber diese beiden Laubbäume sind in
Berlin derart häufig vertreten, dass sogar ein Naturbanause
wie ich sie inzwischen identifizieren kann.

»Sieh an, du weißt es sogar. Ich hätte gewettet, dass du
als Stadtindianer keine Ahnung von Bäumen hast.« Was
für ein arroganter Fatzke. Der klitzekleine Kieselstein, den
er bei mir kurz im Brett hatte, fällt auf den Boden und
kullert auf Nimmerwiedersehen in ein Erdloch. Jedenfalls habe ich von Karls Protzgerede für heute die Nase
gestrichen voll. Mit dem Hintergedanken, dass die laute
Musik im Kellerclub jedes weitere Gespräch konsequent
unterbinden wird, schlage ich ihm einen Ortswechsel vor.
»Wird sonst schwer werden, einen guten Platz zu finden.
Das Quasimodo ist total verwinkelt und ich würde Helge
schon gerne auch sehen und nicht nur hören können«, ver-
stecke ich meine eigentliche Absicht hinter einer plausibel
klingenden Begründung. Mein Vorschlag beeindruckt ihn
nicht im Geringsten.

»Vergiss es. Der Einlass beginnt im Quasimodo frühes-
tens um neun.«

Was soll ich sagen? Er hat ja leider recht. Dieses ver-
fluchte Internet ermöglicht heutzutage ja selbst dem letzten
Provinzschwaben intimen Zugriff auf ursprünglich gut ge-
hütete Stadtgeheimnisse. Wegen der direkt an den Musik-
club angrenzenden Vaganten Bühne muss aus akustischen
Gründen immer erst das Ende der dortigen Theatervorstel-
lung abgewartet werden. Mit der Folge, dass im Quasimodo traditionsgemäß kein Konzert vor 22 Uhr beginnt. Und
mir hier mindestens noch eine Stunde die Wort-Diarrhö
meines Gegenübers entgegen schwappt.

*V*aganten Bühne

Das älteste Privattheater Berlins wurde 1949 mit dem Ziel gegründet, durch einen religiös orientierten Spielplan auf unkonventionelle Weise die christliche Botschaft zu vermitteln.

Schon bald erweiterte sich das Repertoire auf Stücke anderer zeitgenössischer Couleur. Seit 1956 bespielen die Vaganten die Kelleräume des Delphihauses in der Kantstraße,

Nach dem Tod des Mitgründers Horst Behrend 1979 übernahmen seine beiden Söhne Rainer und Jens-Peter Behrend die Leitung des Theaters und entwickelten ein neues Spielplankonzept, das bis heute auf drei Grundzügen basiert: anspruchsvolle unterhaltsame Stücke und Komödien, Werke der klassischen Moderne sowie zeitkritische und sozialrealistische Stücke zeitgenössischer Autoren. Zu den bekanntesten ehemaligen Ensemblemitgliedern des Hauses gehören Harald Juhnke, Oliver Rohrbeck, Susanne Scholl und Dieter Hallervorden.

Vaganten Bühne
Kantstraße 12a
10623 Berlin-Charlottenburg
www.vaganten.de

*D*as Quasimodo – einst und jetzt

Das Quasimodo liegt direkt neben dem Theater des Westens und teilt sich das Gebäude mit der Vaganten Bühne und dem historischen Delphi-Filmpalast, der in den 30er- und 40er-Jahren eines der beliebtesten Tanzlokale Berlins war. In der Nachkriegszeit wurde das schwer beschädigte Delphi-Gebäude wieder instand gesetzt. 1967 öffnete im Keller des Delphi das »Quartier von Quasimodo«. Durch die zentrale Westberliner Lage wurde es zu einem beliebten Anlaufpunkt für Studenten, Berlintouristen, Kino-, Theaterbesucher und Nachtschwärmer. 1975 übernahm der aus Genua stammende Giorgio Carioti die bis dahin eher als Studentenkneipe betriebenen Räumlichkeiten, verkürzte den Namen in Quasimodo und formte den Club in wenigen Jahren zu einer der wichtigsten Jazzbühnen Europas. Unter seiner Programmhoheit traten hier bald Jazzkoryphäen wie Dizzy Gillespie, Chet Baker, Art Blakey und Pat Metheny auf.

Anfang der 1990er-Jahre übernahm Carioti auch das neben dem Delphi-Kino gelegene Café. Bis heute gehören Club und Café zusammen und werden seit 2006 von der Quasimodo GmbH betrieben. Selbst Megastars wie Prince, Chaka Khan und Nigel Kennedy standen bereits auf der kleinen Quasimodo-Bühne und nicht wenige Künstler aus Jazz, Funk, Blues, Soul, Latin und Rock begannen hier ihre Karriere.

Das Schmuckstück des Cafés, die große Sommerterrasse, wurde 1998 nach historischem Vorbild restauriert, sodass der von Architekt Bernhard Sehring ursprünglich geschaffene bauliche Zusammenhang vom Theater des Westens und Delphi-Palast wieder erkennbar wurde. Auch die imposante Kaisertreppe wurde wieder aufgebaut und führt hinauf zum früheren Haupt- und heutigen Seiteneingang des Theater des Westens.

Quasimodo
Kantstraße 12a
10623 Berlin-Charlottenburg
www.quasimodo.de

Hoffmanns Verstrebungen

Als ich am nächsten Morgen aufwache, habe ich heftige Rückenschmerzen. Helge war zwar wie immer toll, aber da Karls Redeterror auf der Quasimodo-Terrasse kein Ende nahm, kamen wir fast erwartbar zu spät und mussten zweieinhalb Stunden extrem unbequem stehen. Also fühle ich mich nun gerädert, unbeweglich, alt.

Mein Kopf ist voller grauer Wolken: Was ist mit meinem Leben passiert? Und: Ist das überhaupt noch *mein* Leben? Oder bin ich nur noch eine Marionette, deren Schnüre Karl nach Belieben manipuliert?

Heute brauche ich unbedingt Abstand. Ein Anti-Karl-Programm. Ich muss etwas finden, wohin mir dieser Wikipedia-Albtraum nicht folgt. Stöhnend schraube ich mich aus dem Bett, greife intuitiv die große Sporttasche und belade sie mit allen möglichen Utensilien: Sporthose, Sweatshirt, meine neuen Puma-Turnschuhe.

»Schatz, wo bleibst du, wir sitzen beim Frühstück.«

Die treuest kümmernde Ehefrau von allen sorgt sich um mein Wohlbefinden.

»Hab keinen Hunger«, rufe ich nach unten.

»Karl hat für heute eine tolle Idee.«

Tolle Idee. Karl. Mir reicht's. Schnell packe ich noch das Duschgel aus dem Bad ein. Die Tasche lasse ich im Treppenhaus lautlos auf den Boden gleiten und tänzele mit Unschuldsmine in die Küche.

»Moin, ihr beiden. Ich ... äh ... habe total verschwitzt, beim Motorrad den Ölwechsel zu machen. Geht schnell ... ich bin mittags wieder da.«

Karl und Ann-Marie sitzen spachtelnd am Küchentisch und gucken mich irgendwie misstrauisch an. Oder suggeriert mir dies nur mein schlechtes Gewissen? Unser lieber Besuch hat gerade einen Riesenbissen Erdnussbutterbrötchen quer stecken.

»Karl hat einen prima Plan.«

Karl kaut, würgt und nickt. Und blättert in einem Architekturführer. Der Superstreber.

»So so, hat er das? Wie schön«, versuche ich Interesse zu heucheln, während ich unauffällig zum Hängeschrank vorrücke und in die oberste Ablage fingere. Sie ist leer. Verdammt.

»Falls du deine Power-Riegel suchst, Schatz, die habe ich zum Müsli sortiert.«

Die Art, wie sie das Wort Power-Riegel dehnt und betont, lässt mich Böses ahnen. Zu Recht.

»Darf man mal fragen, wozu du beim Ölwechsel Power-Riegel brauchst?«, nimmt sie mich ins Kreuzverhör.

Ich sacke innerlich zusammen; wer so eine Frau hat, braucht keinen Lügendetektor.

»Ich ... äh ... okay, also ich wollte mal wieder was nur für mich tun.« Angezählt.

»Für dich? Müsstest du nicht eher was für dein neues Programm tun?«

Knock-down.

»Ja, klar. Aber um kreativ sein zu können, muss ich erst einmal körperlich richtig in Form kommen. Und da dachte ich, ich schaue mal im Sportstudio vorbei ...«

Karl, der jetzt endlich seine Erdnuss-Schrippe atomisiert hat, verzieht den Mund zu einem spöttischen Grinsen.

»Du gehst zum Sport? Das ist ja witzig. Du ahnst nicht, was ich dir heute vorschlagen wollte.«

Nee, ahne ich nicht. Ich weiß auch nicht, was an Sport so witzig sein soll. Außer man ist eben wie er Bewegungs- abstinenzler.

»Also bitte: Was wolltest du mir vorschlagen?«, frage ich resignierend.

»Wir gehen ins Hallenbad«, sagt er und grient stupide weiter.

Meine Frau, sonst nur schwer zu amüsieren, fängt nun auch noch an zu kichern. Beide zwinkern sich zu – und prusten los, dass die Krümel fliegen. Irre komisch.

»Darf ich fragen, was an dem Wort Hallenbad so lustig ist? Und was will einer wie du da überhaupt?«, frage ich Dickie-Karlchen. »Einen Rekord im Warmduschen auf- stellen?«

»Murat!« Abrupt stoppt meine Göttergattin ihr Geki- chere und schaut mich strafend an.

Es hat keinen Zweck. Ich bin ein Fremder im eigenen Haus. Nichts wie weg hier.

»Ich lass euch mal allein. Dann ist es vielleicht noch lus- tiger. Ciao.«

Ich angele meine Tasche aus dem Flur und eile zur Haustür.

»Tschüss, Schatz. Und viel Spaß bei deinem Ölwechsel.« Gelächter.

Offenbar haben die beiden Schwaben einen Clown ge- frühstückt.

Ausgepowert vom Hantelsport kann ich Karl wieder et- was entspannter gegenübertreten. Zu meinem Erstaunen hat er heute seinen Vorschlag der gemeinsamen Pro- grammarbeit nicht wiederholt. Ob ihm die Schnapsidee vielleicht von der weisesten Ehefrau von allen ausgeredet wurde? Nun, mir soll es nur recht sein. Schlimm genug, dass ich am frühen Abend mit ihm in der U2 Richtung Pankow fahren muss. Natürlich musste der Umstandskrämer unbedingt ein Hallenbad am anderen Ende unserer Megacity aussuchen. Keine Ahnung, warum es ausgerechnet dieses überdachte Plumpsfass sein muss. Ich kann mit Hallenbädern nix anfangen. In Seen oder Flüssen schwimmen: großartig. Aber in einer überheizten Halle in chlorverseuchtes Wasser zu springen, ist nicht so meine Welt.

Aber ich werde mir gegenüber dem kleinen Spießer an meiner Seite keine Blöße geben. Und wenn ich zur Entspannung dreimal täglich in die Muckibude muss. Kann meinem noch hervorzulockenden Sixpack ja nur guttun.

An der Eberswalder Straße nötigt mich Karl aus der U-Bahn heraus. Kurz schaut er mit seinen Froschaugen auf den Plan und stapft dann zielsicher voran, als könnte er das Chlor schon riechen. In der Oderberger Straße bleibt er vor einem imposanten Gebäude stehen.

»Das isses. Toll, oder? Das ist Neo-Renaissance-Stil, erbaut von Ludwig Hoffmann, seines Zeichens Architekt und Baustadtrat von Berlin ...«

»Ja, schön, 'n mächtiger Klotz. Aber wo ist das verdammte Hallenbad?«

Ich schaue die Straße auf und ab. Nirgendwo ein Gebäude, das auch nur einen Hauch nach Schwimmhalle aussieht.

»Gebaut wurde dieses Schmuckstück in den Jahren 1899 bis 1902 ...«

»*Allet schön und jut, jroßer Meesta.* Aber jetzt ist mal Schluss mit der Schwafelei. Lass uns was tun und das Planschbecken finden.«

Wär ja noch schöner, wenn der Klopsburger sich kurz vor dem ersten Köpper drückt und einen auf Wasserallergiker macht.

»Das hier ist das Hallenbad.«

»Wie bitte? Diese abgeblätterte Protzbude?« Ich bin fassungslos.

»Du hast es erfasst: Das ist das Stadtbad Prenzlauer Berg.«

»Das ist nicht dein Ernst. Sieht aus wie das Angeber-Rathaus einer unter Minderwertigkeitskomplexen leidenden Dorfgemeinde. Und in den Bau passt doch allerhöchstens ein 25-Meter-Becken rein. Für so einen Seniorentümpel schleppst du mich einmal quer durch die City?«

Karl funkelt mich belustigt durch seine dicken Brillengläser an.

»Wart's ab und folge mir unauffällig.«

Langsam wird mir klar: Hier stimmt was nicht. Karl ist irgendwie »overdressed«, insbesondere im Vergleich zu meinem legeren »Dresscode Neukölln«: Jogginghose, Trainingsjacke, Sportschuhe. Und jetzt wo ich genauer hinschaue, fällt mir auf: Eine Sporttasche hat der Kerl auch nicht dabei ...

»Wir schauen uns ›Die Flut‹ an.«

»Die Flut! Aha«, sage ich und verstehe nur Bahnhof. Handelt es sich hier vielleicht um ein Wellenbad?

»›Die Flut‹«, ergänzt Karl mit fachmännischem Habitus, »ist eine der ganz selten gespielten Opern von Boris Blacher. Und die wird hier heute aufgeführt.«

Boris Blacher? Ich kenne nur Boris Becker. Oper? Im Schwimmbad, alles klar. *Vergackeiern kann ick mir selber.* Aber als wir in der Halle stehen und das Gewölbe samt seinen opulenten Verzierungen bestaunen, wundere ich mich fast schon nicht mehr, dass in dem erstaunlich großzügig geschnittenen Becken kein Wasser ist. In meinem Kopf beginnt sich ein Puzzlestück zum anderen zu fügen. Das konspirative Gelächter am Frühstückstisch. Karls schicke Garderobe. Das Gerede von Boris Blacher. Und das wasserlose Becken. Ich greife Karls Arm.

»Also, du Scherzkeks, was wird hier gespielt?«

»›Die Flut‹. Sagte ich doch schon.«

»Haha. Ich flute vor Lachen gleich meine Hose. Los jetzt. Erzähl! Ich seh doch, dass du sonst gleich platzt.«

»Also gut«, gibt der Geheimniskrämer klein bei. »Als ich heute Morgen in dem Berliner Architekturführer geblättert habe, ist mir aufgefallen, dass dieses Stadtbad hier wegen Rissen im Beckenboden und in den Deckengewölben bereits 1986 geschlossen wurde. Und dass man das Gebäude seit 2008 für Veranstaltungen nutzt. Da habe ich in der ›Zitty‹ nachgeguckt, ob aktuell was läuft. Und bingo! ›Die Flut‹! Als ich Ann-Marie davon erzählt habe, meinte sie, es wäre doch eine gute Idee, dich damit ein bisschen zu veralbern.«

Na toll! Eine Verschwörung zwischen der heimtückischsten Ehefrau von allen und meinem ganz persönlichen Plagegeist. Was kann das Leben Schön'res bieten?

»Gut, dann habt ihr jetzt euren Spaß gehabt und wir können wieder nach Hause.«

»Nee, Murat, komm. Nun sind wir soooo weit gefahren. Und die Oper hat auch eine richtig gute Kritik bekommen.«

Gutmütig, wie ich nun einmal bin, lasse ich mich von dem Drollige-Streiche-Planer tatsächlich überreden. Was ich umgehend bereue. Denn plötzlich füllt sich das Bad mit lauter höchst elegant gekleideten Pinguinen und den dazugehörigen Damen in schicker Abendgarderobe. Da komme ich mir in meinen Joggingklamotten vor wie ein FKK-Jünger bei einer Papst-Audienz. Aber zum Fliehen ist es zu spät, denn schon fluten die Opernsänger das als Bühne dienende Schwimmbecken. Also bleibe ich bis zum bitteren Ende und ignoriere tapfer die abschätzigen Blicke der anderen Besucher, die in mir wahrscheinlich einen aus Neukölln verirrten Obdachlosenzeitungsverkäufer vermuten.

Auf dem Heimweg quält mich Karl dann noch ein wenig mit seinem Wissen über Ludwig Hoffmann, der offensichtlich halb Berlin erbaut hat. Als wir spät abends wieder das traute Heim betreten, beendet er seinen stundenlangen Monolog mit den Worten »Ludwig Hoffmann war übrigens trotz seiner zahlreichen hiesigen Bauten kein Berliner. Er stammte eigentlich aus Darmstadt, war also Hesse.« Na Gott sei Dank war er wenigstens kein Schwoab. So endet dieser anstrengende Abend für mich fast noch versöhnlich.

Leben und Erbe des Ludwig Hoffmann

Ludwig Hoffmann (geboren 1852 in Darmstadt, gestorben 1932 in Berlin) prägte als Stadtbaurat 28 Jahre lang das Gesicht Berlins. Unter seiner Aufsicht entstanden 111 Anlagen mit über 300 Einzelbauten. 1924 wurde Hoffmann Ehrenbürger der Stadt Berlin.

Anfangs stießen die unter seiner Regie errichteten Bauten gelegentlich auf Unverständnis, gelten aber heute als sowohl unter künstlerischen wie auch sozialen Aspekten gelungene architektonische Antwort auf die Wohnraumknappheit in Berlin, die aus der Bevölkerungsexplosion Anfang des 20. Jahrhunderts resultierte.

Unter Hoffmanns Leitung entstanden unter anderem das Baerwaldbad in Kreuzberg, das Rudolf-Virchow-Krankenhaus, das Märkische Museum, der Feuerwehrbrunnen auf dem Mariannenplatz, die Ausführung des Pergamonmuseums nach einem Entwurf von Alfred Messel, der Märchenbrunnen im Volkspark Friedrichshain und die Möckernbrücke. Wer sich gerne Originalentwürfe von Ludwig Hoffmann anschauen möchte, kann dies im Architekturmuseum der Technischen Universität Berlin tun.

Architekturmuseum der Technischen Universität Berlin
in der Universitätsbibliothek
Sekr. A 7
Straße des 17. Juni 150/152
10623 Berlin-Charlottenburg
http://architekturmuseum.ub.tu-berlin.de

Der Himmel über Berlin

Weil wir trotz der schweren Kulturkost beide noch nicht richtig müde sind, setzen wir uns erstmals abends gemeinsam auf ein Kaltgetränk in die Küche. Während die müdeste Gattin von allen im ersten Stock den einen oder anderen Baum zersägt, lassen wir den Klassikabend entspannt ausklingen. Karl ist bester Laune, er hat die Oper sehr genossen. Und er freut sich immer noch diebisch über seinen Coup.

Okay, Ehre, wem Ehre gebührt. Der Gag ist ihm gelungen. Im Jogginganzug und mit Badehose unterm Arm hat mich tatsächlich noch nie jemand in eine Oper befördert. Um ehrlich zu sein, hat mich auch in konventionelleren Klamotten noch niemand zu den Knödel- und Koloratur-Junkies gebracht. Mein Musikgeschmack orientiert sich eher an der Street-Credibility des Künstlers, die mir heute Abend eher gering schien. Meine Frau weiß ein Lied davon zu rappen.

»Und, gibt es schon Pläne für morgen?«, frage ich über den Küchentisch, um den Westentaschen-Woody-Allen gar nicht erst auf den Gedanken zu bringen, er könnte mir morgen doch noch sein angelesenes Comedyhandwerk vorführen.

»Nö«, bekennt Karl einsilbig und nimmt noch einen langen Schluck. »Schlag zur Abwechslung du was vor.«

Ich greife mir mein bei Ebay ersteigertes treues Smartphone und beginne eifrig zu tippen.

»Was wird das?«, fragt der Alles-wissen-Woller.

»Wetter. Stabile Hochdrucklage, wolkenlos«, lese ich ihm mein Kachelmann-App vor.

»Also?«

»Also schauen wir uns die City morgen von oben an.«

Er stiert mich einen Moment ungläubig an.

»Von oben? Willst du in die Luft?«

»Treffer«, sage ich.

»Ich nehme an, du hast keinen Pilotenschein.«

»Treffer versenkt.«

»Dann willst du also einen Rundflug buchen? Hast du eigentlich eine Idee, was das kostet?«

»Ruhig Blut, Schwoab. Das, was ich vorhabe, ist günstiger und macht trotzdem großen Spaß. Also: Bist du bereit für einen kleinen Aufstieg?«

»Äh ... wenn es bezahlbar ist – meinetwegen.« Richtig glücklich scheint ihn die Aussicht auf größere Geldausgaben nicht zu machen. Das ist der richtige Augenblick, ihn seine pekuniären Verlustängste in aller Ruhe allein auskosten zu lassen. Ich exe meine Schorle und sage ungewöhnlich gut gelaunt: »Gute Nacht«.

Als ich ihn am nächsten Morgen beim Frühstück treffe, ist er allerdings schon wieder obenauf.

»Murat, lass mich raten: Du willst zum Alexanderplatz?«

Nervig ist der Mensch, aber doof nicht. Offenbar hat sein überdimensionierter Zinken den Braten schnell gerochen. Als ich nicht antworte, triumphiert er: »Du willst auf den Fernsehturm, stimmt's?«

Ich nicke stumm, schließlich war das ja wohl nur noch eine rhetorische Frage. Nicht einmal ein bisschen Vorfreude gönnt einem dieser Spielverderber. Höchste Zeit, den Tag mit Aggressionsabbau an den Eisen zu beginnen. Ich greife meine noch gepackte Sporttasche und eile zur Tür.

»Ich muss los, Kollege. Wir treffen uns um halb zwölf an der Uhr«, schlage ich vor.

»Welche Uhr?«, fragt Karl.

»Guck einfach in deine schlauen Bücher«, erwidere ich leichtsinnig, nicht bedenkend, was dies wieder für Vorträge nach sich ziehen wird..

»Ach, noch was, Karl: Pass auf dein Portemonnaie auf, das ist hier nicht Strümpfelbach; gerade der Alex ist ein ziemlich heißes Pflaster.«

»Danke für den Tipp, Präventiv-Bulle.« Komisch, dass ausgerechnet die größten Besserwisser immer am allergischsten auf fremde Ratschläge reagieren! Dann soll er sich halt ausnehmen lassen wie 'ne Weihnachtsgans. Mir doch egal.

Kurz nach halb zwölf stürze ich am Bahnhof Alexanderplatz aus der verspäteten S-Bahn. Wie immer herrscht hier Riesenhektik: Pendler wollen unbedingt noch den Regionalzug erwischen, während andere verzweifelt auszusteigen versuchen; genervte Schnorrer zerren ihre Hunde an langer Leine hinter sich her, über die dann hilflose alte Damen fast zu Tode stürzen. Zwei Waggons weiter verhaken sich gleich mehrere Fahrräder hoffnungslos in drei überdimensionierte Einkaufstaschen. Ein starker Geruch von Vorkriegsstimmung liegt in der Luft.

Ich springe eilig die langen Treppen hoch und halte straight auf die Weltzeituhr zu. Karl ist nicht schwer zu identifizieren: Inmitten der bunten Gemeinde aus Punks, Freaks und sonstigen Müßiggängern ist er der Einzige, der statt Bierdose ein Buch in der Hand hält. Es ist zwanzig vor zwölf.

»Hey, Karl, tut mir leid, die S-Bahn ...«

»Wahnsinn.« Er ist so auf sein Buch fixiert, dass er mich erst bemerkt, als er kurz in die Sonne blinzelt.

»Ach, Murat. Hallo. Wie spät ist es?«

»Wie müssen Uhren aussehen, damit ein Schwabe sie als Zeitmesser erkennt?«, ätze ich, mit Verweis auf die vielen Chronometer hinter uns. Karl reagiert für seine Verhältnisse ungewohnt kleinlaut. »Stimmt, wie dumm von mir.« Aber schon im nächsten Augenblick trägt ihn die Begeisterung für sein neu erworbenes Wissen fort.

»Wusstest du, dass für die Weltzeituhr 1969 Fachleute aus sage und schreibe 120 verschiedenen Handwerksberufen kooperieren mussten?«

»Nee, wusste ich nicht.«

»Ist aber so. Guck dir diesen Zylinder hier an.«

Er dreht sich zu der wehrlosen Weltzeituhr hin und betatscht sie ungeniert.

»Der hat 24 Ecken und Seiten, also genauso viele, wie es Zeitzonen gibt. Und in jede Seite, das heißt in jede Zeitzone, wurden die Namen großer Städte eingefräst. Zum Beispiel hier Sankt Petersburg. Oder hier Almaty, den meisten eher unter dem alten Namen Alma-Ata bekannt. Guck, hier in dem Zylinder dreht sich dann ein Stundenring. Auf dem wandern die Stunden, farblich gekennzeichnet, durch die diversen Zonen. Super, oder?«

»Sonnenuhren finde ich superer«, sage ich, einfach nur um irgendetwas zu sagen. Ich weiß eh, dass der Vortragskünstler nicht hinhört.

»Und obendrüber, das ist eine vereinfachte Darstellung der Planeten unseres Sonnensystems und ihrer Bahnen. Die dreht sich pro Minute genau einmal. Aber jetzt rate, wo sich die Technik der Uhr befindet, also der Elektromotor und das Getriebe?«

»In Almaty?«

»Zwei Meter unter dem Alexanderplatz. Und zwar in einem exakt fünf mal fünf Meter großen und 1,90 Meter hohen Raum.« Sieh an, das wäre doch der ideale Aufenthaltsort für schwäbische Sonderschullehrer. Ich muss mich dringend erkundigen, ob der Bezirk nicht einen Technik-wärter mit 24-stündiger Anwesenheitspflicht sucht.

»Und solltest du dich noch einmal neu verlieben, Mu-rat: Es gilt als gesicherte Erkenntnis, dass Paare, die um 24 Uhr Berliner Zeit an der Weltzeituhr Händchen halten, für immer zusammenbleiben.« Jetzt ist aber genug. Hat der unsensible Klotz verdrängt, dass ich glücklicher Ehemann und werdender Vater bin?

»Was ist Sache, Karl-Holger?« Karl ist okay, Holger ist auch okay, Die Kombination Karl-Holger aber nervt mein Gegenüber, so viel habe ich in den letzten Tagen schon herausgefunden. Also habe ich beschlossen, ab sofort ver-stärkt die Karl-Holger-Version zu verwenden. »Die Sicht ist bombig. Wollen wir rüber zum Turm?«

»Du meinst wohl Ulbrichts Zeigefinger, oder? Das war nämlich einer der vielen DDR-Spitznamen für den Turm. Beliebt waren auch Telespargel, Gottesrakete oder – nicht ju-gendfrei – Renommierpimmel. Walter Ulbricht – bekannt-lich der Lügenvogel, der unmittelbar vor dem Mauerbau sagte, niemand habe die Absicht, eine Mauer zu bauen – hat den Prestigebau, der mit 368 Metern immerhin das höchste deutsche Bauwerk ist, 1969 nämlich als Staatsratsvorsitzen-der eröffnet. Die Metallfassade der Kugel wurde nach dem Vorbild des sowjetischen Satelliten Sputnik gestaltet und sollte die technologische Überlegenheit des Sozialismus symbolisieren. Extrem lustig ist, dass immer wenn die Sonne die Kugel anstrahlt, eine Reflexion in Form eines Kreuzes erscheint. Der sozialistische Volksmund hat dieses unbeab-sichtigte Lichtphänomen die Rache des Papstes getauft. Ul-bricht soll über die Reflexion so erbost gewesen sein, dass die Architekten nicht zur Eröffnungsfeier eingeladen wurden.«

»Hallo! Hallo! Tower an Karl: Möchten Sie jetzt an Höhe gewinnen? Bitte kommen.«

Er schaut mich an, grinst und klappt sein Buch zu. Dann staucht er den armen, bei uns entliehenen und seitdem bereits arg in Mitleidenschaft gezogenen Stadtplan ohne Rücksicht auf Verluste in seinen Brotbeutel. Ich werde nach Karls hoffentlich baldiger Abreise einen neuen Plan kaufen müssen – und wenn unser nächster Besucher wieder aus Schwaben kommt, dann *vermiete* ich ihn.

Wir gehen die wenigen Meter quer durch den Bahnhof Alexanderplatz. Prompt stößt an einer unübersichtlichen Ecke ein Typ mit mir zusammen, verschüttet seinen gesamten Kaffee und saut damit meine brandneue Jacke ein. Sofort bildet sich eine Menschentraube (erst hektiken alle immer durch die Gänge, als hätten sie zu Hause den Herd angelassen, aber kaum passiert etwas, hat plötzlich jeder Zeit wie Heu) und es entsteht großes Palaver; in mir schäumt es, aber wozu ist man deeskalationsgeschult. Nein, ich will kein Geld. Nein, auch keine Rache. Alles gut, nichts wie weg hier.

An der Kasse zum Fernsehturm greift Karl erstaunlicherweise zu seiner Brieftasche und will freiwillig die Tickets zahlen.

»Lass mal, ich lade dich ein«, gehe ich dazwischen, »war ja meine Idee.«

Ich durchforste die 107 Innen- und Außentaschen meiner atmungsaktiven Goretex-Extrem-Outdoor-Jacke. Und bin entsetzt.

»Das gibt's doch nicht. Mein Portemonnaie ist weg! Die haben mich ausgenommen.«

»Was ist los?«

Der Typ ist manchmal so was von lazy in der Birne.

»Mein Geld ist weg!!«

»Weg? Aber du hast mich heute morgen noch gew...«

»Ja, ich weiß!« Während ich meine Multifunktionsjacke zum x-ten Mal so panisch wie sinnlos filze, sende ich ihm warnende Blicke zu. Keine Kommentare jetzt. Und bloß keine Polizei! Er scheint zu verstehen, schleicht zur Kasse und zahlt für uns.

Schweigend warten wir auf den Fahrstuhl.

Kaum sind wir eingestiegen, schießt das Teil wie eine Supernova in die Höhe. Mein Magen braucht einen Moment, um das zu realisieren. Und mir wird klar: Ich habe einen Mordskohldampf. Was Karl wieder zum Gedankenlesen animiert.

»Weißt du was, Murat. Ich lade dich zum Essen ein – oben gibt es doch ein Restaurant mit Aussicht.«

Jetzt wird mir das doch langsam unheimlich mit dem Kerl. Scheint ja echt ein Fall für »Akte X« zu sein. Ohne mich pseudohöflich zu zieren, nehme ich sein Angebot an. Wenn ich schon nichts mehr gegen die Leere in meiner Kasse tun kann, sollte ich zumindest die Leere in meinem Magen bekämpfen.

Im Restaurant angekommen, suchen wir uns einen Fensterplatz. Ich lege meine geschändete Jacke aufs Fensterbord und schaue hinab. Wow. Diese Aussicht entschädigt für einiges.

»Eigentlich schade, dass man nur diesen Teil der Stadt sieht«, seufzt der Ewig-Wissbegierige.

»Da hast du aber deine Reiseführer nicht gut studiert«, gebe ich zurück. »Das hier ist ein Dreh-Restaurant; immerhin zwei Umdrehungen pro Stunde.«

Karl hat, wie immer wenn ich mal was weiß, gar nicht zugehört. Er blickt ins Menü. Und wird dabei kalkweiß.

»Können wir uns vielleicht darauf einigen, nur etwas Kleines zu bestellen?«, fragt er nahezu panisch.

Ich checke die Preise und verstehe, was er meint. Auch die haben das zu DDR-Zeiten gern beschworene Weltniveau.

Karl bestellt einen mediterranen Vorspeisenteller (13,50 Euro), ich belasse es bei einer Kalbsboulette (8,50 Euro): Dazu gönnen wir uns je eine kleine Apfelschorle (5,60 Euro).

Wir zelebrieren die unglaubliche Aussicht auf meine Stadt. Und mümmeln dabei betont langsam an unseren Vorspeisen – in der Hoffnung, eine Umdrehung zu schaffen, bevor die Kellnerin uns eine Bestellung des Hauptganges aufnötigt.

ℬerlin von oben –
Aussichtspunkte und Rundflüge

Es gibt zwei Möglichkeiten, Berlin aus der Vogelperspektive kennenzulernen. Die günstigere Variante ist die Erklimmung von Aussichtspunkten. Empfehlenswert sind in dieser Hinsicht:

der Berliner Fernsehturm, die Panoramaterrasse des ebenfalls am Alexanderplatz gelegenen Hotel Park Inn, die Siegessäule, das Kollhoff-Hochhaus im Quartier Potsdamer Platz, wo man mit dem schnellsten Aufzug Europas in 20 Sekunden zur Aussichtsplattform auf der 24. Etage fahren kann, der Funkturm, der Spandauer Glockenturm, der Grunewaldturm, der ebenfalls im Grunewald gelegene Teufelsberg (115 Meter) und im Südosten Berlins der Müggelturm »in« den Müggelbergen.

Wer mehr Geld investieren kann und möchte, kann auch einen **Rundflug buchen**. Hier sind einige Anlaufstellen:

AB Charterflug
Tel.: 03342 / 300 843
www.ab-airservice.de

Air Service Berlin
Tel.: 030 / 60 91 37 30
www.air-service-berlin.de

Rundflug Berlin-Brandenburg
Tel.: 03341 / 305 364
www.rundflug-berlinbrandenburg.de

Romantisches und Unromantisches

Vom Alex aus gehen wir zu Fuß nach Süden, lassen die Marienkirche und das Rote Rathaus links liegen und überqueren die Spree auf der Schlossbrücke.

Ich bin noch leicht wackelig auf den Beinen: Der Supernova-Fahrstuhl ist aus 200 Metern in kaum mehr als 30 Sekunden gnadenlos auf Normalnull zurückgestürzt. Über eine halbe Stunde haben wir aus der Ballonperspektive auf die Stadt geschaut – und plötzlich sind wir wieder handelnde Figuren in dieser animierten Modellbaulandschaft.

»Ich will ja nichts sagen, die Aussicht war erste Sahne, aber ...«, gibt Karl kleinlaut von sich.

»Aber ...?«

»Ich habe einen Wahnsinnshunger.«

»Gut, dass du das sagst. Mir hängt der Magen nämlich auch auf halb acht. Das Essen hat kaum für den hohlen Zahn gereicht.«

»Dafür reichte der Preis aber für ein komplett neues Gebiss.« Einmal Schwabe, immer Schwabe.

»Und nu? Ist ja noch früh am Tag. Wo soll's denn jetzt hingehen, Murat? Du kennst dich doch sicher aus.«

Ich grübele kurz.

»Ich hab 'ne Idee: ist so 'ne Art Szenetreff, nur junge Leute – und alle haben Abitur.«

Karl blickt mich scheel von der Seite an.

»Guck nicht so skeptisch: Ich meine die Mensa. In der Humboldt-Uni.«

Seine Gesichtszüge entspannen sich.

»Aber braucht man da nicht einen Studentenausweis?«

»Nee, so wie du aussiehst, kommen wir da so rein!«, sage ich und lache mich über meinen eigenen Witz schlapp.

Der Arme weiß nicht, ob er das als Kompliment verbuchen soll. Oder doch eher als Beleidigung.

Vor der Uni ist der übliche Bücherflohmarkt aufgebaut. Oh je, den hatte ich ganz vergessen. Böse Falle.

Karl ist sofort elektrisiert.

»Hey, Murat, alle Achtung! Ein Open-Air-Antiquariat, und das direkt vor der Uni. Wahnsinn. Du kennst wirklichen die besten Plätze der Stadt!«

»Hattest du nicht Hunger?«, frage ich, obwohl ich schon weiß, dass ich das warme Mittagessen vorläufig knicken kann. In der Tat nimmt mich das Büchermonster schon nicht mehr wahr und ist bereits komplett in die Welt der modrigen Seiten und angestoßenen Buchdeckel abgetaucht.

»Wusstest du eigentlich«, fragt er mit dem Rücken zu mir aus irgendeinem Karton heraus, »dass die Gründung der Universität auf Wilhelm von Humboldt zurückgeht? Wilhelm war der ältere und sesshaftere der beiden Humboldt-Brüder. Während Alexander sich der Naturkunde widmet, ständig in der Welt herumkurvt und vor allem Südamerika erforscht und dem deutschen Lesepublikum zugänglich macht, sitzt Wilhelm in dem von den Eltern geerbten Schloss Tegel und pflegt geistesgeschichtliche Studien. Man sagt, er habe mindestens sieben Sprachen perfekt beherrscht.«

»Nee, wusste ich nicht, interessiert mich aber auch nicht«, antworte ich renitent, da ich das Gefühl habe, dass mein hungriger Magen gleich aus der nächsten Körperöffnung tritt, um mich zu verprügeln.

»Und Alexander, den seine Lehrer absurderweise als eher mäßig intelligent und lernunwillig einschätzten, war ein wahrer Pionier vernetzten und globalen Denkens.«

»Da kannst du mal sehen, was Lehrer für eine Menschenkenntnis haben«, unke ich.

»Über Alexander von Humboldt hat Daniel Kehlmann einen großartigen Roman geschrieben, ›Die Vermessung der Welt‹. Wurde allein im deutschsprachigen Raum weit über 1,5 Millionen Mal verkauft. Daniel Kehlmann lebt übrigens in Berlin.«

Ich gebe auf. Und beginne, aus purer Verzweifelung die vor mir stehende Kiste mit Comicheften durchzuchecken. Während der angeberische Kollege weiter in Hochkultur macht.

»Guck mal hier, Heinrich von Kleist: ›Der Katechismus der Deutschen‹. Viele kennen ja nur den ›Zerbrochenen Krug‹ oder den ›Michael Kohlhaas‹. Als Lokalpatriot schätze ich natürlich vor allem ›Das Käthchen von Heilbronn‹. Der gute Kleist steht ja auch in direkter Verbindung mit Berlin, hat dort sogar eine Zeit lang im preußischen Finanzministerium gearbeitet. Und hier, noch ein preußischer Staatsbediensteter: E. T. A. Hoffmann. Der war ja nun Romantiker durch und durch. Kleist verkehrte zwar auch in den Zirkeln der literarischen Romantiker, aber im Grunde konnte er mit deren Ästhetik und politischen Vorstellungen nix anfangen.«

»Is ja nicht wahr«, murmle ich in meinen frisch rasierten Bart. Triumphierend recke ich einen sensationellen Fund in die Höhe.

»Schau mal hier, das ist echte Berliner Hochkultur!«

Karl taucht aus seiner Grabbelkiste auf, drei oberschenkeldicke Bände im Arm, und mustert voller Skepsis mein Fundobjekt.

»›Didi & Stulle‹? Und wer bitte ist der schaue Fil?«

»Den kennst du nicht? Du Ignorant. Das ist Literatur der Gegenwart, so was solltest du wissen. Band 105, den habe ich ewig gesucht.« Zufrieden packe ich mir das Heft unter den Arm und weiter geht's im nächsten Karton. Auch mein Nachbar widmet sich wieder seinen Schätzen.

»Schau an: Clemens von Brentano!« Karl zieht ein recht zerfleddertes Buch hervor und präsentiert es mit einem Stolz, als hätte er es selbst geschrieben. »Brentano war ja in Berlin Mitbegründer der ›Deutschen Tischgesellschaft‹, die sich nicht zuletzt durch gewisse antisemitische Tendenzen hervortat.«

»Sieh an, der Brentano. Ich dachte immer, der wäre Torwart bei Tasmania 1900 gewesen?«

Karls abschätziger Blick ist einfach unbezahlbar.

»Schon gut, du Schöngeist, war nur ein Witz. Aber das hier solltest du kennen, wenn du dich als Berliner Literaturkenner profilieren willst.

»»Chaussee der Enthusiasten. Straße ins Glück««, liest Karl so stockend wie ein ABC-Schütze von meinem Buchdeckel ab. »Was soll das sein: Reiseliteratur?«

»Ach Karl, du bist wirklich von vorgestern. Berlin ist mittlerweile auch die Hauptstadt der Vorlesebühnen. Da stellen junge, szenige Autoren ihre Werke vor, sozusagen frisch aus dem Drucker gezogen. Und die Chaussee der Enthusiasten ist eine davon. Da sollten wir mal hingehen. Poetry-Slam und so.« Ehrlich gesagt weiß ich auch nicht so genau, was Poetry-Slam ist und wie das funktioniert. Soviel ich weiß, eine Art trendiger Dichterwettstreit. Aber es ist immer clever, mit angesagten Schlagworten um sich zu werfen. Und meine Bemerkung hat gesessen. Karl, der Bücherwurm, schaut mich – wenn ich mich recht entsinne, das erste Mal in all diesen Tagen – mit so etwas Ähnlichem wie Respekt an.

»Klingt nach 'ner spannenden Sache. Da kann jeder einfach so hin und was vortragen?«

»Na ja, klar«, fabuliere ich ins Blaue hinein.

»Ich mein nur ... weil, na ja weißt du, ich habe auch mal ein paar Geschichten geschrieben. Was mir so zu Hause passiert jeden Tag, weißt du, solche Sachen.«

»Ja«, sage ich, »toll, genau so was, Geschichten aus dem Alltag, das ist für Vorlesebühnen perfekt, darauf fährt die Szene voll ab. Normales für Trendsetter, das finden die voll krass.«

Aber ob sich die Szene ausgerechnet für Geschichten über Heilbronn oder gar Böblingen interessiert ... Ich kann ein schadenfrohes Grinsen nicht unterdrücken.

Karl geht einen Moment in sich. »Meinst du, ich sollte da mal hingehen?«

»Na klar, Mann, bist ein cooler Typ, Charly, die fahren bestimmt auf dein Zeug ab.«

Karl nickt selbstzufrieden. In seiner Vorstellungswelt ist er nicht nur ein Alleskönner, sondern auch ein perfekter, wenn auch leider verkannter Schriftsteller. Bevor er womöglich gleich noch auf unser Reizthema »Comedytexte« zu sprechen kommt, wende ich mich flink dem nächsten Karton zu. Und lande prompt einen weiteren Volltreffer.

»Hey, das hier ist Lebenshilfe pur. Hier sagt dir einer, wie es weitergeht. Wie du deine Batterie wieder auflädst und auf die Gewinnerstraße findest.«

Karl schaut erst auf das Buch, dann in mein Gesicht.

»Eine Reparaturanleitung für eine Kawasaki Ninja?«

»Okay, okay. Ist vielleicht ein bisschen speziell. Aber gute Literatur kann nie alle Leser begeistern, stimmt's?«

Karl ist längst wieder unter Tage.

Inzwischen lässt sich das Knurren meines Magens definitiv nicht mehr ignorieren. Schnell drücke ich dem Kistenfetischisten meine beiden Errungenschaften in die Hand. »Gib mir bitte fünf Euro. Ich sprinte schnell zurück zum Alex und hole mir 'ne Pommes und dir 'ne Bratwurst.«

Die gibt es dort nämlich für unschlagbare 1,20 Euro das Stück. Folge eines erbarmungslosen Konkurrenzkampfes zwischen den Firmen Grillwalker und Grillrunner, der auch als Berliner Bratwurstkrieg bekannt wurde. Der Erfinder der tragbaren Grillanlagen und gleichzeitige Gründer der Firma Grillwalker hatte sich sein Gerät zwar patentieren lassen, aber nicht bedacht, dass Konkurrenten ebenfalls mit seinem Tragegrill durch die Gegend patrouillieren können. Was die Firma Grillrunner, die auf jeden Fall den dynamischeren Namen hat, denn auch prompt tat. Da ein weiterer Konkurrent – auf das Mitleid der Laufkundschaft spekulierend – zuvor schon Griller in den Rollstuhl gesetzt hatte, kam es zwangsläufig zur Eskalation. Schnell stellte sich heraus, dass die angeblich behinderten Brutzelexperten nach Feierabend genauso quicklebendig nach Hause walken und runnen konnten wie ihre gesunden Konkurrenten. Was dazu führte, dass völlig entgeisterte Touristen mitten am Tag mit ansehen mussten, wie eben noch Schwerbehinderte im nächsten Moment von aufgebrachten Mitbewerbern aus ihren Rollstühlen gescheucht wurden und im Schweinsgalopp das Weite suchen mussten, um den drohenden Prügeln zu entkommen.

Aus Solidarität mit dem geistigen Schöpfer des mobilen Grills kaufe ich Karls Wurst natürlich bei einem jungen Mann, der das »Grillwalker«-Shirt spazieren trägt. Und eile dann meinerseits, nachdem ich im S-Bahnhof noch eine große Tüte Pommes rot-weiß erstanden habe, im Schweinsgalopp zu Karl zurück. Schade um das gute Essen in der Humboldt-Mensa. Aber das hätten wir uns angesichts des Bücherbergs, den mein schwäbischer Gast akkumuliert hat, wohl eh nicht mehr leisten können. Insbesondere da wir für den Transport dieser schwergewichtigen Errungenschaften auf jeden Fall ein Taxi brauchen.

*B*erlin für Bücherwürmer – Vorlesebühnen und mehr

Bei einer Lesebühne trägt ein festes Autorenensemble (gegebenenfalls ergänzt durch Gäste) regelmäßig am gleichen Ort selbst verfasste Texte vor Publikum vor, ohne dass dem ein Wettbewerbscharakter zugrunde liegt.

Die heute gängige Form der Lesebühne ist in der Berliner Wendezeit entstanden. Autoren wie Wladimir Kaminer oder Jakob Hein sind auf diesem Weg entdeckt und erfolgreich verlegt worden.

Die wichtigsten Berliner Lesebühnen

LSD – Liebe statt Drogen
jeden Dienstag ab 21:30 Uhr im Schokoladen
Ackerstraße 169
10115 Berlin-Mitte
www.liebestattdrogen.de

Chaussee der Enthusiasten
jeden Donnerstag ab 20:30 Uhr im RAW-Tempel,
Stenzerhalle
Revaler Straße 99
10245 Berlin-Friedrichshain
http://chausseederenthusiasten.blogspot.com

Surfpoeten
jeden Mittwoch ab 21 Uhr im Klub der Republik
Pappelallee 81
10437 Berlin-Prenzlauer Berg
www.surfpoeten.de

Reformbühne Heim & Welt
jeden Sonntag ab 20:15 Uhr im Kaffee Burger
Torstraße 58/60
10119 Berlin-Mitte
www.reformbuehne.de

Brauseboys
jeden Donnerstag ab 20:30 Uhr im La Luz, Osramhöfe
Oudenarder Straße 16–20
13347 Berlin-Wedding
www.brauseboys.de

**Kantinenlesen, Gipfeltreffen der
Berliner Lesebühnen**
jeden Samstag ab 20 Uhr in der Alten Kantine, Kulturbrauerei
Knaackstraße 97
10435 Berlin-Prenzlauer Berg
www.kantinenlesen.de

Buchhandlungen mit mehr oder weniger regelmäßigen Lesungen

Dussmann das Kulturkaufhaus
Friedrichstraße 90
10117 Berlin-Mitte
www.kulturkaufhaus.de

Bücherbogen
Savignyplatz 1, Im Stadtbahnbogen 593
10623 Berlin-Charlottenburg

East of Eden International Bookshop
Schreinerstraße 10
10247 Berlin-Friedrichshain
www.east-of-eden.de

Krimibuchhandlung Miss Marple
Weimarer Straße 17
10625 Berlin-Charlottenburg
www.krimi-marple.de

Dorotheenstädtische Buchhandlung
Turmstraße 5
10559 Berlin-Tiergarten
weitere Filiale in der Carl-Schurz-Straße 53
13597 Berlin-Spandau
www.dorotheenstaedtische-buchhandlung.de

Wolff's Bücherei
Bundesallee 133
12161 Berlin-Friedenau (klassische alte Buchhandlung,
Max Frisch hat früher um die Ecke gewohnt)

Wer die gute alte Tradition der Salonkultur erleben möchte,
kann den **Literarischen Salon** Britta Gansebohm besuchen. Infos und Termine unter www.salonkultur.de

Einmal jährlich im Herbst findet das internationale **Lite-
raturfestival Berlin** statt. www.literaturfestival.com

»Didi & Stulle«

Schon seit Mitte der 1990er-Jahre erscheinen die Aben-
teuer der beiden berlinernden Prollschweine Didi und
Stulle im Berliner Stadtmagazin »Zitty«: Die provokanten Comics des Zeichners und Expunks Philip Tägert
alias Fil erzählen das Leben von Dieter Kolenda (Didi)
und Andreas Stullkowski (Stulle) aus dem Märkischen
Viertel. Dabei ist der schüchterne Winzling Stulle meist
der scheinbare Verlierer der heftigen Wortgefechte mit
dem dicken dümmlichen Angeber Didi. Fil tritt seit vielen
Jahren auch sehr erfolgreich mit oder ohne seine Hand-
puppe Sharkey auf deutschen Kabarettbühnen auf. Sein

bislang größter Erfolg war 1991 die Wahl zum »Chauvi des Jahres«. Die »Didi & Stulle«-Strips liegen im Comic-verlag Reprodukt gesammelt vor.

Frontscheibenvarietés

Die Taxi-Nummer schmeckt Karl nicht so recht, denn sein Taschengeldetat ist für heute wohl schon deutlich überschritten. Nicht zuletzt wegen des guten Dutzends an Büchern, die er unter beide Arme geklemmt hat.

»Komm, ich nehm dir was ab«, biete ich ihm an.

Mit »Didi & Stulle« und der Reparaturanleitung für mein Moped bin ich finanziell vergleichsweise glimpflich davongekommen. Wobei ich mir den Zwanni eh notgedrungen von Karl pumpen musste. Ich stoppe eine vorbeifliegende Droschke, halte dem schwer beladenen Literaturprofessor die Tür auf und bugsiere mich selbst auf den Beifahrersitz.

Neben mir materialisiert sich ein Männlein mit Spitzbart, Bauch und Sonnenbrille. Eine ästhetisch höchst fragwürdige Erscheinung.

»*Wo sollet denn hinjehen, ihr Studentenköppe?*«

Mit einer unsportlichen schwäbischen Brillenschlange im Schlepptau landest du sofort in der Intellektuellen-Schublade.

»Zum Bahnhof Zoo, *Meesta*«, versuche ich mich beim Kutscher mit Volkstümlichkeit einzuschleimen, während Karl stöhnend seine zwei Ladungen Folianten in den Fond ergießt.

»*Zum Zoo, allet klarolinski.*« Egal, wie volksnah man sich als Eingeborener zu geben versucht, jeder durchschnittliche Berliner Taxenbändiger wird unsereins in Pseudoberliner Redewendungen immer zu übertreffen suchen. Kaum hat sich unsere Fuhre in Bewegung gesetzt, packt unseren Chauffeur leider der ultimative Kommunikationsehrgeiz.

»*Und, wat studiern wir denn Schönet?*«

Ich werfe einen Blick in den Innenspiegel. Karl ist voll mit dem Sortieren beschäftigt.

»Na ja«, übernehme ich also, »wir studieren ... das Leben.« Falsche Antwort.

Mr. Taxi-Driver mustert mich durch seine voll verspiegelten Sonnengläser. Das Modell würde auch einem Pornodarsteller beim Außendreh gute Dienste leisten. Nur seltsam, dass mir das Teil irgendwie bekannt vorkommt.

»*So so, det Leben, vastehe.*«

Ich spüre, wie es in ihm gärt.

»*Mann, Mann, wat wisst ihr Flitzpiepen schon vom Leben?*«, raunt das Männchen und drückt aufs Gas.

»*Schon ma 'ne 24-Stunden-Schicht abjerissen, bei sechs Euro fuffzich die Stunde? Nee, wa? Da kennt ihr nüscht von. Vati zahlt. Mutti wäscht und bügelt. Und Sohnemann studiert – von Beruf Klugscheißer. Und nachher sind so Typen wie ihr arbeitslos – und wer zahlt dann für euch? Icke! Mit meene Steuern!*«

Vor uns bildet sich ein Stau. Jetzt kommt unser Hobby-Vettel richtig in Form.

Er dreht das Fenster runter. »*Hey, Meesta, mach ma die Busspur frei, aber pronto, sons mach ick dir Beene!*«

Karls Gesicht taucht im Rückspiegel auf. Seine Miene oszilliert zwischen Unverständnis und Erstaunen.

Unser Formel-1-Pilot hat mittlerweile erstaunlich behände das Brandenburger Tor umfahren, in magenunfreundlicher Fahrweise die Straße des 17. Juni geentert und hält jetzt mit locker 80 Sachen auf den Großen Stern zu.

Als wir auf den Kreisverkehr zufliegen, springt die Ampel auf Rot und der alte Benz fällt bei der nötigen Vollbremsung fast auseinander. Der Spitzbart hämmert aufs Lenkrad und ist außer sich.

»Det darf doch wohl nich wahr sein, welche Null hat denn die Ampelschaltung verbockt. Mann, Mann, dit vasaut mir voll den Schnitt.«

Während Touristengrüppchen, Hundebesitzer und Radfahrer die Grünphase nutzen, um die Straßenseite zu wechseln, bauen sich zwei dunkel geschminkte Fantasiegestalten direkt vor unserem Taxi auf und beginnen, mit Feuerfackeln zu jonglieren.

»Wo kommen denn die jetzt her?« Karl ist fasziniert. Davon stand wohl nichts im Reiseführer.

Der Taxifahrer atmet schwer und legt den Kopf resignierend aufs Lenkrad.

»Solche Straßenshows gibt es in Berlin an jeder zweiten Ecke. Die Stadt hat halt eine beeindruckende Artistendichte«, bemerke ich, nach hinten gewandt.

Karls Augen leuchten. Die beiden Jongleure stehen jetzt einige Schritte auseinander und werfen sich die brennenden Keulen mit traumwandlerischer Sicherheit zu.

Und mit Blick auf das Männchen neben mir ergänze ich: »Übrigens: Artistik kann man in Berlin sogar studieren.«

Dafür ernte ich einen verächtlichen Seitenblick aus der Pornobrille.

»An der ›Etage‹ in Berlin-Kreuzberg zum Beispiel oder an der Staatlichen Schule für Artistik, die liegt im ehemaligen Ostteil.«

»Interessant«, entgegnet Karl.

»Interessant. Wat Se nich sagen«, nimmt jetzt auch unsere Walter-Ulbricht-Karikatur die Steilvorlage auf.

»Wozu soll man ditte studiern, det is doch voll für taube Nüsse. Taugt nüscht, bringt nüscht, ham wir nur noch mehr Arbeitslose.«

Ich ignoriere seinen Einwurf und wende mich an Karl: »Als Meister aller Wissensklassen weißt du ja bestimmt, dass unsere Stadt eine lange Varieté-Tradition hat.«

»Na klar, du meinst wahrscheinlich den ›Wintergarten‹. Gegründet 1877.«

»Genau. Der heutige Wintergarten befindet sich ja in der Potsdamer Straße, die zu Westberliner Zeiten eine echte Vergnügungsmeile war. Oder anders gesagt: der Straßenstrich. Es ist bestimmt kein Zufall, dass der volkstümliche Name *Potse* an den Slangausdruck für das weibliche Geschlechtsteil erinnert. Der historische Wintergarten wurde dagegen 1880 direkt neben dem damals brandneuen Central-Bahnhof Friedrichstraße eröffnet, also da, wo heute der Admiralspalast steht. Unser charmanter Fahrer wird sich sicher noch erinnern ...«

Der so freundlich Angesprochene schießt einen vergifteten Blick ab, den ich großzügig übersehe.

»Der Wintergarten war quasi so etwas wie die Geburtsstätte des Varietés. Da sind die ganz Großen jener Zeit aufgetreten: Rastelli, der damals beste Jongleur der Welt zum Beispiel, oder die Sängerin Claire Waldoff. Sogar die erste Filmvorführung der Welt fand dort statt.«

Während meines kleinen Exkurses in die Varieté-Historie haben unsere beiden Frontscheiben-Akteure ihre Kurzdarbietung beendet. Ich kurble die Seitenscheibe runter und werfe den jungen Talenten mein Flohmarkt-Wechselgeld in den Hut. Kaum springt die Ampel auf Grün, drückt unser Lenkrad-Rambo abrupt aufs Gaspedal und düst wie ein Kamikazejäger in den Kreisverkehr des Großen Sterns. Gerne würde ich Karl ein paar kluge Sätze über Siegessäule und *Goldelse* mit auf den Weg geben, aber da wir nach kaum einem Wimpernschlag schon wieder aus dem Kreisel raus sind, mindestens ein geschocktes Hausmütterchen hinterlassend, deren Smart von unserem Raketenbenz kriminell geschnitten wurde, verzichte ich darauf und setze meinen Varieté-Vortrag fort.

»Mit Aufkommen des Fernsehens in den 50er-Jahren war das Varieté so gut wie tot, selbst in Berlin. Logisch: Als plötzlich jeder eine Glotze zu Hause hatte, saßen alle lieber gratis auf dem Sofa, statt sich draußen kostenpflichtig unterhalten zu lassen. Mal ganz abgesehen davon, dass der sündhaft teure Fernseher erst einmal abbezahlt werden musste. Aber Ende der 80er wendete sich das Blatt. Mit dem Berliner Wintergarten, dem Frankfurter Tigerpalast oder dem Stuttgarter Friedrichsbau entstanden überall in Deutschland neue Varieté-Häuser. Und das Publikum, vom heimischen Sesselpupsen zunehmend gelangweilt, strömte in Scharen dahin. Speziell Berlin entwickelte sich zu einem Eldorado der glitzernden Unterhaltungskunst.«

Karl ist von meinem Wissen offenbar beeindruckt und hält andächtig und untypisch die Klappe. Das nutze ich weidlich aus.

»In den Hackeschen Höfen entstand zum Beispiel kurz nach der Wende mit dem ›Chamäleon‹ eine zweite große und professionelle Berliner Varieté-Bühne. Initiator war eine internationale Artistentruppe namens Parody Paradise, der die Idee dazu in den Proberäumen des Deutschen Fernsehfunks kam. Sie bunkerten den Raum in den Hackeschen Höfen und spielten dort einige Jahre lang ziemlich schräge Shows. Aber entgegen aller Erwartungen gibt es den Laden heute immer noch und die Touristen pilgern in Scharen dorthin.« Kaum habe ich meinen Satz beendet, tritt unser wahnwitziger PS-Flüsterer in selbstmörderischer Manier auf die Bremse. »So, ihr Stubenfliegen. Bahnhof Zoo. Endstation.« Karl schraubt sich aus dem Fond und hat von der wilden verwegenen Hatz dicke Schwitzflecken unter den Armen; er stapelt seine mobile Bibliothek auf dem Dach des Taxis, zahlt unseren fliegenden Brandenburger und schafft es in allerletzter Sekunde, die Bücher vom Dach zu reißen, bevor Mr. Fast & Furious per Kickdown erneut auf Kundenfang geht.

In dem kurzen Moment, in dem die Droschke an mir vorbeizischt, blitzt noch einmal die Zuhälter-Sonnenbrille auf und erinnert mich schlagartig an unseren Ausflug auf das Tempelhofer Feld. Jetzt weiß ich endlich, woher ich diese unsägliche Brille kenne. Ich sollte mir unbedingt eine neue zulegen.

Berliner Showkreuzungen

Berlin ist eine der wenigen deutschen Städte, wo man eine staatlich anerkannte Ausbildung zum Artisten machen kann. In ihrer Freizeit probieren die Studenten zusammen mit Hobbyartisten und erfahrenen Gauklern das Erlernte an Berliner Straßenkreuzungen aus.

Beliebte Berliner Showkreuzungen

* Mehringdamm   /   Ecke Gneisenaustraße
* Mehringdamm   /   Ecke Tempelhofer Ufer
* Stralauer Allee   /   Ecke Warschauer Straße
* Waterloo-Ufer   /   Ecke Zossener Straße

Das Scheinbar Varieté – Berlins kleinste Bühne

Unter dem Motto: »Wir bauen uns unsere Bühne selbst«, entschieden im Jahr 1984 die beiden Schüler der Berliner Artistenschule »Etage«, Stefan Linne und Irmtraud Spiegel, ihr eigenes Varieté ins Leben zu rufen. Aus dieser Idee entstand wenig später Berlins kleinste Theaterbühne. Manche munkeln, es sei sogar Deutschlands kleinste Showbühne.

Im ruhigen Wohnbezirk Schöneberg direkt gegenüber einem Friedhof gelegen präsentiert das Scheinbar Varieté seitdem nahezu täglich auf seiner vier mal drei Meter großen Bühne Kleinkunst aller Art und Qualität. Zum Klassiker und Publikumsrenner entwickelte sich über die Jahre das Open-Stage-Varieté. Wöchentlich wechselnde Moderatoren kündigen hier gestandene Profis ebenso wie absolute Newcomer an, die gleichberechtigt vor einem maximal 56 Personen starken Publikum ihre Nummern darbieten. In der Scheinbar starteten Bühnengrößen wie Mario Barth, Kurt Krömer, Meret Becker und Eckart von Hirschhausen ihre erfolgreiche Karriere. Auch ich habe während meiner Polizeizeit hier meine allerersten, noch recht unfertigen Stand-up-Nummern ausprobiert. Sogar Ute Lemper ist hier schon mal hereingeschneit – allerdings als Besucherin, nicht als Bühnenstar.

Die Eintrittspreise variieren zwischen 7 und 12 Euro.

Scheinbar Varieté
Monumentenstraße 9
10829 Berlin-Schöneberg
Tel.: 030 / 784 55 39
www.scheinbar.de

Käpt'n, lass die Leinen dran

Der kommende Tag beginnt sehr gemütlich. Karl hat es mit einem Mal nicht mehr eilig, denn seine tatkräftig erbeuteten Bücher nehmen ihn voll in Beschlag. Erst gegen zehn lässt er sich in der Küche blicken, das Humboldt-Buch liebevoll unter den Arm geklemmt. Als ich den zärtlichen Gesichtsausdruck sehe, mit dem er den Raum betritt, ist er mir fast schon sympathisch. Geradezu großartig ist außerdem, dass ich die zwei Stunden einsamer Küchenmeditation für erste ungestörte Arbeiten an meinem Programm nutzen konnte. Ich kann es selbst kaum fassen, aber unser Taxi-Maniac von gestern war eine echte Inspiration und locker für eine Nummer gut.

»Karl, Kaffee?«

Ich bin ungewohnt karlfreundlich, ernte aber nur schwäbisches Schweigen und Seitenblättern.

»Haallooooo. Möchte der Herr vielleicht einen Kaffee?«

Überraschenderweise schaut der etwas unsanft Angesprochene tatsächlich, wenn auch nur kurz hoch.

»Sprichst du mit mir?«

Ich kontere mit ein wenig Sarkasmus.

»Lieber Karl, in Anbetracht der eingeschränkten Anzahl

in der aktuellen Raum-Zeit-Konstellation anwesenden Personen liegt deine Vermutung absolut im Bereich des Wahrscheinlichen.«

»Ho, ho, hört hört. Ja.«

»Was ›Ja‹?«

»Ich sage ›Ja‹ zu Kaffee.«

Also schenke ich ihm ein. Da auch nach fünf weiteren Minuten keine Wortmeldung von ihm erfolgt, fange ich an, mir Sorgen zu machen. Erschreckend, wie das Gewohnheitstier Mensch sich selbst an die unangenehmsten Umstände anpasst und diese bei Ausbleiben nahezu vermisst.

»Sir. Es ist inzwischen fast halb elf. Ich erwarte dringend Ihre Einsatzpläne.« Streng mustere ich unseren pflichtvergessenen Gast. Er schaut nur träge zurück. Schockierend!

»Kollege, du schwächelst doch jetzt nicht etwa?«

Karl seufzt, blickt kurz aus dem Fenster, dann leicht schuldbewusst in meine Augen.

»Murat, versteh mich nicht falsch, aber ich habe gerade ein bisschen die Nase voll vom Stadterkunden ... ich meine, ich brauch mal ein wenig Ruhe.«

Mein Herz macht einen meterhohen Sprung. Trotzdem versuche ich höflicherweise die Contenance zu bewahren.

»Okay, okay, Karl, kein Thema.«

In mir keimt das zarte Pflänzchen Hoffnung. Den Dorfliteraten hat der Großstadtkoller erwischt.

Hat er womöglich schon seinen Schrankkoffer gepackt?

»Also, Murat. Nicht böse sein, aber ich hätte gern einen halben Tag Pause. Okay?«

Waaas? Nur einen halben Tag? Mein sensibles Pflänzchen bekommt seine erste heftige Lebenskrise.

»Danach können wir gerne wieder was unternehmen.«

Das zarte Pflänzchen stirbt einen vorzeitigen, aber höchst grausamen Tod.

In völliger Verkennung der Sachlage schaut mich Karl mitfühlend an.

»Wäre das ausnahmsweise in Ordnung für dich, Murat?«

Mit einem unkontrolliert heftigen Knall böllere ich den gerade erst aus dem Küchenschrank geholten Teepott extrem zu laut in die Spüle. Mannomann, das ist eindeutig zu viel. Ich muss hier unbedingt weg.

»Du, Karl, pass auf, ich vergaß. Ich muss dringend ein paar Sachen erledigen. Das mit der Brieftasche, du weißt ...«

»Klar, du solltest deswegen unbedingt zur Polizei.«

»Ja sicher«, sage ich abwesend.

»Nein im Ernst, das solltest du nicht auf die leichte Schulter nehmen; hier in der Nähe gibt es sicher eine Wache ...«

»Ich weiß sehr gut, wo hier die Polizei ist, okay?«

Kann einem ein einzelner Mensch tatsächlich derart auf den Zeiger gehen? Ich werde einen Dreck tun und meine peinliche Loser-Geschichte einem ehemaligen Kollegen brandheiß in den Computer diktieren. Wer weiß schon, ob ich nicht eines fernen Tages mein Hoppelpoppel doch wieder in Uniform verdienen muss und mich mit einer derartigen Lachnummer für alle Zeiten unmöglich mache?

»Was ist, Murat? Soll ich dich vielleicht begleiten?«

»NEIN, DANKE.«

Als ich drei Stunden später wieder nach Hause komme, hat sich meine Laune deutlich aufgehellt.

Ich habe spontan mein Motorrad aus der Garage geschoben, meinen alten Kreuzberger Schupo-Kiez besucht und mir nach dem gestrigen Taxifahrer-Schock eine Ray-Ban in gesellschaftsfähigem Design geleistet. Darüber hinaus ist endlich mein Konto gesperrt und eine neue EC-Karte beantragt. Selbst ein Schwätzchen mit meinem Lieblingsgemüsehändler Üsküdar war noch drin.

Als ich in die Küche komme, muss ich mir ein Lachen verkneifen.

Karl steht in Ann-Maries Schürze am Herd und gibt den Lafer – der Tisch ist schon eingedeckt.

»Überraschung: Ich habe Spätzle gemacht! Freust du dich?«

Wie blöd kann man sein? Meine Frau ist Schwäbin und Spätzle ist mein zweiter Vorname.

»Die magst du doch so gerne ... sagt Ann-Marie jedenfalls.«

Mir wird klar, dass dieser Mann heftig nach Liebe giert.

»Toll, Karl, Spätzle, das ist ja ein Ding«, sage ich also so enthusiastisch wie irgend möglich und bekomme prompt eine Giga-Portion auf den Teller geschaufelt.

»Dann mal guten Hunger, Murat! Hau rein, es ist reichlich da.«

In Wohltäterpose und mit grenzdebilem Biolek-Grinsen steht mein persönlicher Null-Sterne-Koch neben mir und prüft diktatorisch meine Kalorienaufnahme.

Ich schaufle hinein, was der Hunger hineintreibt. Die Spätzle sind total zerkocht, aber um die Darmperistaltik anzuregen, reicht's.

»Wie wäre es, wenn wir heute mal 'nen Dampferausflug machen?«, knödele ich hinter all den Schabenudeln hervor.

»Mhmm, im Prinzip ein guter Vorschlag, bloß: Auf Schiffen wird mir immer schlecht.«

War ja klar, dass bei diesem Zwangsneurotiker selbst das Einfachste hoch kompliziert ist. Aber ich gebe nicht auf und grübele kauend weiter. Verdientermaßen kommt mir eine weitere Idee.

»Okay, ich kenne ein Schiff, da wird dir garantiert nicht schlecht. Oder wie wir in Berlin sagen: immer 'ne handbreit Wasser über dem Kiel!«

Er guckt wie ein U-Boot an Land.

»Diesmal packst du die Badehose besser ein, Schwoab, der Rest erklärt sich dann von selbst.«

Am Schlesischen Tor, einstmals *last exit before the wall*, verlassen wir die U-Bahn, laufen Schlesische Straße und Puschkinallee Richtung Treptow und biegen in die Eichenstraße ab zur Arena.

Ich zahle die drei Euro Eintritt pro Nase und wir steigen über diverse Treppen und Terrassen zum gefluteten Kahn.

Karl macht ein sagenhaft blödes Gesicht.

»Was ist'n das?« Der Mann ist schon wieder sprachlos. Noch ein paar solcher Tage und er wird mir eventuell noch sympathisch.

»Ein Badeschiff«, sage ich betont beiläufig, aber ohne den Triumph in meiner Stimme zu verbergen.

»Die definitiv sicherste Art, ein Schiff zu entern, ohne seekrank zu werden.«

»Das da war mal ein seetüchtiges Schiff?«

Der Mann kann vielleicht Fragen stellen.

»Klar, was glaubst du denn? Wahrscheinlich ist dem irgendwann die Lenzpumpe verreckt, und als nix mehr ging, kam dem Käpt'n des nutzlosen Kahns die Badeschiff-Idee.«

»Wenn ich dich so höre, Murat, bezweifle ich stark, dass du weißt, was eine Lenzpumpe ist und tut. Und überhaupt: Das hier ist kein Kahn, auch kein Motorschiff, sondern ein sogenannter Schubleichter. Die haben keine eigene Steuerung, geschweige denn einen Antrieb, und werden in der Binnenschifffahrt in größeren Verbänden von Schubschiffen befördert, so auch hier auf der Spree.«

Jungejunge, unfassbar, wie rasant der Knabe einem die gute Laune verderben kann.

»Du, Karl«, unterbreche ich ihn in einer einem Verschlucker geschuldeten Atempause, »ich weiß nicht, was du so vor hast, aber ich gehe mich mal umziehen.« Und lasse ihn einfach stehen.

Die Umkleiden und Duschen haben den zweifelhaften Charme des Provisorischen, aber immerhin ist alles sauber und funktional. Als ich jedoch in meine Sporttasche greife, ziehe ich statt der erwarteten bodybetonten roten Herzensbrecherbadehose meine hellblaue am Bund völlig ausgeleierte Schlabberbuxe mit dem kitschigen Delfinmuster aus dem letzten Türkei-Familienurlaub hervor. Und der liegt immerhin gut 15 Jahre zurück. Da habe ich wohl vor dem Trip ins Stadtbad Prenzlberg versehentlich in die falsche Schublade gegriffen. Wie peinlich. Das kommt davon, wenn man nie etwas wegwerfen will. Aber da ich mich nun einmal auf ein paar zünftige Kraulrunden eingeschossen habe, ignoriere ich den Fauxpas kurz entschlossen.

Karl ist augenscheinlich der Meinung, eine intime Berührung mit dem kühlen Nass könnte den bislang so liebevoll gepflegten Flirt mit der distanzierten Beobachterrolle nachhaltig schädigen. Also zieht er sich noch nicht einmal um, sondern legt sich gleich in voller Montur auf einen der zahlreichen Liegestühle am Poolrand. Vielleicht schämt er sich auch nur für seinen angewachsenen Rettungsring.

Obwohl ich besten Willens bin und das Wasser sauber und angenehm temperiert ist, liege ich schneller als gedacht neben ihm. Zum Schwimmen ist es nämlich einfach zu voll. Also genießen wir gemeinsam die Sicht vom Pool auf die direkt neben unserem »Schubleichter« an der Mole liegende »MS Hoppetosse«. Lässt man den Blick weiter schweifen, schaut man im Nordwesten auf das warme Backsteinrot der Oberbaumbrücke. Ein fast perfekter Moment der Ruhe und Entspannung. Der allerdings nur so lange dauert, bis ich in meinen Augenwinkeln eine mir bekannt vorkommende rothaarige Wuchtbrumme auf uns zukommen sehe. O Gott, ist das nicht Britta? Sofort erinnere ich wieder unsere ungute Begegnung auf dem Tempelhofer Feld und ihre vorlaute Bemerkung über meinen verspiegelten Sonnenschutz. Unwillkürlich fasse ich mir an die Nasenwurzel. Glück gehabt, diesmal bin ich unbebrillt. Meine schicke Neuanschaffung von heute Morgen steckt wohl noch in der Sporttasche. Also bleibe ich halbwegs relaxt liegen. Was mir jedoch nicht gut bekommt. Kaum steht der Rotfuchs neben uns und hat meinem strahlenden Begleiter einen feucht schmatzenden Begrüßungskuss auf die Wange gedrückt, schaut sie mich prüfend an und meint:

»Sag mal, sind das nicht so Hosen, die 15-jährige Jungs im letzten Jahrzehnt von ihren großen Brüdern auftragen mussten? Die passt ja von der Epoche her fast perfekt zu deiner Zuhältersonnenbrille vom letzten Mal!«

*B*erlin für Wasserratten

In Berlin kann man zwischen 37 Hallenbädern und 26 Sommer- und Freibädern wählen – sofern die Stadt gerade zufällig das Geld hat, sie dem badewilligen Publikum zu öffnen. Mitte Juni 2011 zum Beispiel waren trotz des dauerhaft schönen Wetters gerade einmal sieben der Sommer- und Freibäder in Betrieb. Zum Glück gibt es in Berlin noch zahlreiche andere Möglichkeiten, Badefreuden zu genießen. Zum Beispiel hier:

Badeschiff

Das Badeschiff ist Berlins schwimmender Pool inmitten der Spree mitsamt Sandstrand und Open-Air-Bar. Außerdem werden hier Massagen, Yoga- und Sportkurse angeboten. Im Winter ist das Badeschiff überdacht und wird zu einem Saunaschiff umgebaut.

Badeschiff der Arena Berlin
Eichenstraße 4, 12435 Berlin-Alt-Treptow
www.arena-berlin.de/badeschiff

Tropical Islands

Der tropische Freizeitpark liegt circa 35 Kilometer von Berlins südlichster Grenze und etwa 60 Kilometer vom Zentrum entfernt. Neben den üblichen Attraktionen wie Rutschen und Whirlpool gibt es hier ein Tropendorf mit Nachbauten aus Thailand und Borneo, eine Bali-Lagune und über 50.000 seltene Pflanzen.

Tropical Islands
Tropical-Islands-Allee 1
15910 Krausnick
www.tropical-islands.de

Berlin ist aber vor allem eine Stadt der Seen, weswegen ich mit meinen Sommergästen in der Regel zu einem der 27 **Berliner Seen** fahre, die sich zum Baden eignen. Eine Liste an natürlichen Berliner Bademöglichkeiten finden Sie hier: www.berlin-original.de/fluesseundseen.php

Wer im Sommer länger in Berlin weilt, dem sei ein Ausflug in die vielfältige Brandenburger Seenlandschaft ans Herz gelegt. Da gibt es wirklich zahlreiche sehr lauschige Badeplätze. Mein Favorit ist der Stechlinsee, der durch Theodor Fontanes 1899 erschienenen letzten Roman »Der Stechlin« bekannt geworden ist.

*B*erlin und seine Strandbars

Wer bei schönem Wetter einfach nur bei netten Cocktails chillen möchte und den Sprung ins Wasser eher scheut, dem bietet Berlin zahlreiche Strandbars. Hier eine kleine subjektive Auswahl:

The Box at the Beach
Englische Straße 21–23
10587 Berlin-Charlottenburg
www.beachberlin.com

Bundespressestrand
Kapelle-Ufer 1 (neben dem Hbf)

10117 Berlin-Mitte
www.bundespressestrand.de

Capital Beach
Ludwig-Erhard-Ufer (gegenüber dem Hbf)
10557 Berlin-Tiergarten
www.capital-beach.eu

Oststrand
Mühlenstraße 24–26
10243 Berlin-Friedrichshain
www.oststrand.de

Strandbar Mitte
Monbijoustraße 3
10117 Berlin-Mitte
www.strandbar-mitte.de

Sage Restaurant
Köpenicker Straße 18–20
10997 Berlin-Kreuzberg
www.sage-restaurant.de/cms/beach

Heiteres Promi-Raten

Am frühen Abend ist es immer noch ziemlich warm. Mit Blick auf die unaufhörlich anschwellende Masse der Badefreudigen, die einem langsam, aber sicher den Platz zum atmen nimmt, schwenkt Karl die weiße Fahne:

»Du, das läuft hier bald über, vielleicht sollten wir mal abhauen.«

»Wie du meinst. Vielleicht kann man ja hier in der Nähe noch ein bisschen abchillen.«

Karl schaut mich an, als hätte mein Sprachmodus urplötzlich ins Chinesische gewechselt. Kaum zu glauben, wie provinziell und unmodern der Kerl im Grunde ist.

»Ich meine, wir könnten noch irgendwo bei einem gepflegten Kaltgetränk entspannen, bevor wir zurückfahren.«

Karl nickt leicht beschämt. Wir ziehen uns um und laufen zurück Richtung U-Bahn.

Auf der Schlesischen Straße steuern wir das Mysliwska an und ergattern einen der begehrten Tische im Freien. Karl bestellt ein polnisches Bier vom Fass – so was gibt es hier tatsächlich.

Ich nehme eine Fassbrause. *Janz der Balina Junge.*

Karl prostet mir zu und hält dann mitten in der Bewegung inne. Sein Blick folgt wie hypnotisiert einem kleinen Mann, der gerade mit Trippelschritten beschwingt auf die andere Straßenseite wechselt.

»Was ist los, siehst du jetzt Gespenster?«

»War das nicht – wie heißt der noch?«

»Wieder jemand aus deinem obskuren Yogakurs, nehme ich an?«, stichele ich, während ich mich mit Schaudern an die genauso schöne wie freche Britta erinnere.

»Nein, nein«, wehrt Karl entrüstet ab, »war das nicht dieser Linken-Politiker?«

»Gregor Gysi meinst du? Na, ich weiß nicht. Nicht jeder vertikal Benachteiligte muss automatisch ein Gysi sein«, kontere ich seine vage Vermutung mit Logik.

»Doch, das war er. Ganz sicher. Unglaublich! Dass man den hier sieht, einfach so auf der Straße.«

»Vielleicht ist das noch nicht bis zu deinen Reiseführer-Autoren durchgedrungen, aber Berlin ist seit einiger Zeit Bundeshauptstadt. Hier begegnet man vielen Politikern. Und falls dir das bislang nicht aufgefallen sein sollte: In Berlin ist gefühlt jeder Dritte Einwohner ein Promi.«

»Ist das so?« Karl wirkt skeptisch.

»Na klar. Oder kennst du eine andere Stadt, die jedes Jahr per Szenemagazin ihre 100 peinlichsten Berühmtheiten an den Pranger stellt? Andere Städte wären froh, wenn sie überhaupt 100 Promis zusammenbekämen und würden sich hüten, die auch noch zu bashen.«

»Bashen« hat der Sonderpädagoge vermutlich wieder nicht verstanden. Trotzdem sieht man förmlich, wie es in Karls Hirn anfängt zu rattern. Offenbar versucht er, sämtliche in Heilbronn und Böblingen wohnhaften Prominenten zusammenzurechnen. Das Ergebnis scheint ihn nicht zu befriedigen, denn völlig aus dem Nichts heraus beginnt er zu poltern: »Du machst hier einen auf Weltstädter, was? Dann pass mal auf, du Angeber. Ich bin mir sicher, dass du nicht mehr als fünf Persönlichkeiten nennen kannst, die in Berlin gelebt haben und *wirklich* berühmt geworden sind.«

Ich stutze kurz. Und werde dann richtiggehend wütend.

»So etwas Eingebildetes wie dich gibt es kein zweites Mal. Jetzt sperr mal die Lauscher auf, du Nuss: Nina Hagen, Peter Fox, Kurt Krömer, Bushido, Rolf Eden. Das sind fünf, oder? Alle bundesweit bekannt. Und damit das halbe Dutzend voll wird, packe ich noch Murat Topal obendrauf. Zufrieden?«

Karls Blick ist an Überheblichkeit kaum zu toppen. »Na, berühmt mögen die von mir aus sein. Wobei ich nicht weiß, wer oder was ein Bushido sein soll. Aber diese Leute sind doch eher der Halb- und Glitzerwelt zuzurechnen und mit Sicherheit keine Persönlichkeiten. Ich rede von Hochkarätern wie Zille, Kollwitz, Schinkel, Humboldt, Brecht.«

»Verstehe. Bei dir muss ein Prominenter mindestens 50 Jahre tot sein, damit er im Humus zur Persönlichkeit reifen kann. Entschuldige bitte, aber ich glaube, du bist ein klein wenig nekrophil. Ich bring dich die Tage mal zum Dorotheenstädtischen Friedhof, da kannst
du all deinen Persönlichkeiten beim Reifen zusehen. Hoffentlich erregt dich das nicht gar zu sehr.«

Noch in dem Moment, als ich den letzten Satz ausspreche, weiß ich, ich bin zu weit gegangen.

Karl-Holger sieht entsprechend geschockt aus. Hoffentlich habe ich mit meiner Vermutung nicht wirklich ins Schwarze getroffen. Man weiß ja nie.

Ich rudere kräftig zurück und versuche, wieder auf gut Freund zu machen.

»Tut mir leid, das war nicht so gemeint. Sollte ein etwas missglückter Witz sein. Pass auf, wir machen jetzt ein kleines Quiz. Ich gebe dir ein paar Stichworte und du musst raten, um welche Berliner Persönlichkeit es sich handelt. Wenn du es schaffst, lade ich dich ein. Wenn nicht, zahlst du. Einverstanden?«

Karl richtet sich kerzengerade auf. All seine gerade noch deutlich sichtbaren Vorbehalte gegen meine Person sind wie weggeblasen. Kein Wunder, solch ein Wissensquiz ist für einen Streber wie ihn das reine Paradies.

»Gut. Ich bin gespannt. Schieß los!«

»Also: Es ist ein Er, vor nicht eben langer Zeit viel zu früh gestorben, ein Popstar und in Berlin vielleicht sogar so etwas wie ein Volksheld.«

Karl zuckt mit den Schultern. »Keine Ahnung.«

»Komm, du musst dich schon ein klein wenig anstrengen. In Berlin geboren, von den Eltern allerdings verstoßen und von seinem Ziehvater liebevoll hochgepäppelt.«

Karl schaut mich so hilf- wie ahnungslos an.

»Er hatte unvergleichlichen Charme, eine beneidenswerte Präsenz in sämtlichen Medien, und sein Name wurde markenrechtlich geschützt. Das Merchandising um seine Person war überaus erfolgreich und täglich haben ihn Tausende von Fans aus aller Welt besucht und belagert.«

»Ein Filmschauspieler?«

»Ja und nein. Vor Kameras hat er jedenfalls tagein, tagaus posiert. Aber er hat nur eine einzige Rolle verkörpert: die des sensiblen Raubeins. Typ cooler Draufgänger mit dickem Fell. Einerseits sportlich, andererseits zärtlich und verspielt. Zuletzt hat er in einer WG mit gleich drei Frauen gewohnt. Böse Zungen haben behauptet, das sei ihm nicht gut bekommen.«

»Ich passe.«

»Knut!«, triumphiere ich. Und habe mir mit dem Eisbären meine Fassbrause verdient.

Berlin für Tierfreunde

Der Hauptstadt Zoo wartet mit Tiergehegen, Aquarium und Streichelzoo auf. Jeden Tag in der Woche gibt es

Fütterungen zu sehen. Außerdem werden Touren zu verschiedenen Themen angeboten: Architektur im Zoo; Panda, Gorilla & Co.; Artenschutz; Asien; Afrika; Südamerika; Tiere der Bibel oder Kinderrallyes.

Der Zoo entstand ursprünglich aus dem Privatzoo des Preußenkönigs Friedrich Wilhelm III. auf der Pfaueninsel. 1844 wurde auf einem Teilgebiet der Fasanerie im Tiergarten der Zoo eröffnet – der erste in Deutschland und der neunte in Europa. Sein berühmtester Bewohner, der Eisbär Knut, ist 2011 leider vorzeitig verstorben.

Zoo Berlin
Hardenbergplatz 8
10787 Berlin-Tiergarten
www.zoo-berlin.de

Das 1913 erbaute bedeutendste Schau-Aquarium Deutschlands am Rande des Zoologischen Gartens präsentiert auf drei Etagen Fische, Niedere Tiere, Reptilien, Amphibien und Gliedertiere und bietet Führungen an. Mehr als 13.000 Tiere und über 1.000 Arten leben hier.

Zoo Aquarium Berlin
Budapester Straße 32
10787 Berlin-Tiergarten
www.zoo-berlin.de

Der Tierpark Berlin ist der größte Landschaftstiergarten Europas (160 Hektar Fläche) und hat an 365 Tagen im Jahr geöffnet. Eine Besonderheit ist die Schlangenfarm mit einer der umfangreichsten Sammlungen an Giftschlangen in einem europäischen Schauterrarium. Zudem verfügt der Tierpark über begehbare Anlagen für Kängurus und Varis (madagassische Halbaffen). Der historische Mittelpunkt des Tierparks ist das Schloss Friedrichsfeld.

Tierpark Berlin
Am Tierpark 125
10319 Berlin-Friedrichsfelde
www.zoo-berlin.de

Über 5.000 Tiere aus über 50 Arten in mehr als 35 Süß- und Salzwasserbecken gibt es im Aquadom & Sea Life zu sehen. Beeindruckend ist vor allem der gläserne, doppelstöckige Fahrstuhl im Inneren des größten zylindrischen Salzwasseraquariums der Welt mit über 1.500 Fischen.

Aquadom & Sea Life Berlin
Spandauer Straße 3
10178 Berlin-Mitte
www.sealife.de

*P*romi-Gucken in Berlin

In einer Metropole wie Berlin gibt es natürlich jede Menge Prominente aus Film, Fernsehen und Politik zu sehen. Das gilt insbesondere während internationaler Großereignisse wie der Berlinale. Wer sich nicht allein auf sein Glück verlassen möchte, dem nenne ich hier einige Locations mit einer gewissen regelmäßigen Promidichte:

Borchardt
Französische Straße 47
10117 Berlin-Mitte
Tel.: 030 / 81 88 62 62

Hier speisten neben zahllosen deutschen Prominenten auch schon Leonardo DiCaprio, Michael Douglas und Jack Nicholson.

Möve im Felsenkeller
Akazienstraße 2
10823 Berlin-Schöneberg
Tel.: 030 / 781 34 47

Der Engländer Jeffrey Eugenides schrieb hier fünf Jahre an seinen Roman »Middlesex«, für den er 2003 den Pulitzer-Preis erhielt. Weitere Stammgäste sind deutsche Kulturikonen wie Max Raabe, Daniel Brühl sowie der Maler Markus Lüpertz.

Paris Bar
Kantstraße 152
10623 Berlin-Charlottenburg
Tel.: 030 / 313 80 52
www.parisbar.net

Unter anderem das zweite Wohnzimmer des »Bild«-Kolumnisten Franz Josef Wagner. Ansonsten trifft man hier A-, B- und C-Promis aller Stilrichtungen. Hier ein paar Namen langjähriger Stammgäste: Hellmuth Karasek, Otto Sander, Helmut Dietl, Götz George, Udo Lindenberg, Ben Becker, Iris Berben, Sabine Christiansen, Gerhard Schröder, Wim Wenders. Der Dramatiker Heiner Müller schrieb einst: »Wer hier eintritt, lasse alle Hoffnungen fahren, dass er herauskommt, ehe es Morgen wird. Und dass er herauskommt als der gleiche, der hineinging.« Entweder wahr oder gut erfunden ist der Divenauftritt von Madonna, die unangemeldet in die Paris Bar kam und sich an den nächsten freien Tisch setzte.

Als man ihr mitteilte, dass dieser Tisch für Gina Lollob-rigida reserviert sei, sagte sie angeblich nur: »Who the fuck is Gina Lollobrigida?«, und blieb sitzen.

Nachts sind alle Kitkats schau

Gegen neun Uhr abends sind wir wieder zurück in Britz. Karl zieht sich ins Gästezimmer zurück und ich habe endlich mal wieder Gelegenheit, mit der besten Ehefrau von allen zu konferieren. Es gibt da dringenden Klärungsbedarf. Ich finde sie im Wohnzimmer, mit ihrem Fünfmonatsbauch lässig auf dem Sofa hingestreckt und in einer Illustrierten blätternd.

»Hallo Schatz«, flötet sie mich an. »Wie war euer gemeinsamer Tag in der großen, wilden Stadt?«

Ich suche nach einem passenden Gesprächsauftakt. »Äh..., hör mal ...«

»Was hast du? Irgendwas nicht in Ordnung?«

»Doch, nein, ich meine, alles ist gut. Ich frage mich nur, wann ich mein normales Leben zurückbekomme.«

Sie schaut mich mit unschuldigen Rehaugen an.

»Ich habe keine Ahnung, was du meinst, Liebling.«

»Okay, dann halt deutlicher: Wie lange muss ich diesen Korinthenk... ich meine, wie lange möchte unser ehrenwerter Besuch uns noch mit seiner Anwesenheit beglücken?«, presse ich heraus, meinen Ärger miserabel kaschierend.

Sie steht auf, stellt sich vor mich und nimmt mein Gesicht in ihre Hände.

»Habt ihr euch gestritten?«, fragt sie kritisch.

»Nein, das nicht.«

»Also, was dann?«

»Nichts. Ich hätte nur gerne mal etwas *Luft*.«

»Ah, sieh an, mein Mann braucht *Luft*!« Die Tonlage verschärft sich.

»Es reicht also nicht, dass du als erwachsener Mann und Familienvater stundenlang durch die Stadt tigern kannst? Frei von allen Verpflichtungen? Was brauchst du noch? Eine Kur in der Schweiz? Ein Sauerstoffzelt?« Unvermittelt holt sie nun selbst tief Luft, vielleicht weil sie merkt, dass Vorwürfe keine gute Strategie sind. Stattdessen tätschelt sie mir versöhnlich die Wange. »Ich weiß, das ist nicht einfach für dich, Schatz. Aber Karl steckt in einer tiefen Lebenskrise. Da müssen wir als Freunde unsere Egoismen ein wenig hintanstellen.«

Es hat keinen Zweck. Ich bin eine Geisel im eigenen Heim. Schwäbischer Sektor, besetzte Zone. Ich gebe ihr einen Kuss auf die Stirn und verlasse schweigend das Zimmer.

»Ihr solltet auch mal was Ungewöhnlicheres unternehmen. Berliner Nachtleben und so«, schallt es mir in den Flur hinterher.

Ja klar. Murat24.com, der Nonstop-City-Scout.

Beim späten Abendbrot ziehe ich es vor, den einsamen Schweiger zu mimen. Die Schwabenfraktion nimmt davon keine große Notiz.

»Ann-Marie und ich haben gerade festgestellt, dass wir noch gar keine richtige Sause unternommen haben«, sagt unser vergnügungssüchtiger Hausschmarotzer.

»Sause«. Bei dem Wort stehen mir die Zehennägel senkrecht.

»Mal die Szene checken. Du weißt schon ...«

Nein, weiß ich nicht. Wenn überhaupt die »Szene« irgendwo auf der Welt eine Überlebenschance hat, dann, weil Nerds wie Karl nicht wissen, was und wo diese Szene ist.

»Okay.« Ich mache eine bedeutsame Pause und mustere ihn kauend. »Was verstehst du denn bitte unter ›Szene‹?«

Karl lacht siegesgewiss. »Na, was jeder darunter versteht. Szene, das ist eben das coole Umfeld, wo nicht die Touristen und Normalos durchtrampeln. Sondern nur die Insider.«

Kann mir mal einer verraten, was mit dem Kerl heute los ist? Hat er letzte Nacht ein Jugendsprache-Wörterbuch auswendig gelernt oder was?

»Okay.« Pause. »Und zu welcher Sorte zählst du dich?«

Mein Schienbein erzittert unter einem festen Tritt. Ann-Maries sanfte Art, mich zur Ordnung zu rufen.

»Ich meine, Berlin ist ja *die* Stadt, wenn es ums Feiern geht«, legt der Schwabenpfeil los. »War doch schon immer so. Berlins Nachtleben in den 20er-Jahren war legendär.«

Während Karl wieder seiner Lieblingsbeschäftigung, dem Dozieren über längst vergangene Zeiten, nachgeht, fixiert mich die grausamste Ehefrau von allen mit einem Blick, der dringend unter das Verbot biologischer Kampfstoffe fallen müsste.

»Murat hat sicher eine tolle Idee, wo ihr morgen zusammen hingehen möchtet«, nutzt sie eine kurze Kunstpause in Karls Vortrag, mich nicht aus dem Fadenkreuz lassend. »An einem Freitag in Berlin findet sich immer was.«

Nun schauen mich plötzlich beide erwartungsschwanger an.

Na gut, ihr Spätzleschaber. Dann zeig ich euch mal, was eine echte Berliner Harke ist.

»Okay. Meinetwegen, ihr habt mich rumgekriegt«, sage ich, den Besiegten mimend.

Ann-Marie tätschelt zufrieden meinen Arm, während Karl sein selbstzufriedenstes Breitmaulfroschgrinsen aufgesetzt hat.

Am nächsten Abend steht unsere Partynacht an. Und ich hab mir dafür was Feines ausgedacht.

Der Kitkatclub ist legendär. Nicht nur wegen seines berühmten imagefördernden Namensvetters aus dem Musical »Cabaret«. Fast jeder, der irgendwie trendy sein möchte, hat schon einmal von diesem Club und seinem schönen Motto »Perversion auf Weltniveau« gehört. Aber die wenigsten haben ihn tatsächlich von innen gesehen. So auch ich. Aber da die verständnisvollste Ehefrau von allen ja darauf besteht, dass ich mich unbedingt ins Berliner Nachtleben stürzen soll: Wer bin ich, ihr widersprechen zu wollen? Also heißt es: Tonight's the Night.

Ich suche im Schrank nach irgendwas, was dem Dresscode dieses Etablissements halbwegs gerecht werden könnte. Eine schwarze, hautenge Lederhose mit Nieten, die ich mal für eine missratene Bühnennummer angeschafft habe. Dazu ein neongelbes T-Shirt mit allerlei asiatisch anmutenden Schriftzeichen. Weiße Sneakers und ein paar schön schräge Accessoires aus meinem Bühnenfundus. Als ich in den Spiegel schaue, erschrecke ich kurz. Aber dann tröste ich mich damit, dass Karl-Holger in Kürze erheblich peinlicher aussehen wird als ich.

Was mich gleich zum Kern des Problems bringt. Wie um Himmels willen kriege ich diesen schwabbligen Brocken so gestylt, dass auch der härteste Türsteher Berlins ein Einsehen hat?

Ich sammele gezielt die seltsamsten Gimmicks aus meinem Fundus zusammen und stopfe sie in meine Allzweck-Sporttasche.

»Murat, was ist? Wollen wir los?«, tönt es unternehmungslustig aus dem Gästezimmer.

»Tranquilo, Schwoab. Es ist gerade mal 21 Uhr. Die Szene kommt erst spät in Gang – wenn die Normalos und Touristen alle schon ins Bettchen müssen.«

Karl lacht feist, jetzt ganz der Insider. »Genau. Und danach geht es richtig ab.«

Du wirst dich noch wundern, Keule.

»Was soll ich deiner Meinung nach am besten anziehen?« Dass dieser Schrecken aller Modedesigner solch eine Frage überhaupt stellt: Es geschehen noch Zeichen und Wunder.

»Ach, lass man, Karl Ich hab dir schon was eingepackt.« Im Stillen ergänze ich: Du wirst schon sehen, was eine *Sause* ist.

Um die Zeit totzuschlagen, setzen wir uns noch eine Weile zu dritt vor den Fernseher. Meine Frau hat meine Garderobe kopfschüttelnd zur Kenntnis genommen. Gefragt, wo wir eigentlich hinwollen, hat sie nicht. Ist auch besser so.

Der Kitkatclub ist mittlerweile in die Köpenicker Straße umgezogen, was typisch für die Berliner Clubszene ist: Die Ansiedlungspolitik bestimmt der aktuelle Mietspiegel. Ich habe für den besonderen Anlass ausnahmsweise meinen Tour-Van bemüht und parke das Monster circa 100 Meter vom in der Brückenstraße gelegenen Eingang entfernt.

Jetzt kommt der schwierigste Teil des Abends: Wie mache ich aus einem bemitleidenswert biederen Brabbelbubi einen begehrenswerten, hippen Dancefloor-Hero?

Wir stehen vor der geöffneten Heckklappe, vor mir die Sporttasche und allerlei Fummel.

»Zieh dich aus, Insider«, sage ich mit meiner verruchtesten Stimme.

Karl schaut mich entsetzt an. Es ist elf und die Straße relativ hell erleuchtet.

»Ich soll mich ...? Hast du sie noch alle?« Vor lauter Empörung zieht er seine Rotzfahne aus der Tasche und beginnt seine Schnaub-Arie. Sieh an. Letztens dachte ich schon, er hätte diese Macke überwunden.

»Wir können's auch lassen. So jedenfalls«, ich mustere ihn betont abschätzig von oben bis unten: Strickpulli,

Kordhose, Birkenstocks, »darfst du in einem angesagten Laden nicht mal das Klo putzen.«

Karl stöhnt widerborstig. Aber da er ja unbedingt zur Szene gehören will, schält er sich artig aus seiner Wolle.

Ich beginne mit der Anprobe. Aber es sieht gar nicht gut aus. Alles, was ich aus der Tasche zaubere, ist drei Nummern zu klein.

Alles klar, so geht es nicht. Zeit für den Publikumsjoker. Jetzt kommt der Hauptdarsteller des heutigen Abends ins Spiel: meine Schere. Ich fummle die grellfarbene Warnweste aus dem Fach des Reservereifens.

»Hey, was machst du da? Du machst das kaputt!«

»Ist das dein Auto oder was?« Unglaublich, was dieser Provinzfürst sich so alles anmaßt. Zunehmend begeistert schneide ich anarchische Muster in die schrille Jacke. Nach zehn höchst kreativen Minuten betrachte ich mein Gesamtkunstwerk.

Karl trägt jetzt, was von der Weste übrig ist. Und zwar auf nackter Haut. Dazu meine Axl-Rose-mäßige Radlerhose aus den frühen 90ern, die zwar total ausgeleiert ist, aber an Karl tadellos sitzt. In die Haare habe ich ihm eine ganze, von meiner Frau gemopste Dose Wachs geschmiert. Anstelle der Birkenstocks trägt er nun meine alten Doc Martens, die ihm zwar nicht ganz passen, seinen Schritten aber etwas angemessen Schwankendes geben. Den krönenden Abschluss bildet meine gestern ausgemusterte Sonnenbrille für angehende Mädchenhirten.

Sagenhaft, wie unglaublich beknackt der Insider von eigenen Gnaden aussieht.

Um ihn nicht misstrauisch werden zu lassen, lobe ich ihn eifrig über den giftgrünen Klee. »Zum Anbeißen süß. Du wirst dich vor einschlägigen Angeboten nicht retten können.« Dabei kann ich gar nicht aufhören in mich hinein zu glucksen. Am liebsten würde ich mich in einem wilden Lachkrampf auf dem Boden wälzen. Aber dann würde Karl Lunte riechen, also reiße ich mich zusammen. Obwohl wir gleich kläglich an der Clubpforte scheitern werden und das Ganze also ein kurzes Vergnügen war: Den Spaß war es allemal wert. Karl spart sich jeden Kommentar zu seinem Outfit. Einen Spiegel habe ich wohlweislich zu Hause gelassen. »Auf geht's, Django. Lass uns die Sterne putzen gehen.«

Entgegen all meinen Erwartungen stehen wir wenige Augenblicke später mitten im Club. Der Türsteher muss irgendwas genommen haben, was voll auf die Sehkraft geht. Nie im Leben hätte er sonst so jemanden wie Karl durchlassen können. Oder sollte das eine falsch verstandene humanitäre Geste sein? Egal. Wenn wir jetzt schon drin sind, können wir's auch krachen lassen. Was aber gar nicht so einfach ist. Die Musik ist irgendwas Richtung »House« und zudem relativ leise. Kein Wunder: Wir sind, bis auf ein paar versprengte Touristentypen – von wegen Szene –, die einzigen Gäste.

Karl zischt aus lauter Nervosität innerhalb von wenigen Minuten drei große Bier und schwankt auf seinem Barhocker bereits wie ein Rohr im Tornado. Ich glaube kaum, dass er besonders trinkfest ist. Also beginne ich mir Sorgen zu machen. Insbesondere weil sein derzeit geradezu selbstmörderisches Finanzgebaren bald seine Privatinsolvenz nach sich ziehen wird. Und wen er dann anpumpt, kann ich mir lebhaft ausmalen. Also muss ich mir schleunigst etwas einfallen lassen. Während ich nachdenke, kippelt Karl zunehmend bedenklich auf seinem Hochsitz hin und her. Mit unsicherem Blick scannt er den Raum und schaut mich dann fragend an. Sein Outfit ist die pure Katastrophe. Ich habe fast ein schlechtes Gewissen.

»Wo sind die alle?«

»Senor: *Du* wolltest unbedingt schon in aller Frühe los.«

»Was? Halb zwölf nennst du früh?«, lallt er mit bleischwerer Zunge, hält mir in einer abenteuerlich ungelenken Verrenkung seine Armbanduhr vors Gesicht und rülpst mich dann unerwartet an.

»Sorry, Murat.«

»Ich sag dir eins: Wenn du so weitertrinkst, ist der Abend für dich bald gelaufen.«

»Ja, ja. Is ja gut.«

Tatsächlich reißt er sich nun ein wenig zusammen. Ob aus Einsicht oder Geiz, ist nicht ganz klar. Mir aber auch egal. Etwa zwei Stunden später ist der Club endlich gut gefüllt. Immer heftiger beginnt der Menschenstrom zu fließen. Buntes Volk erobert die Tanzfläche. Jede Menge Lack, Leder und nackte Haut zucken im Rhythmus der Musik und der blitzenden Lichter. Der DJ hat gewechselt und die Musik an Drive und Lautstärke erheblich zugelegt.

Inmitten dieser berauschten Menge fällt Karl in seinem bescheuerten Dress kaum noch auf. Nur hin und wieder entwischt dem einen oder anderen Tresengast bei Karls Anblick ein fettes Grinsen. Ansonsten darf unser wandelndes Warnsignal sich hier ganz wie zu Hause fühlen. Als ich ihn auf die Tanzfläche ziehen will, denn schließlich sind wir ja nicht als Ölgötzen hier, raunt er mir zu: »Muss zum Klo«, und verschwindet schwer schwankend im Pulk der wippenden Masse.

Ich schwebe auf die Tanzfläche und lasse mich von den Grooves davontragen.

Zwei Stunden vergehen wie im Flug – ich bin schweißgebadet, kann nicht mehr und will ins Bett. Immerhin bin ich keine 20 mehr.

Aber wo ist Karl?

Ich finde ihn, rein zufällig, kurz vor dem Ausgang. Er hockt wie ein halb geleerter Müllsack in sich zusammengefallen direkt neben dem Eingang. Offenbar hat er doch wieder dem Alkohol gefrönt. Die Lady an der Kasse guckt mich genervt an.

»Gehört der Freak zu dir?«, zischt sie mich an.

Ich nicke. Und ernte einen verächtlichen Blick.

»Okay, du Landei. Schnapp dir dein Riesenbaby und mach die Fliege.«

Landei! Das mir, der Idealverkörperung eines urbanen Tanzgottes. Um in einem zünftigen Streit mit dem skelettierten Drogenmäuschen nicht meine überlegene Muskelkraft ausspielen zu müssen, verzichte ich, ganz Kavalier der alten Schule, auf eine angemessene Erwiderung und pariere schweigend. Ich schiebe und zerre den hilflos torkelnden Szenehelden ins nun schon wieder taghelle Freie, packe ihn mit viel Mühe auf den Beifahrersitz des Vans und schnalle ihn an.

»Komische Disco, Murat. Die einen tanzen. Und die anderen ...«

Der Oberchecker macht irgendeine Geste, die vermutlich obszön sein soll, in Wahrheit aber an den Balztanz einer Kaulquappe erinnert.

»Ich weiß nicht, was du meinst.«

»Ach, Murat«, lallt der Durchblicker debil grinsend. »Du kriegst aber auch rein gar nix mit.«

Tja, das unterscheidet ein Landei wohl von einem echten Insider.

PS *Wer den Titel dieses Kapitels nicht verstanden hat: »Schau« war DDR-Jugendslang für »schön, toll, klasse«. Ein im Westen ähnlich unbekannter Begriff wie »urst«, der für »sehr« beziehungsweise »geil« steht. Beliebt war auch die Kombination »Das war urst schau.« Übersetzt in heutige Jugendsprache müsste der Titel heißen »Nachts sind alle Kitkats gach.«*

Berlin für Nachtschattengewächse

Berlin ist mit rund 300 Veranstaltungsorten, circa 600 Bars und seiner nicht existierenden Sperrstunde ein Eldorado für alle Nachtschwärmer dieser Erde. Darum gilt die deutsche Hauptstadt zumindest für das »Time Magazine« als

»coolste Stadt der Welt«. Neben dem bereits erwähnten Kitkatclub hat insbesondere das am Ostbahnhof gelegene und vom englischen Magazin »DJ Mag« als »bester Club der Welt« gekürte Berghain internationalen Bekanntheitsgrad erreicht. Der Senat selbst hat in der Zwischenzeit das Potenzial der Musikkultur seiner Stadt begriffen und sogar ein Homepage-Projekt ins Leben gerufen, das es Gästen möglich macht, den **passenden Club** zu **finden** (www.clubmatcher.de).

Persönlich finde ich das White Trash Fast Food Restaurant (Schönhauser Allee 6–7) ansprechend. Im Keller befindet sich ein Club, im Erdgeschoss ein Restaurant, das internationales, exotisches Essen nach Hausfrauenart kredenzt. Außerdem gibt's ein Tattoostudio namens »No Pain No Brain«. Diese ungewöhnliche Mischung und die auf eigenwillige Art durchaus heimelige Atmosphäre lockten bereits Stars wie Mick Jagger, Pink oder Marilyn Manson an.

Kitkatclub
Köpenickerstraße 76
10179 Berlin-Mitte
www.kitkatclub.org

Berghain
Am Wriezener Bahnhof
10243 Berlin-Friedrichshain
www.berghain.de

White Trash Fast Food Restaurant
Schönhauser Allee 6–7
10119 Berlin-Mitte

Weitere Adressen und Informationen zu Veranstaltungen findet man unter:

www.zitty.de
www.berlin030.de
www.tip-berlin.de

Individuell gestaltete **Erotiktouren** für Frauen- und Männer-
gruppen kann man buchen unter www.sexyberlintours.de.

Eine echte Sumpfblüte

Der Samstagmorgen verläuft ganz nach Plan. Nämlich im Tiefschlaf. Als ich aufwache, zeigt der Wecker 12:30 Uhr. Ich fühle mich angenehm erquickt. Lediglich meine Beine signalisieren leichte Anzeichen von Muskelkater.

Als ich auf nackten Füßen am Gästezimmer vorbeitapse, höre ich unseren schwäbischen Tanzbären noch kräftig sägen. Keine Kondition, der Mann.

»Na, wie war euer kleiner Ausflug?«, will die fleißigste aller Ehefrauen wissen, trotz ihres schon recht runden Schwangerschaftsbäuchleins den prall gefüllten Einkaufsbeutel in die Küche schwingend.

»Ach, nix Besonderes. Waren in Kreuzberg 36 in irgend so 'ner Disse.«

»Da habt ihr es aber ganz gut ausgehalten. Ihr wart ja erst gegen fünf Uhr zurück.« An meiner Frau ist eine perfekte Spionin verloren gegangen.

»Na ja: Karl konnte einfach nicht genug bekommen.«

Ann-Marie mustert mich von der Seite. Ich habe das leise Gefühl, sie glaubt mir nicht.

Höchste Zeit, in mein Zimmer zu verschwinden und ein bisschen Arbeit in mein neues Programm zu investieren.

Zwei Stunden später weckt mich das Rauschen der Dusche. Da bin ich doch tatsächlich über meinem Laptop eingenickt. Schlimm, wenn einen die eigenen neuen Sketche so einschläfern. Wieder erscheint vor meinem geistigen Auge das Bild eines unbarmherzig aufgebrachten Premierenpublikums. Höchste Zeit, gegen diese Ängste einen kräftigen Kaffee in Stellung zu bringen. Ich klappe den Laptop zu und steige hinab in die Küche.

Unten sitzt ein frisch geduschter Karl, nur in ein Handtuch gewickelt, am Tisch und hat den Kopf in die Hände vergraben. Offenbar ist der Herr schwer verkatert.

»Na, Karl«, sage ich betont laut, um die dumpfen Schmerzen in seinem Kopf zum Schwingen zu bringen. Manchmal kann ich auch gemein sein. Als Antwort ernte ich nur ein unverständliches heiseres Krächzen. Gnädigerweise verzichte ich im Interesse seiner angegriffenen Stimmbänder auf eine Rückfrage. Stattdessen biete ich ihm großzügig einen Kaffee an.

Er nickt dankbar. »Schwarz, bitte.«

Ich stelle ihm unsere Gästetasse vor die Nase: einen hässlichen grauen Riesenbecher mit Berliner Stadtwappen drauf. Das Geschenk eines verflossenen Besuches. Was haben wir verbrochen, dass uns Gäste mit so viel Geschmacklosigkeit bestrafen wollen? Mangelnde Rücksicht auf die Wünsche unserer Gäste kann's jedenfalls nicht sein, schließlich erinnere ich mich noch lebhaft daran, wie wir mit ebenjenem Besuch so ungefähr alle Souvenirshops in Berlin abgeklappert haben. Egal, Karl steht die Tasse gut.

»Hat jemand eine Ahnung, wo mein Haarwachs geblieben ist?«, schallt es aus dem Bad.

»Keine Ahnung, Schatz«, rufe ich zurück und werfe unserem Gast einen warnenden Blick zu. Der hat aber eh genug mit sich selbst zu tun.

»Möchtest du was essen?«, frage ich den Leidenden heimtückisch.

»Nein, bitte nicht!«, sagt Karl in einem Tonfall, als würde ich ihm eine besonders grausame Folter androhen.

Er starrt auf die blöde Tasse.

»Weißt du, was ich mich gerade frage?« Seine Stimme hört sich echt schlimm an.

»Nein.«

»Wie kommt das Tier da hinein?«

»Welches Tier?« Oh Gott, haben irgendwelche skrupellosen Clubbesucher unserem naiven Provinzler gestern Abend harte Drogen in das Bier geschmuggelt?

»Ich meine den Bären. Wie kommt der Bär in das Wappen?«

Ach so. »Gute Frage«, lüge ich.

Wen bitte interessiert so ein Quatsch?

»Es gibt da verschiedene Erklärungsansätze«, fachsimpelt er mit seiner gruseligen Stimme los.

Das darf doch wohl nicht wahr sein. Der Mann sitzt mir quasi nackt mehr tot als lebendig gegenüber und muss trotzdem schon wieder den Sonderschullehrer aus dem Handtuch hängen lassen.

»Man vermutet zum Beispiel, dass der Bär auf Albrecht I., den ›Bären‹, Eroberer und Begründer der Mark Brandenburg, zurückzuführen ist.«

»Na, dann ist doch alles klar. Klingt für mich logisch.«

»Na ja, dann hätte er aber die für damalige Verhältnisse schon recht große Stadt wohl kaum ›Bärlin‹, also Bärlein, genannt. So viel Selbstironie hatten Politiker schon damals nicht.«

»Vielleicht ist der Wappenbär ja ein Tanzbär. Quasi ein Indiz dafür, dass hier schon immer was los war, du weißt schon: wilde *Sause* rund um die Uhr ...«

Karl wirft mir einen gemarterten Blick zu.

»Wahnsinnig witzig, Murat.«

Unter Aufbietung der letzten verbliebenen Kräfte hebt er die hässliche Tasse an den Mund und saugt etwas Kaffee in seinen Schlund.

»Soll ich dir einen Strohhalm geben? Oder eine Schnabeltasse?«, simuliere ich Mitgefühl.

»Die andere Theorie ist«, ignoriert er meinen spöttischen Einwurf«, dass es gar nicht um den Bären geht. Sondern um den Wortstamm ›berl‹, der aus dem Slawischen stammt und so viel heißt wie ›sumpfiges Gelände‹«.

Wo sich dieser altkluge Besserwessi das wohl wieder alles angelesen hat?

»Das mit dem Sumpf gibt dem Skandal um die Berliner Landesbank ja einen ganz neuen, historisch begründeten Kontext«, versuche ich mich als Kabarettist. »Ein Sumpf wäre im Wappen allerdings schwer darzustellen gewesen. Da war der Bär sicher die bessere Idee.«

»Na ja, früher gab es auf dem Wappen neben dem Bären noch den Preußischen und den Brandenburger Adler. Die sind im Laufe der Zeit allerdings verschwunden.«

»Kein Wunder«, gebe ich meinem Affen weiter Zucker, »wenn du zwei Vögel und einen Bären zusammensperrst, bleibt auf lange Sicht halt nur der Bär über.«

»Du bist echt unglaublich komisch – du solltest dein Glück mal im Quatsch Comedy Club versuchen«, stichelt Karl, der langsam wieder die Herrschaft über seine sieben Sinne zu erlangen scheint. Also beschließe ich, die schlechten Witze bleiben zu lassen und den Vortragsreisenden mit seinen eigenen Waffen zu bekämpfen.

»Wusstest du denn schon, dass Berlin bei der letzten Bezirksreform 2001 einen ganzen neuen Satz Wappen für seine Stadtteile hat entwerfen lassen?«, frage ich ihn.

Karl guckt überrascht. Die Frage hat ihn auf dem falschen Fuß erwischt. Wusste ich's doch, dass er das nicht weiß.

»Die Leute, die so was entwerfen, heißen Heraldiker«, setze ich noch einen obendrauf.

»Ich dachte, Heraldiker wären dazu da, einem die Hintergründe alter Wappen zu erklären.« Karl wirkt jetzt nicht mehr nur körperlich angeschlagen, sondern ganzheitlich verunsichert.

Ausgerechnet in diesem triumphalen Moment kommt meine Ehefee in die Küche geschwebt. »Oh, welch seltener Moment: Mein Göttergatte glänzt mit Fachwissen. Hört, hört.«

Dann erblickt sie mit ihren Argusaugen Karls trotz Dusche immer noch fettig glänzenden Haarschopf.

»Karl, was ist das für Pomade in deinen Haaren?«

Sie greift mit beiden Händen in seinen klebrigen Dachgarten und schnüffelt anschließend intensiv an ihren Fingern.

»Murat! Erklärst du mir bitte, wie mein supermegateures Haarwachs in Karls Haare kommt?!«

»Wieso *dein* Haarwachs?«

»Murat!!!«

»Also gut«, lenke ich kleinlaut ein. »Karl wollte unbedingt seine Haare gelen, weil er sich mit einem Wet Look mehr Chancen bei den Kittycatties ausrechnete. Und weil die Geschäfte schon zu waren, hat er in seiner Not deins genommen. Das war falsch von ihm, keine Frage. Aber bitte verurteile ihn nicht. Schlussendlich ist er unser Gast. Ich bin mir sicher, dass er dir heute Nachmittag neues supermegateures Wachs kauft. In seiner Großzügigkeit bestimmt gleich die Haushaltspackung.«

Zum Glück ist Karl immer noch so weit neben der Spur, dass es ihm offensichtlich zu anstrengend ist, sich gegen meine kleine Lügengeschichte zur Wehr zu setzen. Es lebe die friedensstiftende Wirkung des Alkohols!

Kreuzberg 36

Vor der 1993 bundesweit erfolgten großen Postleitzahlreform war Berlin in verschiedene Postzustellbezirke eingeteilt. So unterschied man Kreuzberg zum Beispiel in

1000 Berlin 36 und 1000 Berlin 61. Genau genommen hieß 1000 Berlin 36 »SO 36«, wobei SO als Abkürzung für »Südost« stand. Von dieser Zeit zeugt ein noch heute existierender Club namens SO36. Der Bezirk wurde im Westen vom inzwischen zugeschütteten Luisenstädtischen Kanal und im Süden vom Landwehrkanal, der Grenze zu Neukölln (zustelltechnisch damals 1000 Berlin 44), eingefasst. Während der 61er Teil von Kreuzberg als bürgerlich wahrgenommen wurde, galt SO 36 als arm, wild und renitent. Dies spiegelte sich in dem beliebten Slogan »36 brennt, 61 pennt«.

*B*erlin für Souvenirjäger

In Berlin findet man an den touristischen Brennpunkten wie Checkpoint Charlie, Unter den Linden, am Alexanderplatz, am Kurfürstendamm oder am Brandenburger Tor zahllose Läden voller Souvenirs und Staubfänger. Hier einige ausgewählte Adressen mit originellerer Ware:

Die Kleine Gesellschaft
Rykestraße 41
10405 Berlin-Prenzlauer Berg
und Friedrichsstraße 129
10117 Berlin-Mitte
Fernsehturm in allen Designs, bis hin zur Babyrassel

Berliner Luft
Kopenhagener Straße 64
10437 Berlin-Prenzlauer Berg
www.berlinerluft.org
Bekannte Berliner Gebäude als Bastelbögen

Kunstschule
Hufelandstraße 13
10407 Berlin-Prenzlauer Berg
www.kunstschule.net
Meisenknödelhalter in Form des Alex, Parkplatzmerk-
assistenten, Stadtplan mit Magnet zum Markieren des
Parkplatzes und vieles mehr

Suparina
Niederbarnimstraße 6
10247 Berlin-Friedrichshain
www.suparina.de
Schmuck mit Motiven aus Berlin,
zum Beispiel Fernsehturm oder ostdeutsche Wörter

Polli
Körtestraße 3
10967 Berlin-Kreuzberg
www.polli-ueberall.com
Bemalte und beklebte Berliner Fußbodendielen,
zum Beispiel als Handtuchhalter oder Schlüsselbrett

Ahoj! Souvenirmanufaktur
Hertzbergstraße 1
12055 Berlin-Neukölln
www.souvenirmanufaktur.de
Einmaliges und Handgefertigtes, zum Beispiel »Bulette
mit Senf«-Band oder »Neukölln macht glücklich«-Aufkleber

Gängige Berliner **Souvenirshops im Internet**:
www.deutschland-souvenirs.de
www.city-souvenir-shop.de
www.berlinstory-shop.de

Zur Dialektik des Dialekts

Der Tag ist schon weit fortgeschritten und es wird langsam Zeit, dass wir uns auf ein konkretes Ziel für den Abend einigen. Das gestaltet sich heute allerdings ein wenig schwierig. Denn während ich seit Stunden wach und aktiv wie immer bin, hat Karl immer noch Blei im Hintern und Wattewolken im Kopf.

»Wieso müssen wir eigentlich immer alles so penibel planen?«, lamentiert er. »Lass uns doch einfach mal *improvisieren*!«

Ich traue meinen Ohren nicht. Mister Tausendprozent, der immer alles vorher gelesen haben muss und den Tag am liebsten mit Generalstabsplan und Stoppuhr einteilen würde, macht jetzt einen auf »Carpe Diem«. Wobei »Nutze den Tag« nicht ganz hinhaut, denn weit mehr als der halbe Tag ist uns ja schon durch die Lappen gegangen.

»Okay, kein Thema. Hauptsache, wir kommen hier noch weg, bevor die Sonne untergeht.«

»Vielleicht fahren wir mal wieder ein Stück mit dem Bus? Nach Neukölln-Mitte zum Beispiel?«

»Und dann?«

»Dann fällt uns schon was ein.«

Mir egal. Gesagt, getan. Ich packe meine Sachen in den Rucksack und eile tatendurstig zur Haustür.

Statt mir zu folgen, sehe ich Karl zum Kühlschrank schleichen. Danach im gleichen Schneckentempo zu Brotkasten und Besteckschublade. Ich stemme meine Hände in die Hüften und harre der Dinge, die dieser eigenwillige Erdbewohner plant.

In aller Seelenruhe packt der Gemütsmensch seine Beute auf den Küchentisch und beginnt in Super-Slowmotion einen stetig wachsenden Berg von Stullen zu schmieren. Jedes nach gefühlten drei Stunden fertiggestellte Butterbrot landet in einer neben ihm stehenden Jutetasche.

»Karl-Holger?«

»Ja?«

»Was soll das werden?«

»Proviant.«

»Wofür?«

»Falls es wieder so spät wird.«

Ich stelle mir unser Pummelchen vor, wie es halb nackt in seiner krass designten Warnjacke an der Kitkat-Bar sitzt und mit seinen Wurstfingern *Bütterkens* aus der Jutetasche pult. Diesmal kann ich den Lachkrampf nicht vermeiden. Karl schaut mich nur verständnislos an und eiert aus der Tür. Geschüttelt von heftigen Zuckungen meines Zwerchfells folge ich ihm.

An der Bushaltestelle habe ich mich wieder ein wenig im Griff. Karl steht vor dem Fahrplan und vergleicht die Zeiten mit den Angaben seiner drei diversen Reiseführer.

»Bist du sicher, dass der M44 heute überhaupt fährt? Hier steht nämlich …«

Na also, wer sagt's denn. So kenne ich meinen Zwangsneurotiker. Endlich scheint er seine Schwächephase überwunden zu haben und läuft wieder auf voller Umdrehungszahl.

Während der Sorgengeplagte pathologisch seine diversen Informationsquellen miteinander abgleicht, rollt der Bus heran. Ich steige vorne ein und zahle. Karl, der trotz des direkt vor ihm stehenden und nicht wegzudiskutierenden Busses immer noch in seine vergleichenden Studien vertieft ist, steht einer jungen Mutter im Weg, die gerne ihren Kinderwagen aus dem Mittelausgang hieven möchte. Als der Fahrplanforscher sie endlich bemerkt, möchte er ihr helfen und verheddert sich dabei mit seinem prall gefüllten Brotbeutel in den Rädern des Buggys. Mutter, Kinderwagen und der in dieses Duo irgendwie schlangenmenschartig verwickelte Karl-Holger geben ein ungewöhnliches Triptychon ab.

Der Busfahrer, ein Mops mit lichtem roten Haar und fast so dicken Brillengläsern wie mein peinlicher Gast, verfolgt die Szene über den Außenspiegel, schüttelt dabei unaufhörlich seinen feisten Schädel und atmet schwer rasselnd ein und aus.

»*Mannomann, dit daaf doch wohl allet nich wahr sein.*«

Kurz bevor er sich in seiner höchst ungesunden Beugehaltung endgültig das Genick bricht, entknotet sich der schwäbische Tollpatsch gerade noch rechtzeitig, erklimmt den Bus unerlaubterweise durch die Mitteltür und drängt sich durch den gut besetzten Gang nach vorne zum Fahrer.

Der will unbedingt die durch die unfreiwillige Slapstick-Einlage entstandene Verspätung einholen und gibt rabiat Gas. Karl gerät ins Taumeln und krallt sich an der Jacke einer ebenfalls im Gang stehenden älteren Dame fest, die das absolut nicht witzig findet und den lästigen Stalker mit aller Kraft und angewidertem Blick von sich wegstößt. Mit dumpfem Knall landet Karl auf einem schmalen Hip-Hop-Hänfling, der im Takt seiner Kopfhörer auf dem Sitz hin und her ruckelt, nun aber durch den plötzlich auf ihm lastenden Schoßgast komplett zum

Stillsitzen verurteilt wird. Karl versucht sich von seinem unfreiwilligen Gastgeber zu erheben, fällt aber dank seiner unbeholfenen Ungelenkigkeit ein ums andere Mal wieder in die Ausgangslage zurück. Sein lebender Untersatz quittiert jeden Rückfall mit einem schmerzlichen Stöhnen. Nach dem x-ten vergeblichen Versuch gibt der Sitzplatz-Schnorrer auf und nestelt einhändig seine Brieftasche aus dem Jackett heraus, während er sich mit der anderen Hand an der über ihm hängenden Halteschlaufe absichert. Vor Karls geballter Masse hat der Hip-Hopper inzwischen ebenfalls kapituliert und hängt leblos unter dem Fleischberg.

»*Nu ma sachte mit die jungen Ferde!*«, kommentiert der bislang alles in allem recht gutmütige Rotfuchs am Steuer. »*Hat er denn och 'n jült'jen Faahosweis?*«

Mag sein, dass Karl seinen Slang nicht versteht. Oder er wegen seiner gestrigen Exzesse generell schwer von Kapee ist. Jedenfalls fühlt er sich nicht angesprochen. Das findet der Dicke nun nicht besonders amüsant.

»*Ob er een Faahosweis hat oda nischt!*«, brüllt er mit erstaunlicher Vehemenz durch den Gelenkbus.

Jetzt schreckt Karl doch hoch und lässt von seinen blamablen Versuchen ab, die Brieftasche zu öffnen. »Meinen Sie mich?«, stammelt er verlegen.

»*Wenn ick dir ankieke, wen meen ick denn wohl, Meesta?*«

»Haben Sie mich angeschaut?«

Karls Verwunderung ist völlig berechtigt, denn zu unser aller Glück hat der Busdompteur bislang konzentriert auf den Verkehr geachtet und keinen von uns direkt angesehen. Trotzdem reagiert er auf die Frage enorm pikiert

»*Kann et sein, dit se dir mit'm Klammerbeutel jepudert haben?*«

»Tut mir leid, die Antwort ist nein.«

Nun ist der BVG-Pilot doch so weit, sich mitten im Fahren umzudrehen.

»*Sach ma, du Flitzpiepe. Wat heeßt denn ditte: Nee?*«

»Heißt: Ich bin nicht im Besitz eines gültigen Fahraus-weises.«

»*Dit jibs ja janich. Un nu?*«

»Wie und nu?«

»*Wo will er denn hin?*« Der Teint des Fahrers hat sich inzwischen bedenklich seiner Haarfarbe angenähert.

»Kommt drauf an, wo Sie hinfahren!«

Das war eine dumme Antwort zu viel. Mit quietschen-den Reifen kommt der Bus so abrupt zum Stehen, dass Karl vom Schoß seines unfreiwilligen Gastgebers auf den Boden purzelt. Breitbeinig baut sich der BVG-Schranze vor ihm auf und lässt mal richtig Dampf ab.

»*Sach ma, Männeken, ick lass ma hier keen Bonbon an't Hemd kleben. Willst du mir verscheißern, oder wat? Pass bloß uff, et klatscht jleich. Aber keenen Beifall.*«

Karl ist nun völlig überfordert. Immerhin hat er inzwi-schen den Griff ins Portemonnaie geschafft, hält seinem Widersacher in der Hektik aber nun ausgerechnet einen 50-Euro-Schein hin.

»*'N Fuffzier, na supa. Hat er's nich vielleicht 'ne Numma jrößer? Junge, wenn ick' n Fuffzier wechseln könnte, wär ick Privatier uffde Bahamas und nich bei de BVje. Mannomann, du bis ja vielleicht 'ne Witzfijur. Ick lach ma 'n Ast und setz ma druff.*«

Karl sieht nach dieser geballten Berliner Standpauke so aus, als würden ihm gleich die Tränen der Verzweiflung in die Augen schießen. Also erbarme ich mich schnell und löse ihn mit einem Fünf-Euro-Schein aus. Der Fahrer grummelt zwar noch in sich hinein, löst aber die Fahrkarte und bequemt sich zur hörbaren Erleichterung der anderen Passagiere, die unterbrochene Fahrt fortzusetzen. Ich hel-fe Karl auf die Beine und schiebe ihn von den inzwischen recht feindseligen Blicken der Umstehenden weg in den hinteren Teil des Busses.

Kaum stehen wir auf neutralem Gebiet, ist seine Unsicherheit wie weggeblasen. »Das war doch eine sehr interessante Begegnung.« Er wirkt geradezu erfreut.

»Spinnst du oder was? Ich hab selten so etwas Peinliches erlebt.« Der Kerl hat sie doch nicht mehr alle. Inzwischen grinst er gar schon wieder selbstzufrieden über alle vier Backen.

»Ach was, das war doch mal reinstes Berlinerisch. Das findet man in der Form ja kaum noch. All diese typischen Redewendungen. Die reinste Fundgrube. Nach so was habe ich die ganze Zeit in meinen Reiseführern gesucht.«

»Du hättest in deinen Schlaumeier-Bibeln lieber mal nachlesen sollen, dass man Berlin Busse vorne besteigt. Dann wäre uns diese ganze Kasperade erspart geblieben.«

Zum Glück sind wir jetzt am Hermannplatz. Ich zerre Karl aus dem Bus der Schande und laufe Richtung Karstadt, um meiner Frau ihr Haarwachs zu ersetzen.

Karl trabt zwei Schritte hinter mir her und fingert im Laufen eine Stulle aus dem Jutesack.

»*Willste ooch eene?*«

»Nein, danke. Und spar dir bloß diesen nachgemachten Slang.«

Als ich nach ewiger Suche – denn bei einer Verkäuferin nachzufragen, hätte ich als in dieser Hinsicht typischer Mann peinlich gefunden – endlich das passende Haarwachs gefunden und bezahlt habe, stelle ich fest, dass mein Begleiter verschwunden ist. Nun gut, mit an Sicherheit grenzender Wahrscheinlichkeit lungert er in der Buchabteilung herum. In der Tat finde ich ihn mit seinem Jutebeutel in der linken und einem Druckerzeugnis in der rechten Hand an einem Stand für Berlinbücher. Bei dem Anblick geht mir erstmals die Bedeutung des Begriffes »fremdschämen« auf. Dass ich von hinten auf seine Schulter klopfe, verschafft ihm fast einen vorzeitigen Exitus durch Herzinfarkt.

»Meister, wollen wir gehen? Die schließen hier eh gleich.«

»Warte mal noch einen Moment. Ich hab hier endlich einen Reiseführer mit Mini-Sprachkurs gefunden.«

»Was denn für ein Sprachkurs?«

»Na: ›Berlinern für Anfänger‹!«

Oh heilige Impertinenz. Ich halte meinen Mund und hoffe, dass sich das Thema stillschweigend von selbst erledigt. Tut es aber nicht.

»Hier zum Beispiel«, nuschelt er, »*Nachtijall, ick hör dir trapsen*: Herrlich, oder?«

Ich enthalte mich weiter jeden Kommentars. Und hoffe, mein Schweigen erstickt seinen deplatzierten Lokalpatriotismus. Weit gefehlt.

»Oder hier: *Nu brat ma eener 'n Storch – aba die Beene recht knusprich!*« Er beölt sich vor Lachen derartig, dass ihm die Tasche aus der Hand rutscht und einige der Stullen auf den Boden fallen. Wie immer in solchen Fällen mit der Butterseite nach unten.

»*Die Beene recht knusprich ... Ha ha ...*« Erstickungsanfälle.

Andere Bücherwürmer drehen sich nach uns um. Fragende und verständnislose Blicke.

Jetzt quatscht er die Umstehenden auch noch direkt mit Sprüchen aus dem Reiseführer an »*Keen Haar uff'm Kopp, aba 'n Kamm inne Tasche ... dit is jut, wa?*«

Ich wünschte, der Boden würde sich auftun und mich verschlucken. Ich überlege ernsthaft, einen auf unheilbare Fälle spezialisierten Arzt zu rufen. Stattdessen sammele ich die havarierten Stullen auf und versuche mich als zufälliger Passant zu gerieren, der mit dem armen Irren und seinem Berlinwahn nichts zu tun hat.

Wenn es *ein* Thema gibt, mit dem du dich als Zugereister oder Touri in Berlin richtig krass und bis auf die Knochen blamieren kannst, dann ist es das Berlinern. Also, liebe Leser: Bitte nicht nachmachen!

*B*erliner Dialekt und Grammatik

Die Mundart im Großraum Berlin-Brandenburg, wegen des eher derben Berliner Humors oft auch Berliner Schnauze genannt, ist sprachwissenschaftlich gesehen kein Dialekt, sondern ein **Metrolekt**: eine in großstädtischen Zentren aus einer Mischung vieler unterschiedlicher Mundarten entstehende Stadtsprache, vergleichbar mit Kölsch. Durch Zuwanderungen veränderte sich das in Berlin ursprünglich gesprochene Ostniederdeutsch, geprägt wurde es dabei durch zahlreiche Einflüsse, etwa sächsische, schlesische, flämische, französische, hebräische, jiddische und slawische. Da Berlin in der jetzigen Form erst 1920 entstand, gilt als Kerngebiet des Berlinischen die Fläche der heutigen Bezirke Mitte und Friedrichshain-Kreuzberg, dazu Gebiete von Charlottenburg und Prenzlauer Berg. Die Sprache in Berlin wird bis heute von Zuwandererwellen geprägt und bleibt daher unbeständig.

Hier ein paar Grundregeln

Als mitteldeutscher Dialekt an der Grenze zum Niederdeutschen behält das Berlinische die niederdeutschen Formen, zum Beispiel *det* und *dit* für »das« oder »dies«, *wat* für »was« oder *Appel* für »Apfel«. Im Akkusativ nutzt der Berliner sowohl für »mir« als auch für »mich« den Universalausdruck *mir* oder *ma* (»*Der Balina sacht imma mir, ooch wenn et richtich is.*«).

Die lokale Lautung hat ebenfalls viele Besonderheiten: etwa den Ersatz von g durch j.

Die meisten Diphthonge werden zu langem Monophthong: au zu oo, ei zu ee (daran kann man Altberliner und Neuberliner unterscheiden!).

Beim »Berliner Er« wird die dritte Person Singular als Anrede genutzt: »*Hat er denn ooch 'n jült'jen Faahohsweis?*« oder »*Hat se denn die fünf Euro nich'n bisken kleena?*«

Unverwechselbar ist auch die Anrede in der ersten Person Plural (Pluralis benevolentiae oder »Krankenschwestern-Plural«): »*Na, ham wa nu det richt'je Jesöff jewählt?*« oder »*Da warn wa wohl'n bisken fix, wa?*«

Die Redensart »**bis in die Puppen**« geht übrigens auf eine Berliner Lokalität zurück: Im 18. Jahrhundert war im Tiergarten der Platz Großer Stern mit Statuen geschmückt, die typisch lapidar »die Puppen« genannt wurden. Da der Große Stern damals noch recht weit außerhalb des Stadtzentrums lag, stand der Ausdruck »bis in die Puppen laufen« für einen sehr weiten Spaziergang. Diese räumliche Bedeutung wurde nach und nach ins Zeitliche übertragen und zu einem Synonym für »sehr lange«.

Berolinismen sind nur in der Berliner Umgangssprache übliche Ausdrücke, zum Beispiel:

Bonnies Ranch – Karl-Bonhoeffer-Nervenklinik in Wittenau

Goldelse – die vergoldete Figur auf der Spitze der Berliner Siegessäule

Hungerharke oder *Hungerkralle* – Denkmal für die Berliner Luftbrücke in Tempelhof

jwd – ganz weit draußen (*janz weit draußen*), Bezeichnung für die Randgebiete und das Umland Berlins

Kutschi oder *Kurtschi* – Kurt-Schumacher-Platz

Plötze – die Jugendstrafanstalt Plötzensee (beziehungsweise der See selbst)

Prenzlberg – geläufige Kurzform des Ortsteils Prenzlauer Berg

Batman trifft Edgar Wallace

Da der dialektverrückte Schwabe keine Anstalten macht, die Macke mit dem Berlinern aufzugeben, schnappe ich mir die Tasche mit den restlichen Stullen und flüchte Richtung Ausgang.

»Ich muss noch eben was besorgen«, rufe ich als Erklärung über die Schulter.

»*Is jut, ick waate hier, wa, denn weeste Bescheid*«, brüllt er mir völlig schambefreit hinterher.

Au Mann, nichts wie weg von dem Typen. Ich muss erst mal meinen Adrenalinspiegel senken, bevor ich diese Mensch gewordene Peinlichkeit weiter ertragen kann. Also setze ich mich zum Downcoolen auf eine Bank und genehmige mir eines der noch heilen Butterbrote.

Ich habe kaum den ersten Biss getan, da sehe ich Karl vor der Kaufhaustür stehen. Auch er hat mich bereits geortet und wedelt wie blöde mit den Armen. Wie bescheuert ist das denn. Irgendwie habe ich das Gefühl, dass der Knabe von Tag zu Tag seltsamer wird. Vielleicht bekommt ihm die berühmte Berliner Luft nicht? Während ich noch überlege, steht der Hampelmann schon wieder direkt vor mir.

»Murat, *eene* Frage. *Wat* liegt von hier aus am weitesten entfernt?«

»Hawaii?«

»Welcher Stadtteil, *meen ick.*«

Jetzt muss ich tatsächlich kurz nachdenken.

»Spandau, glaub ich.«

Für einen Zentralberliner wie mich ist Spandau ja genau genommen schon brandenburgische Steppe.

»Spandau? Na supi. *Det is jwd, da woll'n ma hinne ...*«

Jetzt reicht's. Wie dem Busfahrer vorhin reißt auch mir nun endgültig der Geduldsfaden.

»*Wenn du noch een ma det scheiß Touri-Balinan auspackst, denn is hier aba ma sowat von zappendusta, Atze! Allet klar?*«

»Okay, okay. Ist ja schon gut.«

Karl ist sichtlich ein paar Zentimeter geschrumpft. Kleinlaut wischt er sich meine Speicheltropfen von der Jacke. Ich warte, bis meine Atmung wieder die normale Frequenz erreicht.

»So, jetzt mal ganz von vorn. Was willst du in Spandau, wenn ich fragen darf?«

»Ich würde mit meinem Fotohandy gern mal ein paar schöne Bilder machen. Und laut meinen Reiseführern ist die Zitadelle ein schickes und noch nicht totgeknipstes Motiv.«

»Mhmm«, sage ich, den Hermannplatz musternd. Hier sind bestimmt noch nicht allzu viele Farbfilme verschossen worden.

»Na gut, von mir aus. Dann erobern wir halt Spandau.«

Zum Glück fährt die U7 vom Hermannplatz direkt und ohne Umsteigen bis kurz vor die Zitadelle.

Während wir so dahinzuckeln und an jeder Haltestelle von immer wieder neuen Musikern und Obdachlosenzeitungsverkäufern heimgesucht werden, denke ich über das Phänomen »Spandau« nach. Seit jeher habe ich mich gefragt, warum der gemeine Berliner so wenig mit Spandau am Hut hat. Liegt es womöglich daran, dass dieser Stadtteil erst 1920 eingemeindet wurde? Nun, das war mit Neukölln auch nicht anders. Gut, Neukölln hat ebenfalls ein schlechtes Image. Aber die eigentliche No-go-Area für den durchschnittlichen Berliner ist nicht Neukölln, sondern Spandau. Dorthin pilgert man eigentlich nur, wenn man unbedingt schwedische Billigmöbel einkaufen muss. Oder im Sommer, um tolle Open-Air-Konzerte auf dem Gelände der Zitadelle zu sehen.

Im Grunde liegt diese latente Abneigung gegen Spandau mit Sicherheit an der innigen Verbundenheit des Berliners mit seiner heimischen Scholle. Eigentlich liebt und schätzt er eh nur »seinen Kiez«. Da kennt er jede Currybude und jeden Taubenschiss. Wenn du ihn über die nächste Straßenkreuzung in den Nachbarbezirk schickst, ist er meist hilfloser als ein x-beliebiger Tourist aus Nordkorea. Berlin ist eben keine Stadt aus einem Guss, die City ist erst über die Jahrhunderte durch die Zusammenlegung einzelner Ortschaften gewachsen. Genau genommen müsste es also heißen: VDB, Vereinigte Dörfer von Berlin.

Karls durchdringende Stimme, die neue Lesefrüchte zum Besten geben möchte, reißt mich unsanft aus meinen ethnologischen Reflexionen.

»Hast du gewusst, dass Spandau die mit Abstand beste Wasserballmannschaft Deutschlands hat? Die waren schon 31 Mal Meister.«

»Ist ja auch kein Wunder. Spandau ist praktisch eine Insel. Wenn du da Fuß- oder Handball zu spielen versuchst, landet der Ball früher oder später im Wasser.«

Karl schenkt mir einen seiner abschätzigen Beinahe-hätte-ich-gelacht-Blicke. Und vertieft sich wieder in seine Folianten.

Als wir an der Haltestelle »Zitadelle Spandau« aus dem Untergrund hervorkrabbeln, empfangen uns die Festungsmauern im noch warmen Licht der schwächer werdenden Abendsonne.

»Nicht schlecht, die Burg«, rutscht es mir angesichts des erhabenen Anblicks heraus.

»Das ist keine Burg.« Diese willkommene Möglichkeit zur Belehrung lässt sich unser Prahlhans natürlich nicht entgehen. »Als Burg bezeichnet man eine befestigte Wohnanlage, wie sie im Mittelalter gebräuchlich war. Das hier dagegen ist wehrtechnische Hightech-Architektur: Die Zitadelle ist eine Renaissance-Festungsanlage. Und gilt im Übrigen als eine der besterhaltenen ihrer Art in Europa.«

»Na ja, wenn du meinst«, gebe ich klein bei. Ich habe jetzt eigentlich keine Lust auf ein Klugscheißer-Battle.

Karl lässt das völlig kalt. Er legt sofort nach: »Erbaut wurde sie 1559 bis 94. Ursprünglich von einem Italiener Namens Francesco Chiaramella de Gandino. Später hat ein gewisser Rochus Graf zu Lynar das Projekt fertiggestellt. Die ganze Anlage ist so ausgeklügelt, dass sich kein toter Winkel ergibt, in dem sich irgendwelche Angreifer hätten verstecken können.«

Schade eigentlich, so ein toter Winkel zum Abtauchen käme mir jetzt sehr gelegen.

Wir erklimmen den Wallgang und umrunden die gesamte Anlage. Alles ist überaus massiv und macht auch nach all den Jahrhunderten noch einen intakten und extrem wehrhaften Eindruck. Dass der ganze Komplex mal als Gefängnis genutzt wurde, liegt mehr als nahe. Wir ersteigen den altehrwürdigen Juliusturm und genießen die perfekte Aussicht über Spandau, den Grunewald und den Westen Berlins.

»Wusstest du, dass hier auch Filme produziert wurden?«, fragt Karl mit schlaudreistem Lächeln.

»Ein paar Edgar-Wallace-Filme nämlich: ›Der Rächer‹, ›Der Hexer‹ und ›Der Buckelige von Soho‹.«

»Die Brillenschlange aus Schwaben« geistert mir als Alternative durch den Kopf, aber um des lieben Friedens willen spare ich mir die Spitze.

Und rege alternativ an, uns nach Art der alten Ritter in der »Zitadellenschänke« zu stärken.

»Nee, lass man«, wehrt der übergewichtige Asket ab. »Wir haben noch Butterbrote übrig.«

Was mich argwöhnen lässt, dass sein Urlaubsbudget tatsächlich langsam ausgeschöpft ist. Eigentlich ein gutes Zeichen. Wichtig ist nur, dass er sich am Ende noch das Rückfahr-Ticket in die Heimat leisten kann.

»Aber die Fledermäuse würde ich gern sehen!« Schade, so ausgemergelt wie erhofft scheint seine Kasse doch noch nicht zu sein. Allerdings stellen wir ein paar Meter weiter fest, dass der Fledermauskeller täglich nur zwischen 12 und 17 Uhr geöffnet ist. Bedauerlich, denn die Fledermauskolonie der Zitadelle ist eine echte Attraktion. Hier leben bis zu 10.000 dieser faszinierenden Tiere. In einem noch zu publizierenden Hotelführer für Fledermäuse würde dieses Fünf-Sterne-Winterquartier sicher eine führende Position einnehmen. Über den Verein BAT e. V. kann man hier sogar spezielle Führungen zu den entlegenen Aufenthaltsorten dieser kleinen Flugnager buchen und dabei unter anderem eine Floßfahrt durch die Gräben der Zitadelle unternehmen.

»Wusstest du eigentlich, dass die Vereinten Nationen 2011 als ›Jahr der Fledermaus‹ ausgerufen haben?«, gibt Herr Weißschonwiederalles eine weitere Kostprobe seiner nutzlosen Kenntnisse.

Nee, wusste ich natürlich nicht. Aber Tiere, die den ganzen Tag abhängen und nachts schwer auf Achse sind, wären sicher ein passendes Wappentier für Berliner Bezirke wie Friedrichshain, Kreuzberg oder auch Neukölln. Herr Bürgermeister, übernehmen Sie!

Auf Fledermaustour in der Zitadelle

Berliner Artenschutz Team (BAT) e. V.
Zitadelle, Haus 4
13599 Berlin-Spandau

Führungen, Kindergeburtstage und Floßfahrten nach telefonischer Anmeldung

Tel.: 030 / 36 75 00 61 (für generelle Fragen, Führungen und Kindergeburtstage)

Tel.: 0172 / 32 700 92 (für Floßfahrten)
www.bat-ev.de

Die Legende der Anna Sydow

Beim Bau der Zitadelle Spandau im 16. Jahrhundert wurden der Juliusturm aus dem 13. Jahrhundert (heute ein Aussichtsturm) und der Palast aus dem 15. Jahrhundert einbezogen. In den Anfangszeiten wurde die Zitadelle unter anderem als Gefängnis genutzt. Eine der prominentesten Gefangenen war 1571 Anna Sydow, die Mätresse des Kurfürsten Joachim II., die nach dem Tod ihres Gönners von dessen Sohn und Nachfolger Johann Georg dort eingekerkert wurde und nach vier Jahren Haft verstarb. Die Sage will, dass sie seitdem als »weiße Frau« in den Preußischen Schlössern umherspukt.

Spandau

Spandau ist ein Ortsteil im Westen Berlins. Als fünfter Verwaltungsbezirk der Bundeshauptstadt ist er 1920 aus der Zusammenlegung des ehemaligen Stadtkreises Spandau mit seinen umliegenden Gemeinden und Gutsbezirken entstanden. Die Geschichte Spandaus lässt sich bis ins 8. Jahrhundert zurückverfolgen, als das Havelland von den slawischen Stämmen besiedelt wurde. Die Geschichtsbücher sagen, dass einst Albrecht der Bär eine Burg in dem heutigen Spandauer Gebiet errichten ließ, aus der die namensgebende Burganlage »Spandow« wuchs, welche im Jahr 1197 zum ersten Mal urkundlich erwähnt wurde. Die Burg wurde mit einem Wall aus Holz umgeben, dessen Reste heute noch zum Teil erhalten sind. Die Stadt, welche sich rund um diese Burg entwickelte, trug ebenfalls den Namen Spandow. Dieser Teil bildet die sehr sehenswerte Altstadt Spandaus. Insgesamt leben in Spandau heute auf gut 92 Quadratkilometern circa 225.000 Einwohner. Aufgrund der langen Historie ihres Bezirkes nennen alteingesessene Spandauer die Hauptstadt gerne »Berlin bei Spandau«.

Schwofen bei Clärchens

Zum Glück fährt die U7 in einem Rutsch durch bis Britz. Ich habe inzwischen nämlich einen Bärenhunger. Der ja zu Berlin gut passt. Und auf Karls in den Dreck gefallene Beutelstullen habe ich definitiv keinen Appetit mehr.

Mein Gast macht auf der Rückfahrt einen leicht abwesenden Eindruck. Und schaut dauernd auf sein vorsintflutliches Handy.

»Was ist los?«, frage ich mit Blick auf seine Steinzeit-Funke.

»Was?« Er schaut zu mir rüber. »Nichts, was soll sein?«

Schweigen. Er fummelt an den riesigen Tasten herum. Offenbar ein Seniorenhandy.

Am Jakob-Kaiser-Platz steigen zwei völlig abgerissene Typen ein. Der eine, bekleidet mit Lederweste und Jogginghose, ist so extrem lang, dass er sich bücken muss, um überhaupt in den Waggon zu kommen.

Sein Kumpel hat dagegen locker die 150-Kilo-Marke geknackt. Sein cremefarbenes Sweatshirt droht jeden Augenblick von den bedrohlich aussehenden Speckmassen hinweggesprengt zu werden. Auch seine total abgewetzte Jeans ist ihrer Aufgabe der Körperbedeckung schon lange nicht mehr gewachsen: Die Hose hängt ihm eher unter als über dem Hintern und offenbart ein 1a-Bauarbeiter-Dekolleté.

Der Lange bleibt an der Tür stehen und linst in den Wagen. Sein Kollege arbeitet sich – so unauffällig, wie seine vollschlanke Statur das eben zulässt – bis zur nächsten Tür vor.

Karl blickt von seinem im Gegensatz zu den gigantischen Tasten mikroskopisch mickrigen Display auf – offenbar ein Handy für adleräugige Senioren. Oder für Hellseher mit Wurstfingern. Er mustert die beiden Vögel kurz misstrauisch und verliert dann sofort wieder das Interesse.

»So, sehr geehrte Fahrgäste«, beginnt der Lange lautstark zu proklamieren. Nö, denke ich spontan, bitte nicht schon wieder die übliche Ich-schlaf-unter-der-Brücke-und-mein-Hund-hat-Aids-Geschichte ...

»... *Faahosweiskontrolle! Wenn Se ma so freundlisch wär'n ...*«

Ups, das hat gesessen. Der unvermeidliche Adrenalinstoß, dann das nervöse Gefummel in den diversen Taschen und die bange Frage: Habe ich gestempelt? Und warum hat die verdammte Jacke eigentlich so viele Taschen?

Sowie das Gefühl der Erleichterung, wenn sich der Fahrschein doch noch einfindet. Auch Karl hält sein Ticket, so lässig es einem Provinzdickerchen eben möglich ist, dem ausgehungerten Riesen entgegen. Dabei bricht ihm fast der Arm ab, so hoch muss er ihn strecken.

Don Quichotte und Sancho Pansa wandern schweigend den Gang ab und nicken ebenso stumm die Kärtchen ab. Am Mierendorffplatz sind sie schon wieder draußen und setzen ihren Kampf gegen die Windmühlenflügel irgendwo anders fort.

»Was für ein Aufzug war das denn?«, platzt es aus Karl heraus, während er den beiden Gruselgestalten staunend hinterherschaut.

»Was denn? Ist doch 'ne super Tarnung. In München würden solche Typen allerdings sofort vom privaten Sicherheitsdienst eingesackt werden. Fehlten eigentlich nur noch Akkordeon, Blindenhund und Sammelbüchse. Und ein Schild auf dem Rücken: Unsere freundlichen BVG-Kontrolleure werden ausgestattet von ›Humana‹«.

Karl guckt mich wieder mal trübe an. Okay, jeden Secondhandshop muss man als Schwabe wahrscheinlich nicht kennen.

Als wir zu Hause sind, halte ich umgehend Ausschau nach meiner Angetrauten.

»Mann, hab ich einen Hunger. Liebling?«

»Ich hab vorhin schon eine Kleinigkeit gegessen, Schatz. Ist aber noch was da«, höre ich die treu sorgendste Ehefrau von allen aus dem Wohnzimmer.

»Karl?« Wo steckt der Kerl? In unserem trauten Heim gibt es keine Buchhandlung.

Ich finde den Abtrünnigen im Gästezimmer. Eigentlich nicht überraschend. Er steht, seinen geliebten Brotbeutel, den er ständig mit sich herumschleppt, wie eine Schmusedecke an sich pressend, mitten im Raum, während sein rechter Daumen erstaunlich behände irgendeine Message in sein prähistorisches Gerät hackt. Ob es wohl in der Steinzeit schon Akkus gab? Oder betreibt man das Ding mit Feuersteinen?

»Hey, Mister Tallymann, sag mal fix und dalli an: Magst du auch was essen? Oder soll ich dir die Frage lieber als SMS schicken?«

Er schaut mich glubschäugig an, grinst und folgt artig in die Küche.

»Murat, was hast du eigentlich nächsten Samstagabend so vor?«, plaudert er los.

»Nichts Konkretes bisher«, antworte ich und frage mich, worauf er nun schon wieder hinauswill.

»Weil, ich würde sonst auch gern mal was *alleine* machen.«

Aha. Neue Hoffnung für mich. Das Landküken wird großstadtflügge.

»Und was hast du vor – wenn ich mal so indiskret fragen darf?« Gegen meine angeborene Neugier habe ich bislang noch kein Rezept gefunden.

»Na ja, ich wollte ...« Meine Frage passt ihm eindeutig überhaupt nicht ins geheimnistuerische Konzept. »... also ich denke, ich gehe da mal, ähm, tanzen.«

Wow. *Die* Überraschung ist ihm gelungen.

Ich muss grinsen. Tanzen und Bewegungsaskese. Irgendwie passen die Begriffe für mich nicht zusammen. Vielleicht ist diese groteske Idee eine Nachwirkung seiner Kitkat-Drogen?

Ich mache erst einmal auf Pokerface. Und greife mir in aller Ruhe eine Bulette, die wirklich niemand so gut zubereitet wie meine Angetraute.

»Ist das okay für dich, Murat?«

»Logisch, Mann. Kannst machen, was du willst. Fühl dich bloß nicht verpflichtet oder so was.«

Mein innerer Schweinehund tanzt einen wilden Freudensamba. Frei, endlich frei! Und sei es auch erst nächste Woche und nur für einen Abend. Karl ist jetzt ein bisschen verunsichert. Die nächsten Sätze diktiert ihm unüberhörbar sein schlechtes Gewissen.

»Also nicht dass du mich falsch verstehst, Murat. Du kannst selbstverständlich auch gerne mitkommen. Ich dachte nur, du willst vielleicht auch mal einen Abend ...«

»Okay«, höre ich mich im gleichen Moment sagen, »wenn du unbedingt willst, dann komme ich mit.«

Ich bin fassungslos. Bin ich von Satan, Teufel, Beelzebub besessen? Oder was? Wie kann ich gegen meinen erklärten ausdrücklichen Willen einen derartig verlogenen Satz formulieren? Ich erschaudere vor meinem offensichtlichen und anscheinend grenzenlosen Masochismus.

Auch Karl entgleiten die Gesichtszüge. Unter Aufbietung aller Willenskraft müht er sich ein diplomatisches Lächeln ab. Das eher wie eine Kriegserklärung aussieht. Gut, das ist die perfekte Chance, mit einem gepflegten Rückzieher aus dieser Falle herauszukommen.

»Wo soll sie denn starten, die wilde Sause?« Oh Gott. Mein Sprachzentrum steht unter dem Einfluss irgendeiner fremden und im höchsten Maße grausamen Macht.

»Clärchens Ballhaus«, kommt es verschüchtert zurück.

Mir fällt fast das Essen aus dem Gesicht. Ich verschlucke mich an dem Rest der Bulette und röchele quer über den Tisch.

»Ist was nicht in Ordnung, Murat?«

»Nein, alles gut. Es geht schon wieder.« Clärchens Ballhaus ist echt ein Treffer, ein dickes Ass. Wie kommt er denn jetzt darauf? Hat er sich im Antiquariat einen Reiseführer aus den 20er-Jahren andrehen lassen? Fehlt nur noch, dass der Ewiggestrige demnächst im Leydicke einen Obstwein trinken möchte.

»Clärchens Ballhaus, klasse, da wollte ich schon immer mal hin.« Langsam werde ich echt neugierig, welche unglaublichen Lügen der neue Chef meines Sprachzentrums noch so aus dem Hut zaubern wird.

Am nächsten Samstagabend stehen wir beide geschniegelt und gestriegelt im Hausflur. Ich im dunkelroten Blazer, Karl-Holger in einem von mir geliehenen blauen Jackett, sodass wir aussehen wie ein höchst unseriöser Versicherungsvertreter (ich) und ein übergewichtiger Spätpubertierender im zu klein gewordenen Konfirmationsanzug (mein Begleiter). Immerhin geben Karls geblümtes Hemd und seine Birkenstock-Schuhe einen interessanten Kontrast zu dem dezenten Dunkelblau seiner kriminell straff sitzenden Jacke ab.

Diesmal steigen wir am S-Bahnhof Hackescher Markt aus dem ÖPNV aus, gehen ein Stück die Große Hamburger Straße entlang und biegen links in die Auguststraße ein.

Das Ballhaus empfängt uns mit einem ganz eigenen Flair. Durch seine Räume weht der Charme vergangener

Epochen und trotz einiger Renovierungsmaßnahmen hat sich hier offenbar noch kein Indoor-Design-Fuzzi austoben dürfen. Und das ist auch gut so.

Als wir den Saal betreten, wird Karl langsam nervös. Er steht halb auf den Zehenspitzen und sondiert hektisch die bereits gut gefüllte Räumlichkeit. Dann hellt sich seine Miene plötzlich auf und er geht einfach an mir vorbei, quer über die Tanzfläche.

Ich hätte es ahnen müssen. Das ständige SMS-Gefummel und die Heimlichtuerei sprachen ja für sich. Sein Ziel ist ausgerechnet Britta; Britta, die wunderhübsche und knallfreche Rollschuh-Queen. Sie trägt ein weinrotes Samtkleid mit freien Schultern, das eindrucksvoll zu ihrer rotblonden Haarpracht passt. Die beiden geben sich einen flüchtigen Wangenkuss.

Ich versuche, mich schnell und unauffällig in die andere und etwas dunklere Ecke des Raumes zu verflüchtigen. Zwar habe ich dieses Mal keine Spiegelbrille und keine Schlabberbadehose an, aber die rote Schmachtjacke ist auch nicht gerade ein Beweis für mein ansonsten untadeliges Stilgefühl. Der von mir geschickt eingeleitete Rückzug erfolgt einen Wimpernschlag zu spät. Britta hat mich bereits erspäht und mustert mich bekannt kritisch, um nicht zu sagen herablassend-spöttisch.

»Ah, dein geschmackssicherer Freund ist auch hier.« Anscheinend hat sie es aufgegeben, mich direkt anzusprechen und begutachtet mich lieber aus der Distanz. »Heute ist es also die Jacke, die sein besonderes Modegespür belegen soll. Ich freue mich schon auf die Schuhe und Hüte, die er uns demnächst präsentieren wird.«

»Britta und ich machen einen Tango-Schnupperkurs«, versucht Karl-Holger in seiner gewohnt weltmännischen Art das Thema zu wechseln.

»Toll. Ist hier heute Tangoabend?« Man soll sich ja nicht selber loben. Aber im Tanzen bin ich ein absoluter Crack.

»Nein, der Tangokurs ist oben im alten Spiegelsaal. Hier unten ist Schwof, wie immer samstags bei Clärchen«, sagt Britta und hakt sich bei Happy Charly unter. »Das ist eine super Sache, kein Wunder, dass es so voll ist. Hier findest du sicher eine zu deiner Jacke passende Tanzpartnerin«, sagt die gehässigste Wuchtbrumme von allen.

»Keine Sorge, ich komm schon zurecht«, murmele ich verkrampft grinsend. Völlig überflüssig. Die beiden haben mich längst wie einen kaputten Regenschirm stehen lassen. Was nun?

Während ich noch überlege, setzt die Liveband ein. Niemand lässt sich hier lange bitten: Die Tanzfläche füllt sich tsunamiartig mit spaßsüchtigen Menschen. Auch wenn Musik und Tanzstil viel dezenter sind, kann sich das Ballhaus in Leidenschaft und Spaß locker mit dem Kitkat messen. Also stürze ich mich kurzerhand ebenfalls ins Getümmel. An Tanzpartnerinnen aller Altersklassen hat es keinen Mangel. Insbesondere bei einem so chic gekleideten Exemplar der männlichen Spezies wie mir. Diese Britta leidet einfach an Geschmacksverirrung. Vermutlich hat sie irgendeinen ernst zu nehmenden Sehfehler.

Erst gegen Mitternacht tippt mir ein sehr missmutig aussehender Karl auf die Schulter.

»Können wir gehen?«, schreit er hilflos gegen die Musik an. Von seiner rothaarigen Modelfreundin keine Spur. Schade, ich hätte ihr gerne gezeigt, wie verliebt mich meine aktuelle Standardtanz-Eroberung anhimmelt. Dabei ist die junge Dame mit Sicherheit noch keine 60.

Obwohl ich mich gerade blendend amüsiere, bringe ich es angesichts von Karls deprimiertem Gesichtsausdruck nicht übers Herz, ihm seine Bitte abzuschlagen. Und wenn ich ehrlich bin, möchte ich natürlich gerne erfahren, welche dramatischen Ereignisse ihm derartig die Stimmung verhagelt haben.

Trinken bei Leydicke

1877 gründeten die Brüder Emil und Max Leydicke in der Mansteinstraße eine Likörfabrik und Weinprobierstube und verkauften Obstweine, Liköre und Hochprozentiges nach eigenen Rezepten. In den 20er-Jahren wurde die Destillierstube im Schatten der Yorckbrücken zu einem Lokal mit proletarischem und kleinbürgerlichem Publikum. In den 70er-Jahren wurde das Lokal Kult, als es zunächst von Studenten und später auch von Touristen und Schulklassen entdeckt und erobert wurde. Die Wirtin Luzie Leydicke war ein echtes »Berliner Original«, pöbelte Gäste an, wenn die zu wenig tranken, schlichtete Streit, holte Weltverbesserer auf den Boden zurück, sprach Mut zu, tröstete, schenkte nach. Sogar die »Zeit« druckte kurz nach Luzies Tod im Sommer 1980 einen Nachruf. Nach dem Mauerfall erlitt das Leydicke das Schicksal vieler Kneipen im alten Westberlin. Es blieb leer zurück, die Szene wanderte ab. Inzwischen wird das Lokal mit seiner über 120-jährigen Tradition in der vierten Familiengeneration geführt. Nach wie vor sind nach Ansicht von Kennern sowohl die Fruchtweine als auch die noch nach alten Rezepten von Emil und Max Leydicke gebrannten Liköre, insbesondere der Eier-, der Mokka-Sahne- und der Pomeranzenlikör, einen Besuch und eine Sünde wert.

E & M Leydicke
Mansteinstraße 4
10783 Berlin-Schöneberg
www.leydicke.com

Tango in Berlin

Wer jemals in Buenos Aires war, weiß, dass Tango dort eine ähnlich hohe Reputation besitzt wie in Deutschland der Schuhplattler. In Berlin ist das anders. Hier wird der leidenschaftliche Tango Argentino nicht nur getanzt, sondern gelebt. Es gibt ungezählte Tangoschulen, Festivals, Musiker und Geschäfte. Auf internationalen Tangofestivals treten dementsprechend viele Berliner Tänzer und Musiker auf.

Tangokurse

Estudio Sudamerica
Brunnenstraße 181
10119 Berlin-Mitte (U Rosenthaler Platz)
www.estudiosudamerica.de

!Tango Vivo! – Tanzstudio
Zossener Straße 24
10961 Berlin-Kreuzberg (U-Gneisenaustraße)
www.tangovivo.de

Ballhaus Walzerlinksgestrickt
Am Tempelhofer Berg 7d
10965 Berlin-Kreuzberg
(U-Mehringdamm, U-Platz der Luftbrücke)
www.walzerlinksgestrickt.de

Festivals

Queer Tango Festival in Berlin
»Internationales Tangofestival jenseits konventioneller Rollenklischees«
www.queertangofestival-berlin.de

Internationales Tango Festival Berlin
www.tangofestivalberlin.de

Mode

Rosa
Wissmannstraße 4
12049 Berlin-Neukölln
(U Hermannplatz)
www.tangomode.de

Online-Magazin

Tangokultur.info
www.tangokultur.info

Kaffeemaschinen
Des Westens

Auf dem Heimweg steht mein Dauergrinsen in seltsamem Kontrast zu Karls Reserviertheit. Was soll's, ich hatte einfach 'ne Menge Spaß.

»Um ehrlich zu sein, Karl: In Clärchens Ballhaus bin ich vorher nie gewesen. Super Tipp. Und Danke fürs Mitnehmen, Mann. War ein toller Abend.«

Mein am frühen Abend noch so euphorischer Reisegenosse glotzt stumm wie ein am Schnabel operierter Wellensittich auf seine abgerundeten Gesundheitsschuhe. Mal sehen, welche meiner Verhörmethoden aus dem Polizeidienst den Vogel zum Singen bringen.

Ich versuche es mit der Anfängervariante. Und baue über anbiedernde Lügen eine Beziehungsbrücke zu dem auszufragenden Subjekt.

»Du, die Britta ist ja echt 'ne Nette. War sicher unglaublich kribbelnd, mit so einer Frau in den Nahtanz zu gehen. Oder?«

Karl mustert mich sehr kühl durch seine unterarmdicken Brillengläser. »Na ja.«

Ich warte zwei Minuten, ob diese erhellende Aussage noch eine Fortsetzung erfährt. Pustekuchen. Na gut, niemand kann ernsthaft erwarten, gleich mit der Anfängernummer ans Ziel zu gelangen. Dann also die Fortgeschrittenenmethode: gezielte Provokation des Aussageunwilligen.

»Oder haben deine tänzerischen Fähigkeiten nicht ihren Vorstellungen entsprochen?«

Karl-Holger schaut nur kurz von seinen Birkenstocks auf und lässt abschätzig Luft aus dem Brustkorb entweichen. »Pffffffftttttt.«

Na also, wer sagt's denn: Volltreffer! Jetzt gilt es nur noch, dem Opfer die Details der vernichtenden Jahrhundertniederlage zu entlocken. Für einen Profi wie mich eine kleckerleichte Übung.

»Karl, du musst dich nicht schämen. Es gibt weltweit keinen einzigen Mann, der nicht schon einmal von einer angebeteten Frau enttäuscht wurde.« Kaum habe ich diesen großartigen Satz gelassen ausgesprochen, fällt mir als Gegenbeispiel George Clooney ein. Unmittelbar danach kommen mir noch mindestens 1.000 weitere coole und attraktive Männer in den Sinn, auf die mein billiger Trostsatz nicht zutrifft. Einer davon reimt sich auf Opal. Wohlweislich behalte ich all diese Gegenbeispiele lieber für mich. Als naiver Bauernbub lässt sich Karl von meiner windigen These erwartungsgemäß blenden. Sturzflutartig bricht die aufgestaute Enttäuschung nur so aus ihm heraus. So muss es sein.

»Murat, ich weiß nicht, ob du das weißt. Aber der Tango Argentino ist – wie soll ich sagen – das ist nicht das übliche anspruchslose Standard-Gehopse.«

Schon wieder Zeit zum Fremdschämen. Dass diese rhythmusgestörte Sofakartoffel technisch schwierige Standardtänze als Gehopse diffamiert, zeigt deutlich, wie wenig er die Materie in der Praxis tatsächlich durchdrungen hat. Was ihn natürlich keineswegs am Dozieren hindert.

»Gerade dem Mann kommt beim Tango eine gewisse, beziehungsweise was sage ich, eine ganz besondere Verantwortung zu. Und warum? Weil du als Mann ja führst.«

Bedeutungsschwangere, nicht enden wollende Pause. Als ich schon überlege, jetzt doch besser auf die Profistrategie umzusteigen, wimmert plötzlich ein aus tiefstem Herzen geseufztes »Manolo« aus des Verhörten Brust. Siehe da: ein neuer Verdächtiger in diesem höchst verwirrenden Fall. Hier gilt es unmittelbar nachzufassen. Hat mein naives Schwabensensibelchen womöglich sein Herz am anderen Ufer verloren? An einen glutäugigen Spanier gar? Meine Neugier schlägt übermütige Kapriolen. Zum Glück weiß ich aus langjähriger Erfahrung, dass auch in solch magischen Momenten nur Geduld zum Ziel führt.

»Manolo?«, hake ich also sacht nach.

»Manolo?« Karl erwacht aus seiner Trance. »Was ist mit Manolo?« Sein Ton wird richtiggehend aggressiv. Nach junger romantischer Liebe klingt das nicht.

»Sag du es mir, Karl. *Ich* weiß nicht, was mit Manolo ist.«

»Ach, Manolo ...« Endlich bricht der Damm. »Ich hatte mich so auf den Tangoabend mit Britta gefreut. Und dann kam Manolo und ich stand nur noch in der Ecke.«

»Ich verstehe kein Wort. Wer ist denn dieser Manolo überhaupt?«

»Der Tangolehrer.«

»Na fein. Und wo ist das Problem? Ihr wolltet doch lernen. War der Typ eine pädagogische Niete oder was?«

»Nee, das nun nicht gerade.«

»Was dann?«

Ich traue meinen Augen kaum. Schimmern hinter den dicken Brillengläsern verstohlene Tränen? »Als Britta und ich uns gerade in Positur stellen, zeigt dieser Angeber-Beau auf Britta und sagt: ›Hier ist schöne und hoch talentierte Frau. Werde ich mit ihr nun Grundlagen des Tangos erklären.‹«

»Na gut. Aber müssen Lehrer nicht so sein?«

»Was weiß ich. Aber ist es normal, wenn der Lehrer die Frau den Rest des Abends nicht mehr loslässt? Ich stand stundenlang wie Rumpelstilzchen in der Ecke herum.«

Oha. Der arme Karl-Holger. Aber heißt es nicht immer, dass der Tango nur Opfer und Sieger der Leidenschaft kennt? Da scheint wohl was dran zu sein. Na gut. Gekränkte Seelen brauchen neue Reize. Negative Erlebnisse durch positive überlagern und so weiter. Also wechsle ich jäh das Thema.

»Habe ich dir schon erzählt, dass morgen verkaufsoffener Sonntag ist? Ann-Marie und ich haben demnächst Hochzeitstag und ich kann dieses Jahr nicht schon wieder ohne Geschenk für sie auflaufen. Sollen wir morgen zusammen ins KaDeWe?«

Der Köder ist bewusst platziert. Hatte mir doch unser kalorienverliebtes Dickerchen neulich schon einmal einen genauso langen wie sehnsüchtigen Vortrag über die legendäre Lebensmittelabteilung des KaDeWe gehalten. Die in der Tat fast sämtliche kulinarischen Freuden unserer Erde zu bieten hat. Aber der Köder verfängt nicht wirklich. Karl schaut mich nur mit traurigem Dackelblick an.

Oh je. Der Abend scheint ihn ganz schön mitgenommen zu haben. Ich glaube, die rote Britta hat ihn schwer in Flammen gesetzt.

Am nächsten Morgen lässt unser liebeskranker Gast erneut das Sonntagsfrühstück ausfallen und sitzt stattdessen leidend vor seiner hässlichen Bärentasse. Ann-Marie schaut ihn mitleidig an und blickt dann fragend zu mir. Ich zucke mit den Schultern.

Was meine Shopping-Pläne betrifft, versuche ich, eine falsche Spur zu legen. Ein Geschenk ohne Überraschungseffekt ist wie ein Bär ohne Fell.

»Ich denke, Karl und ich, wir gehen heute mal ins Museum, Schatz.«

»Aha. Irgendein besonderer Anlass?« Sie schaut mich schon wieder mit ihrem Lügendetektorblick an.

»Nö. Ins Museum für Verkehr und Technik. Was für Jungs halt.«

Karl taucht langsam aus seiner Depression auf. »Aber Murat, wolltest du nicht ...?«

»Nein, heute ist kein Flohmarkt«, haue ich gerade noch rechtzeitig dazwischen und funkele ihn warnend an. »Der ist erst wieder nächsten Sonntag.« Karls Fragezeichen-Mimik verrät: Sein Hirn versucht gerade, diese kryptische Information in Klartext zu übersetzen.

»Apropos Flohmarkt«, schaltet sich die bestorganisierte Gattin von allen ein. »Du wolltest noch den Keller durchforsten und abchecken, was von deinen Klamotten und sonstigen Sachen weg kann.«

Au weia. Die Aufräum-Arie. Das große Feng-Shui-Ehrenwort: dass ich alles Überflüssige, was den Umzug ins traute Eigenheim überlebt hat, zu Markte tragen werde. Oder für immer in die Tonne trete.

»Stimmt. Sorry, das hatte ich nicht mehr auf dem Schirm.«

»Wie gut, dass wir darüber geredet haben«, sagt meine nie etwas vergessende Gattin trocken und beginnt, den Tisch abzuräumen.

Vom U-Bahnhof Wittenbergplatz fällt man fast ins KaDeWe. Einen kürzeren Weg von der U-Bahn zum Konsumtempel hat man nur am Hermannplatz, weil Karstadt seine Ein- und Ausgänge dort direkt in den Bahnhof gesetzt hat. Wir betreten die weltbekannte Konsumkathedrale durch den Haupteingang.

Der Info-Page im schicken Livree kümmert sich gerade mit professioneller Geste um zwei ältere, mit reichlich Schmuck behangene Damen. Was mich daran erinnert, dass das KaDeWe nicht zuletzt das Einkaufsparadies der Wilmersdorfer Witwen (siehe Kasten) ist. Gleich hinter dem Infotresen breitet sich der Jahrmarkt der Eitelkeiten in voller Pracht aus. Taschen, Schuhe, Parfums, Schmuck, Uhren. Die ganze Palette von Gucci über Fendi, Prada, Chanel ...

Karl bleibt ob dieses Überangebotes an Luxus- und Designerkrempels einen Moment schockgefroren stehen.

»Tja, was soll man sagen ...«, fängt er sich nur langsam wieder.

Was hat der Böblinger denn erwartet: Rudis Resterampe, das Ein-Euro-Paradies?

»Ja, Karl, hier kannst du mal so richtig nach Herzenslust beidhändig einkaufen«, sage ich im gönnerhaften Angebertonfall des Luxusgewöhnten. Dabei gehe ich höchstens einmal im Jahr ins KaDeWe. Und eigentlich auch immer nur mit Gästen.

»Äh, was mich interessieren tät, Murat: Haben die hier auch Sonderangebote, also quasi so 'ne Schnäppchenecke?«

»Klar haben die so was. Am besten, du gehst gleich mal zu dem lustigen Vogel in der Uniform da vorne und fragst ihn, wo hier die Wühltische stehen.«

Karl guckt etwas verstört.

»War 'n Witz, Mann. Ich schlage vor, wir gehen erst einmal in die Feinschmecker-Etage, nehmen eine kleine, exquisite Stärkung zu uns und stürzen uns *afterwards* in den Luxusrausch.«

Karl sagt zwar nichts, marschiert aber tapfer hinter mir her zu einem der marmorumrandeten Fahrstühle. Ich schätze, er zählt im Stillen gerade seine verbliebene Barschaft durch.

Nach Shrimps, Austern und Espresso in Premiumqualität schaue ich auf die Uhr:

»Wie wär's, Sportsfreund: Sollen wir uns in zwei Stunden am Ausgang treffen?«

Karl sieht mich ängstlich an. Zwei Stunden, das kann teuer werden.

Es gilt, 60.000 Quadratmeter Konsumacker nach Bezahlbarem zu durchpflügen. Kein leichter Job. Karls Miene wird noch einen Tick sorgenvoller.

»Na gut, Schwoab. Eine Stunde?«

Er nickt erleichtert, stellt die Espressotasse auf den Bistrotisch und rutscht vom Barhocker.

Ich lasse ihn ziehen und gehe kurz in mich, auf der Suche nach einer passenden Geschenkidee. Zu praktisch darf das Präsent nicht sein. Küchenartikel zum Beispiel riechen nach Eigennutz und Chauvinismus. Noch schlimmer sind nur Bügelbrett oder Handfeger.

Aber die patenteste Ehefrau von allen mag auch keine nutzlosen Staubfänger.

Als Kompromiss denke ich über einen Designer-Kaffee-Automaten nach. Denn einer guten Tasse Kaffee ist meine Frau zu keiner Tages- und Nachtzeit abgeneigt. Sie gehört zu dieser mir völlig rätselhaften Sorte Mensch, die um ein Uhr nachts einen starken Mokka trinkt und keine zehn Minuten später trotzdem entspannt in den Tiefschlaf fällt.

Tollkühn stapfe ich mit dieser Vorgabe als Erkundungsreisender in die bunte Welt der Waren hinein.

Eine Stunde später stehe ich vollkommen fertig und tütenbehangen am Ausgang. Leider weiß ich nicht mehr, *was* ich alles gekauft habe.

Wie viel ich dafür ausgegeben habe, will ich erst recht nicht wissen. Wozu gibt es Kreditkarten. Allerdings muss ich noch einen Weg finden, wie man die lästigen monatlichen Abrechnungen umgehen kann.

Karl lässt eine Viertelstunde auf sich warten. Und erscheint dann stolz wie Käpt'n Nuss, mit einem Riesenkarton unter dem Arm.

»Was'n das?«, frage ich neugierig.

»Ein Super-Ding: Designer-Kaffee-Automat. Auslaufmodell, fast 60 Prozent runtergesetzt.«

Verdammt. Ein Kaffee-Automat! Ich wusste, da war noch was, das ich kaufen wollte!

$\mathcal{W}$ilmersdorfer Witwen

Ursprünglich stammt die Bezeichnung aus dem Kultmusical »Linie 1«, das 1986 im Grips-Theater uraufgeführt wurde. Die vier Witwen Martha, Lotti, Agatha und Fiedel singen dort:

Ja, wir Wilmersdorfer Witwen verteidigen Berlin,
sonst wär'n wir längst schon russisch, chaotisch und grün.
Was nach uns kommt ist Schiete,
denn wir sind die Elite.

Im Musical werden die Damen als intolerante, hochnäsige und kleingeistige Rentnerinnen charakterisiert. Im Berliner Volksmund bezeichnet die »Wilmersdorfer Witwe« eine wohlhabende und alleinstehende ältere Frau, die in einem der besseren bürgerlichen Bezirke Westberlins zu Hause ist, eine überaus konservative Weltsicht vertritt und diese auch lautstark äußert.

Es gibt so viele Sänger an der Spree

Bepackt wie Kofferkulis stehen wir im dichten Gedränge der hinein- und hinausdrängenden international bunten KaDeWe-Kundschaft und vergleichen unsere Beute. Da ich mich kein zweites Mal in das Auge des Hurrikans vorkämpfen möchte, muss ich dringend überlegen, wie ich Karl den Kaffee-Automaten abschwatzen kann. Aber dazu müssen wir unbedingt erst einmal aus dem Gedränge raus.

Ich bugsiere den Schwaben vor mir her Richtung Wittenbergplatz.

»Wahnsinn, was hier los ist, über mangelndes Kaufinteresse braucht sich der Laden nicht zu beklagen«, meint der überwältigte Wessi.

»Vierzig- bis sechzigtausend Kunden täglich. In der Vorweihnachtszeit können es auch schon mal 100.000 werden«, präzisiere ich kennerhaft. »Pass auf, ich schlage vor, wir machen einen kleinen Stopp bei meinem Lieblingsrestaurant. Ist quasi direkt ums Eck. Keine Sorge, ich lade dich ein«, ergänze ich beschwichtigend, als ich seinen erschrockenen Gesichtsausdruck sehe. Der Designerautomat hat ihm sicher die letzten Kröten aus der Tasche gezogen. Schnäppchen hin, Schnäppchen her. Also *muss* es eine

Chance für mich geben, auf günstige Art an das edle Teil heranzukommen. Aber das muss gut vorbereitet sein. Bloß kein unbedachter Schnellschuss.

Der Ausblick auf kostenloses Spachteln erhellt Karls Miene in Sekundenschnelle.

»Na gut, wenn das so ist ...«

Eigentlich wollte ich ja unbedingt vermeiden, meinem Gast, der jede einmal gespeicherte Information zwanghaft ausplaudert, Svens Lieblings-Imbissbude zu zeigen. Aber meine Lust auf eine Tüte krosser Pommes ist einfach stärker. Menschen sind nun einmal willenlose Sklaven ihrer Süchte. Vor Fritz & Co steht die übliche Schlange urbaner Gourmets. Ich drücke Karl meine Tüten in die Hand und reihe mich ein.

Karls Miene verfinstert sich wieder. Offenbar hatte er auf einen schicken Restaurantbesuch spekuliert. Die Imbissbude ist eine tiefe Enttäuschung.

»Junge, mach es dir bequem«, sage ich jovial, auf einen der Stehtische deutend.

»Baba holt uns Futter. Was soll es denn Leckeres sein?«

Karl stellt unsere KaDeWe-Trophäen unter den Dreibeiner und schaut mich streitlustig an. »Naturellement, was der Chef de Cuisine 'eute empfiehlt«, näselt er mit schlecht imitiertem französischen Akzent.

»Oh oui, Charles, isch würdä Ihnen empfehlen, eine Pommes der Terre mit eine deliciöuse Bio-Curry-Saucisson von glückliche Schweine an einer Sauce Erdnüss'.«

Er nickt meinen Vorschlag widerwillig ab. Und ist wenig später restlos begeistert.

Während wir unser Edel-Fast-Food goutieren, baut sich uns gegenüber ein kleiner Mann auf. Ein Mitglied der in Berlin inzwischen allgegenwärtigen Akkordeonmafia. Musikalische Umweltverschmutzung der übelsten Art. Meist kleine Kinder oder alte, genauso kleine Männer, denen rumänische Schieberbanden auf der Ziehharmonika drei trommelfellschädigende Töne beigebracht haben. Manchmal reicht es mit viel Müh und noch mehr Not auch zu zusammenhängenden Tonfolgen, die man mit viel gutem Willen als »When the Saints Go Marching In« identifizieren könnte. Höchste Zeit abzuhauen, um nicht als Zwangsgeisel der Foltermusik zu enden. Aber dann müsste ich entweder meine Einkäufe oder meine himmlischen Pommes im Stich lassen. Und das geht natürlich nicht.

Was in diesem speziellen Fall ein großes Glück ist. Denn kaum hat der Hutzelmann mit geschlossenen Augen die ersten Takte angestimmt, scheint der Verkehrslärm um uns herum wie ausgeschaltet. Wunderbare Klänge wehen zu uns herüber und geben unserem Gourmet-Essen die letzte Würze.

»Bach«, stellt Karl fest. Ich schaue ihn fragend an.

»Toccata in D-Moll. Ich wusste gar nicht, dass man so etwas auf dem Akkordeon spielen kann.«

Wir lauschen dem kompletten Werk, beenden unser Paradiesmahl, werfen dem Akkordeonzauberer Kleingeld in den Hut und stemmen unseren Einkauf.

»Let's move«, packt Karl sein Sonderschullehrer-Englisch aus und stemmt seine Kaffeemaschine auf die Schulter.

»Pass auf!«, entfährt es mir noch, doch meine Warnung kommt zu spät. Old Charly steht schon mittendrin im Hundeglück.

Wahrscheinlich muss man eine Weile in dieser Stadt gelebt haben, um einen Riecher zu entwickeln, wo die allgegenwärtigen Tretminen auf einen warten. Karl trägt es mit Fassung und putzt seine Birkenstocks in der nahe liegenden Wiese ab. »Überall liegt Sch...«

»Man muss eigentlich schweben, jeder hat 'nen Hund, aber keinen zum Reden.«

»Was ist das? Ein Gedicht?«, fragt Karl.

»Das ist von ein Song von Peter Fox: Schwarz zu Blau.«

»Peter Fox? Wo habe ich diesen Namen schon einmal gehört?«

»Den habe ich bei unserem Promi-Raten ins Feld geführt. Und du hast ihn als Halbweltgestalt diffamiert. Dabei ist er ein begnadeter Songschreiber.«

»Von mir aus. Der Text mit den Hunden ist auf jeden Fall nicht schlecht.«

»Woran man übrigens auch sieht«, wechsle ich vom Speziellen zum Allgemeinen, »dass Berlin schon immer eine sprudelnde Inspirationsquelle für Liedtexter war.«

Karl hat sein offenbar tonnenschweres Haushaltsgerät ächzend wieder auf die Schulter gepackt.

Wir gehen Richtung U-Bahn-Eingang.

»Klar, es gab schon immer 'ne Menge Lieder über Spree-Athen«, wiederholt der Geburtspädagoge meine gerade getätigte Aussage in seiner schwerfälligen Diktion. Und führt erwartungsgemäß Unmengen an Musikern und Liedern aus der Bronzezeit ins Feld. Ich meine, nichts gegen Künstler wie Paul Lincke, Walter Kollo, Otto Reutter, Claire Waldoff, Cornelia Froboess, Hildegard Knef oder gar Marlene Dietrich. Alle ganz zweifelsohne große Könner ihres Fachs. Und Lieder wie »Das ist die Berliner Luft«, »Das war in Schöneberg«, »Ich hab noch einen Koffer in Berlin«, »Pack die Badehose ein«, »Berlin, dein Gesicht hat Sommersprossen« und viele andere sind sicher völlig verdient zu Evergreens geworden. Aber hallo: Leben wir nicht trotzdem im 21. Jahrhundert? Und hat nicht jede Epoche ihre eigenen Songs, die das jeweilige Lebensgefühl der Zeit, also den Zeitgeist, widerspiegeln?

Deshalb kontere ich den Altertumsforscher mit aktuellen Beispielen der berlinbezogenen Tonsetzerkunst. Wie »Prenzlauer Berg« von Rainald Grebe, »Berlin 2011« von 2raumwohnung oder »Glücklich in Berlin« von Anna Depenbusch. Echte Knaller waren auch die Songs aus meiner Jugend in den 80ern. Ich sage nur »Berlin« von Ideal oder der gleichnamige englische Hit von Fischer Z und die nun wieder deutschsprachige Dopplung »Berlin, Berlin«

von John F. und dem Kinderchor Gropiuslerchen – 1987 erschienen und ein Riesenhit. Weil die Refrainzeile »Berlin, Berlin, dein Herz kennt keine Mauern« hieß, erschien 1990 zur Wiedervereinigung gleich noch eine sogenannte Mauerfall-Version.

Während wir uns also gegenseitig mit allen möglichen Liedtiteln und Sängern bombardieren, sind wir bereits in die U-Bahn Richtung Warschauer Straße gestiegen. Kaum ist der Zug angerollt, bringt ein sympathisch aussehender Hippie seine mit Love & Peace-Aufklebern übersäte Gitarre in Anschlag. Der Jungspund, er ist vielleicht gerade mal Anfang 20, singt verdammt gut. Als Bühnenprofi habe ich großen Respekt, wenn einer vor einem solch desinteressiert-gleichgültigen Publikum, wie es abgestumpfte Berliner BVG-Reisende nun einmal sind, eine starke und leidenschaftliche Performance hinlegt. Pünktlich zur nächsten Station ist der Song – anscheinend ein Werk aus eigener Feder – zu Ende. Statt Kleingeld möchte der Barde, dass man seine CD kauft. Respekt.

»Der traut sich was«, bestätigt auch Karl. »Wer weiß, wo der noch landet.« Hoffentlich nicht in den Fängen von Dieter Bohlen.

»Ich sag dir was, Schwoab. Diese Stadt ist voll von ambitionierten und hoch talentierten Musikern und Bands. Das sind Leute, die kommen aus aller Herren Ländern. Es gibt keine offiziellen Zahlen, aber man geht locker von einigen Tausend Bands aus, die hier an ihrer Karriere basteln.« Der Informationssüchtige ist beeindruckt.

»Übrigens, da wir gleich ans Gleisdreieck kommen. Hier ganz in der Nähe, auf der anderen Seite des Landwehrkanals, findest du in der Köthener Straße das berühmte Hansa-Studio.«

»Hansa-Studio? Sagt mir nix.« Mannomann. Da liest dieser Mensch Millionen von Berlinführern und hat trotzdem keine Ahnung von dieser Stadt.

»Gibt's ja nicht«, schimpfe ich ihn aus. »Es gibt auch eine Musikszene jenseits von Oper, Operette und Schlager. Im Hansa-Studio haben Rock-Heroen wie U2, Depeche Mode, Nick Cave, Iggy Pop und David Bowie legendäre Alben produziert. Apropos Bowie: Der hat ja von 1976 bis 78 geschlagene drei Jahre in Berlin gelebt. Und sogar einen Titel namens »Neuköln« veröffentlicht. Wobei ihm irgendwie ein »l« abhandengekommen ist, denn Neukölln schreibt sich seit eh und je mit Doppel-L. Wenn du brav bist, dann zeig ich dir die Tage mal das Haus in der Potsdamer Straße 155, in dem er mit Iggy Pop zusammen eine Wohnung hatte.«

Durch meine engagierten Ausführungen verpassen wir es, an der Möckernbrücke in die U7 umzusteigen. Dumm gelaufen.

»Dann fahren wir halt weiter zum Kotti«, schlage ich vor.

»Zum was? Kotti? Das klingt ja putzig.«

Kotti und putzig? Die Kombination kann echt nur einem Schwaben einfallen. Also stelle ich ihn auf die Probe und frage: »Hast du mal ›Wir Kinder vom Bahnhof Zoo‹ gelesen?« Und bin sicher, dass dieser bücherfressende Gutmensch Ja sagt.

Tatsächlich nickt er. Und hat trotzdem keine Ahnung.

»Der Kotti, Karl-Holger, ist jetzt das, was vor der Wende der Bahnhof Zoo war.«

»Aber das Kottbusser Tor ist doch nur eine U-Bahn-Station. Oder halten da jetzt auch Fernzüge?«

Wusste ich's doch. Der Kerl versteht echt nur Bahnhof.

*M*arlene Dietrich

Marie Magdalene Dietrich (geboren 1901 in Berlin-Schöneberg, gestorben 1992 in Paris) hatte ihren Durchbruch als international anerkannter Filmstar 1929 in der Rolle der Nachtclubsängerin Lola Lola in »Der blaue Engel«, der Verfilmung von Heinrich Manns Roman »Professor Unrat«. Darin sang sie unter anderem den Welthit »Ich bin von Kopf bis Fuß auf Liebe eingestellt« von Friedrich Hollaender. 1936 lehnte »die Dietrich« ein Angebot von Josef Goebbels ab, als Ufa-Star zu reüssieren, und drehte lieber in den USA Filme mit Alfred Hitchcock, Ernst Lubitsch, Orson Welles und Billy Wilder. 1939 sagte sie sich von Nazi-Deutschland komplett los, nahm die US-amerikanische Staatsbürgerschaft an und unterstützte Emigranten, die vor dem Nationalsozialismus aus Deutschland flohen. Darüber hinaus entschloss sie sich, die Moral der gegen Deutschland kämpfenden GIs als Frontsängerin zu heben. Dabei entkam sie während der Ardennenoffensive nur knapp einer Gefangennahme. 1947 erhielt Marlene Dietrich für ihren Einsatz die Medal of Freedom, den höchsten Orden der USA für Zivilisten. 1950 folgte die Verleihung des Titels »Ritter der Ehrenlegion« durch die französische Regierung. Die französischen Präsidenten Pompidou und Mitterrand beförderten sie für ihre Verdienste später zum »Officier« und schließlich zum »Commandeur«. Mit Beginn des Kalten Krieges wurde ihr Engagement zunehmend pazifistisch, am deutlichsten machte sie dies mit dem von Pete Seeger geschriebenen Antikriegslied »Sag mir, wo die Blumen sind«. Bis ins hohe Alter tourte Marlene Dietrich fast ununterbrochen durch die ganze Welt, wobei sie Deutschland für den Rest ihres Lebens bewusst aussparte. Ein Oberschenkelhalsbruch und zunehmende Alkoholprobleme beendeten 1975 ihre Bühnenkarriere. Drei Jahre später trat sie für den heute zu Recht vergessenen Film »Schöner Gigolo, armer Gigolo« (unter anderem mit David Bowie) zum letzten Mal vor die Filmkamera. Nach den Dreharbeiten zog sie sich vollständig aus der

Öffentlichkeit zurück und lebte abgeschieden in ihrem Pariser Appartement in der Avenue Montaigne 12. Das Telefon war ab dann die einzige Verbindung von Marlene Dietrich zur Außenwelt. Einen sehr intensiven und nahegehenden Eindruck von diesem Einsiedlerleben der Dietrich vermittelt der 1984 entstandene und mit vielen Preisen versehene Dokumentarfilm »Marlene« von Maximilian Schell. 1992 starb Marlene Dietrich, völlig verarmt und von der recht großzügig gewährten finanziellen Unterstützung des französischen Staates abhängig, in Paris. Marlene Dietrichs Sekretärin und Freundin Norma Bosquet erklärte, dass sich die Schauspielerin wahrscheinlich mit einer Überdosis Schlaftabletten das Leben genommen habe, nachdem sie zwei Tage zuvor einen zweiten Schlaganfall erlitten hatte. Marlene Dietrich wurde nach einer großen Trauerfeier in Paris in Berlin mit hoher Anteilnahme der Bevölkerung auf dem III. Städtischen Friedhof Stubenrauchstraße in einem schlichten Grab nahe der Grabstätte ihrer Mutter beigesetzt. Es gehört zu den Ehrengräbern des Landes Berlin.

1997 erhielt der zentrale Platz zwischen den neu erbauten Potsdamer-Platz-Arkaden, dem Hotel Grand Hyatt und dem Musicaltheater/Kasino den Namen Marlene-Dietrich-Platz. Die Widmung lautet: »Berliner Weltstar des Films und des Chansons. Einsatz für Freiheit und Demokratie, für Berlin und Deutschland«. Am 16. Mai 2002 erhielt Marlene Dietrich die Ehrenbürgerschaft Berlins und am 12. Februar 2010 als Erste einen Stern auf dem Boulevard der Stars in Berlin.

In der Deutschen Kinemathek kann man sich in einer ständigen Ausstellung über **Leben und Werk von Marlene Dietrich** informieren. Hier werden die bedeutendsten Stücke aus ihrem Nachlass präsentiert.

Deutsche Kinemathek
Potsdamer Straße 2
10785 Berlin-Tiergarten
www.deutsche-kinemathek.de, www.marlenedietrich.org

ℋildegard Knef

Hildegard Knef (geboren 1925 in Ulm, gestorben 2002 in Berlin) war noch kein Jahr alt, als ihre Mutter mit ihr nach Berlin zog. Noch vor Ende des Zweiten Weltkrieges trat sie erstmals in Filmen auf, darunter »Unter den Brücken« (1944) und »Fahrt ins Glück« (1945). Ihr Part im ersten deutschen Nachkriegsfilm »Die Mörder sind unter uns« brachte Hildegard Knef den internationalen Durchbruch. Sie wurde zum großen Nachkriegsstar. Auch kulturell nicht interessierten Menschen wurde sie 1950 bekannt, und zwar durch eine sekundenkurze Nacktszene in dem Film »Die Sünderin«, gegen den die katholische Kirche Sturm lief. Wie Marlene Dietrich zog es Hildegard Knef ebenfalls in die USA. Bereits 1951 wurden ihre Hand- und Fußabdrücke vor Hollywoods legendärem Premierenkino Grauman's Chinese Theatre im Zement verewigt. 1955 gab sie ihr Broadway-Debüt im Musical »Silk Stockings«. Bis heute ist sie die einzige Deutsche, der es gelungen ist, eine Hauptrolle am Broadway zu bekommen. 1957 kehrte Hildegard Knef nach Deutschland zurück und begann eine äußerst erfolgreiche Karriere als Chansonsängerin und -autorin. Ihr rauchiges Timbre, die präzise, zuweilen schnoddrige, aber dennoch gefühlvolle Art des Vortrags und die von Klugheit und Ironie geprägten eigenen Texte wurden hoch gelobt und erreichten dauerhaften Kultstatus. Zu ihren größten Hits gehören »Für mich soll's rote Rosen regnen«, »Berlin, dein Gesicht hat Sommersprossen«, »Heimweh nach dem Kurfürstendamm«, »Das ist Berlin« und »Ich hab noch einen Koffer in Berlin«.

1970 veröffentlichte die Knef ihre Autobiografie »Der geschenkte Gaul«, die nicht nur Deutschlands Bestseller des Jahres, sondern mit seiner Übersetzung in 17 Sprachen gleichzeitig das international erfolgreichste Buch eines deutschen Autors seit 1945 wurde.

Von 1982 bis 1989 lebte Hildegard Knef, inzwischen an Krebs erkrankt, noch einmal in den USA, kehrte dann aber wieder nach Deutschland zurück. Sie erhielt zahlreiche Ehrungen und Anerkennungen für ihr Lebenswerk, spielte kleine Nebenrollen im Fernsehen und besuchte viele Fernseh- und Talkshows.

Zwei Wochen nach ihrem letzten öffentlichen Auftritt starb sie in der Nacht auf den 1. Februar 2002 an einer akuten Lungenentzündung. Am 7. Februar 2002 fand die Trauerfeier in der Kaiser-Wilhelm-Gedächtniskirche und die Beisetzung auf dem Waldfriedhof Zehlendorf in einem Ehrengrab der Stadt Berlin statt.

2007 bekam der westliche Vorplatz des Fernbahnhofs Berlin-Südkreuz den Namen **Hildegard-Knef-Platz**. 2010 erhielt Hildegard Knef einen Stern auf dem **Boulevard der Stars** am Potsdamer Platz.

Die Kinder
vom Kottbusser Tor

Je näher wir dem Kottbusser Tor kommen, desto illustrer wird das reisende Volk. Neben verhüllten türkischen Frauen samt Kindern und Kegeln, Studenten mit ihren den Waggon verstopfenden Fahrrädern, einer Gruppe Punks samt obligatorischem Hunde-Anhang steigt auch der unvermeidliche »Straßenfeger«-Verkäufer zu und bietet sein Obdachlosenmagazin feil.

Im Gegensatz zu den abgerissenen Kontrolleuren von neulich ist er adrett gekleidet und leiert seinen Verkaufsspruch im monotonen Singsang jahrelanger Routine herunter.

»Hallo, werte Fahrgäste, entschuldigen Sie bitte die kurze Störung, ich bin der Rudi, ich bin seit vier Jahren ohne Job und Wohnung ...«

Praktisch niemand nimmt ihn überhaupt wahr. Aus purem Mitleid gebe ich ihm eine Münze und verzichte auf die Zeitung. Karl versteht das nicht. »Die hast du doch bezahlt, warum nimmst du die nicht?«

Ich erkläre ihm, dass mir die moralische Unterstützung wichtiger ist als der journalistische Inhalt und der gute Rudi seine Zeitung jetzt außerdem ein zweites Mal verkaufen kann.

Karls Stirn runzelt mich an.

»Wieso ein zweites Mal verkaufen? Er hat sie ja bislang noch kein erstes Mal verkauft.«

Die berühmten Milchmädchen mit ihren eigenwilligen Rechnungen waren bestimmt Schwäbinnen.

»Naaa gut, ich habe mich unpräzise ausgedrückt. Natürlich kann er sie kein zweites Mal verkaufen, da er sie ja tatsächlich noch kein erstes Mal verkauft hat. Was ich damit sagen wollte, ist dies: Die Verkäufer müssen ihre Zeitungen bei der Redaktion einkaufen. Das heißt, buchhalterisch betrachtet haben sie einen Wareneinsatz getätigt. Wenn sie nun von mir und anderen großzügigerweise Geld erhalten, ohne die eingekaufte Ware herausrücken zu müssen, sinkt ihr finanzieller Einsatz pro gekauftem Warenstückgut und vergrößert damit ihren Gewinn. Verstehst du, was ich meine?«

Der aus unerfindlichen Gründen staatlich anerkannte Pädagoge schaut mich an, als wäre er auf der Sonderschule nicht Lehrender, sondern Lernender. Als Kaufmann wäre er sicher längst verhungert.

»Vergiss es, Karl«, rufe ich in Panik, als ich zu meinem Schrecken sehe, dass der Zug während meiner betriebswirtschaftlichen Nachhilfestunde bereits in den Bahnhof Kottbusser Tor eingefahren ist. »Greif deinen Kaffeebrüher und raus.«

Bevor mein Begleiter sein bleischweres Paket in eine tragbare Position liften kann, stürzen Frauen, Kinder, Hunde und Radler an ihm vorbei ins Freie, und neue Pendler fluten ins Abteil. Ich stehe auf der Türschwelle und versuche mit meinen KaDeWe-Tüten das zu blockieren, was ich für eine Lichtschranke halte.

»Hau rein, Karl-Holger, der Zug startet gleich wieder durch!«

Während der unbeholfene Sportlegastheniker den sperrigen Quader hochreißt, tönt aus dem Bahnsteig-Lautsprecher bereits ein unbarmherziges »Zurückbleiben, bitte!«.

Der in Panik geratende Kaffeemaschinen-Sherpa verhakt sich, blind nach vorne wankend, in den Pedalen eines im Weg stehenden Mountainbikes und fällt, das Gleichgewicht verlierend, seinem kostbaren Paket hinterher durch die sich mechanisch schließende Wagentür auf den Bahnsteig. Mit voller Wucht! Zum Glück ist seine Vorderseite gut gepolstert. Bevor die erbarmungslos aufeinander zustrebenden Türhälften erst meine Tüten und dann mich zu Pulver zermahlen, springe ich im letzten Moment ebenfalls nach draußen. Offensichtlich befindet sich die Lichtschranke nicht dort, wo ich meine Tüten hingehalten habe. Oder die Berliner U-Bahn-Waggons haben gar keine Lichtschranken.

»*Zurückbleim, ha ick jesacht!*« Voller aufgestauter Wut macht uns die Bahnsteigaufsicht nach allen Regeln der Kunst zur Schnecke. Na gut, ist sicher auch nicht einfach, den lieben langen Tag durchgeknallte Bahnreisende zur Ordnung zu rufen. Das Schlimmste ist wahrscheinlich, dass einen niemand ernst nimmt. Wenn dann aber zur Überraschung aller doch mal ein Unfall passiert, zeigen alle mit dem Finger auf die unfähige Ordnungskraft. Nachdem wir uns, wie zwei beim Sushiklau ertappte Japaner ununterbrochen schuldbewusst nickend, die verdiente Schelte abgeholt haben, begutachtet Karl fassungslos den Schaden an seiner teuer erworbenen Designerware.

»Hey«, versuche ich zu beschwichtigen, »ist doch nur die Packung, die was abbekommen hat.«

»Ja toll. Aber wenn ich die wieder umtauschen will, bin ich voll angeschmiert. Hättest du mir nicht früher Bescheid geben können, dass wir gleich da sind?«

Gut, da hat er natürlich recht. Leicht zerknirscht entschuldige ich mich, was den gutmütigen Heilbronner schon wieder halbwegs besänftigt.

»Komm, schultere deinen edlen Mokkaspender, und dann zeige ich dir einen echten sozialen Brennpunkt.«

Schwer keuchend unsere unnützen Errungenschaften transportierend, bahnen wir uns durch die wuselnden Menschenmassen einen Weg zur Rolltreppe.

Unten angelangt setzt Karl seinen Pappcontainer stöhnend vor dem Blumenstand ab: »Ich kann nicht mehr. Ich brauche dringend eine Pause.« Sagt's und setzt sich auf das Paket. Direkt vor ihm steht, mitten im Gang, ein hagerer Mann mit glasigem Blick. Aus seiner Armbeuge tropft Blut, er schwankt bedenklich und kann sich kaum auf den Beinen halten. Passanten umkurven den Junkie achtlos, als sei er einfach ein lästiges Verkehrshindernis.

Bevor Karl oder ich etwas sagen oder unternehmen können, klopft ein anderer ebenfalls völlig fertig aussehender Typ Karl von hinten auf die Schulter und fragt, mit Blick auf den Karton, was er für die »Ware« haben will. Karl schaut ihn irritiert an. Der Kaufwillige zeigt mit hektischem Armwedeln auf die nur noch unvollständig verpackte Kaffeemaschine, was meinen armen Begleiter erneut arg ins Schwitzen bringt.

»Ich verkauf nix. Sorry. Tut mir wirklich leid.«

Woraufhin der von so viel ungewohnter Höflichkeit irritierte Untergrund-Kaufmann sofort seine Strategie wechselt und vom potenziellen Käufer zum Anbieter wird.

»Stoff?«, krächzt er in einem Tonfall, als würde er sich für den Fulltime-Job im Gruselkabinett bewerben.

»Nein danke, ich bin versorgt.« Karl wächst die Situation augenscheinlich über den Kopf, weshalb er eiligst aufsteht, mit heldenhaftem Mut wieder seinen leidigen Karton schultert und mit so raumgreifenden Schritten, wie seine kurzen Beine sie zulassen, dem Ausgang zustrebt. Kann es sein, dass mein weltfremder Gast den spillerigen Fragesteller für einen ambulanten Schneidermeister gehalten hat? Oder womit ist er angeblich »versorgt«? Ich beschließe, diesen Fragen lieber nicht weiter auf den Grund zu gehen, und versuche stattdessen mit dem Flüchtenden Schritt zu halten.

Draußen im Tageslicht muss Karl erneut eine Pause einlegen. Ich bin die Tütenschlepperei langsam auch leid. Es war wahrlich keine gute Idee, nicht sofort nach Hause zu fahren. Vor und über unserem Rastplatz erhebt sich eine der größten Bausünden Berlins, das NKZ, das Neue Kreuzberger Zentrum. Betonarchitektur der 70er-Jahre in ihrer schauderhaftesten Ausprägung. Ich habe das Gefühl, Karl kriegt langsam die Krise. Die Schattenseiten des Lebens sind vermutlich nichts für sein eskapistisches Gemüt. Zeit, ihn aufzumuntern und ihm zur Abwechslung wieder was Nettes zu zeigen.

»Komm, wir gehen zu Möbel-Olfe«, schlage ich vor.

»Möbel-Olfe? Hast du sie noch alle? Sollen wir zusätzlich zu unserem ganzen Krempel noch Möbelstücke durch die Gegend wuchten?« Karl hyperventiliert geradezu vor Empörung. Wahrscheinlich hält er mich für endgültig abgedreht.

Ich versuche, ihn wieder auf Normalnull zu bringen. »Vertrau mir und lass dich einfach überraschen.«

Wir umrunden das Wohnsilo und entern an der rückwärtigen Seite das Olfe.

Von außen aussehend wie die Kantine eines kurz vor der Pleite stehenden Ikea-Konkurrenten, ist die Einrichtung drinnen 100 Prozent Kreuzberger Trash. Kann man mögen, kann man auch bleiben lassen. Jedenfalls ist sie authentisch und kein Ergebnis ausgefeilten Stylings wie in vielen Lokalitäten in Mitte oder Prenzlauer Berg. Die Kundschaft ist ein guter Mix aus Studenten, Partyvolk und Regenbogenszene.

Karl, der von dem Ambiente sichtbar befremdet ist, sich aber dennoch ganz wohl zu fühlen scheint, bestellt ein »Tannenzäpfle«, ich eine trübe Apfelschorle.

»Das Olfe gilt seit Jahren als Geheimtipp«, kläre ich mein Gegenüber auf. »Zwischendurch gab es mal einen Bericht über diese Kneipe in einem Bord-Magazin von

Easy Jet. Danach ist der Laden zeitweilig aus allen Nähten geplatzt vor lauter Touristen. Übrigens ist es meiner Meinung nach eine Berliner Erfindung, dass Kneipenbetreiber einfach Firmenschilder, Interieur und Namen der vorherigen Mieter übernehmen. Pionier dieser Bewegung war das inzwischen ebenfalls legendäre ›Obst und Gemüse‹ in der Oranienburger Straße.« Karl nickt nur abwesend. Mir scheint, er ist einfach nur froh, in einem geschützten Raum und nicht mehr auf freier Wildbahn am Kotti zu sitzen. Na gut, auch wenn er es nicht zu würdigen weiß: Mein zum Teil noch aus Polizeizeiten stammendes Wissen über Kreuzberg wird er sich wohl oder übel anhören müssen.

»Kulturell und bevölkerungspolitisch betrachtet ist Kreuzberg hochinteressant, da völlig unterschiedliche Lebensphilosophien aufeinanderprallen. Türkische Community trifft Westprekariat trifft alte alternative Szene trifft neue alternative Szene trifft Drogenszene trifft Sadomaso-Fetisch-Szene. Und trotzdem knallt's fast nie – außer im Kreisverkehr«, kann ich mir einen kleinen Scherz nicht verkneifen.

Karl lächelt gequält, gibt aber kein Kontra. Also freie Bahn für mich.

»Und jede Community hat hier natürlich ihre Treffpunkte, so der ›Monarch‹ für die neue alternative Szene oder ›Equipage‹ beziehungsweise ›Henris Bar‹ für die Peitschenschwinger. Ein echtes Problem der Gegend hier ist inzwischen, dass der Kotti *der* Berliner Umschlagplatz für Drogen aller Art, insbesondere aber für die der harten Sorte geworden ist. Einen Schuss Heroin bekommst du hier inzwischen für unter zehn Euro. Früher setzten sich die Junkies ihre Spritze im Parkhaus um die Ecke. Seit es wegen Renovierung geschlossen ist, nutzen sie vorwiegend die heruntergekommenen Flure und Höfe im NKZ, diesem verwahrlosten Wohnmonstrum. Seit Jahren fordern Politiker aller Couleur den Abriss. Aber passieren tut: nix.«

Weil mich die Zustände am Kotti schon seit Jahren verrückt machen, habe ich mich, ohne es zu merken, in Rage geredet. Karl fasst mich beruhigend an den Arm. »Murat, weißt du was. Jetzt verstehe ich, warum das Kottbusser Tor der neue Bahnhof Zoo ist.«

Selbst ein schwacher Trost ist besser als ein Käsetoast.

*B*ahnhof Zoo – ungeliebt und fast vergessen

Der nicht überraschend in unmittelbarer Nachbarschaft zum Berliner Zoo liegende Bahnhof Berlin Zoologischer Garten, kurz Bahnhof Zoo, wurde 1882 eröffnet. 1902 wurde der unterirdische Bahnhof der heutigen U-Bahn-Linie U2 (die erste U-Bahn-Linie Berlins) in Betrieb genommen.

Während der Teilung Berlins war der Bahnhof Zoo der wichtigste Verkehrsknotenpunkt und einzige Fernbahnhof der Weststadt. Zu eher zweifelhaftem Ruhm gelangte der Bahnhof, als der »Stern« 1978 unter dem Titel »Wir Kinder vom Bahnhof Zoo« den Erfahrungsbericht der heroinabhängigen Stricherin Christiane F. herausbrachte. Das Buch und der einige Jahre später veröffentlichte Film thematisierten den Alltag der um den Bahnhof Zoo herum florierenden Drogen- und Stricherszene aus der Sicht einer Betroffenen und wurden beide zu Welterfolgen. Infolgedessen wurden auch Lieder über den damit international bekannt gewordenen Bahnhof Zoo geschrieben, unter anderem von U2 (»Zoo Station«), Nina Hagen (»Auf'm Bahnhof Zoo im Damenklo«) und der schwedischen Punkrockband Randy (»Bahnhof Zoo«). Mit der Eröffnung des Berliner Hauptbahnhofs und der Aberkennung des Status als Fernbahnhof wurde der Bahnhof Zoo verkehrspolitisch bedeutungslos und noch trister, als er vorher schon gewesen war. Inzwischen denkt die Deutsche Bahn immerhin über die dringend gebotene grundlegende Sanierung der traditionsreichen Station nach.

Flohzirkus am Mauerpark

Fragen Sie mich bitte nicht, was es noch für eine Tortur war, die Millionen Tüten und Karls bullige Kaffeemaschine in die Britzer Heimat zu schaffen. Jedenfalls waren wir beide derart geschafft, dass es anschließend nur noch für einen schlappen Fernsehabend reichte. Was mir sehr recht war, da ich am Montagmorgen früh zu einer sechstägigen Gastspielreise aufbrechen musste. Sechs Tage ohne den lästigen Klugmeiner und Besserwisser! Erschien mir diese Aussicht zunächst wie das pure Paradies, entpuppte sie sich im Laufe der Tage als eher langweilig. Ich will nicht sagen, dass ich den Dickwanst vermisste, aber das Herumstreunen in der Stadt und das ein oder andere anregende Rededuell fehlte mir schon. Also war ich ganz froh, am nächsten Sonntag um sechs Uhr früh wieder daheim zu sein.

Zu meiner grenzenlosen Überraschung herrscht im trauten Heim trotz der nachtschlafenden Zeit bereits geschäftige Unruhe. Die umtriebigste Ehefrau von allen hat im Wohnzimmer eine ganze Armada überdimensionierter Umzugskartons aufgereiht und sortiert dort wahlweise Bücher, Haushaltskram und nutzlosen Nippes ein. Karl steht im Pyjama daneben. Seine einzige körperliche Betätigung besteht allerdings darin, sich gedankenverloren am Hintern zu kratzen.

»Was geht denn hier ab?«, frage ich. »Ziehen wir um – oder plant ihr beiden Turtelspätzle die gemeinsame Flucht ins Schwabenländle?«

Meine Gattin, die manchmal erstaunlich humorlos sein kann, schaut mich nur distanziert an. »Red kein Blech. Wir fahren zum Flohmarkt am Mauerpark. Hatte ich das nicht gemailt?«

Ich schüttele den Kopf. Dunkel aber erinnere ich ihre kürzliche Aufforderung, den Keller aufzuräumen. Offenkundig hat sie jetzt selbst Fakten geschaffen. Schlechtes Timing, das ich beim nächsten Ehestreit garantiert mit Zins und Zinseszins heimgezahlt bekomme. In der Tat ist ihre Laune schon jetzt nicht die beste.

»Wie sieht's mit deinen alten Motorradzeitschriften aus, Murat? Die müssen auch mal weg.«

»Weiß gar nicht, wo die sind«, antworte ich, den Planlosen mimend.

Ihr vernichtender Blick überzeugt mich, dass Widerstand an dieser Stelle nicht ratsam ist. Und wenn ich ehrlich bin, stauben die Dinger eh nur vor sich hin.

Noch gut eine Stunde wird wild zusammengeräumt und entrümpelt. Dann kommen alle Kisten in einen Anhänger, den die bestorganisierte aller Ehefrauen eigens zu diesem Zweck angemietet hat. Als die ganze Ladung verstaut und die Plane verzurrt ist, stellt sich die Frage: Wo ist Karl? Seit dem Pokratzen ward er nicht mehr gesehen.

Nach kurzer Suche finde ich ihn in der Küche. Auf der Arbeitsplatte vor ihm thront in voller Pracht seine Kaffeemaschine des Westens. Damit ist das Gerät als Hochzeitsgeschenk natürlich erledigt. Mist, muss ich also doch wieder auf die Suche gehen. Die Zeit wird reichlich knapp ... Karl hat andere Probleme. Er studiert kopfschüttelnd die

Bedienungsanleitung, drückt allerlei Knöpfe und lässt das Monster Probe laufen. Oder versucht es zumindest. Das Ding tut keinen Mucks.

»Kannst du deinen Koffeinboliden vielleicht später testen, Karl-Holger? Wir sollten spätestens in fünf Minuten vom Hof rollen, sonst wird das nichts mehr mit einem eigenen Stand. Und dann macht uns Ann-Marie das Leben zur Hölle.«

Die Drohung wirkt. Zackig schaltet der Mann die Weltraumapparatur aus und folgt mir zur Garage.

Am Mauerpark herrscht bereits ziemlicher Andrang. Aber wir haben Glück: Der zuständige Markt-Manager begutachtet unsere Ware wohlwollend und teilt uns einen Stand in aussichtsreicher Lage zu. Dann kann ja nichts mehr schiefgehen. Keine 20 Minuten später haben wir unseren Krempel ansprechend dekoriert. Ann-Marie hat sogar an Preisschilder gedacht.

»Sag mal, Murat, wo ist denn deine alte Motorradkluft?«

»Öh, war die nicht in der Klamottenkiste? Ich war mir sicher, ich hätte sie eingepackt.«

Die unbarmherzigste Ehefrau von allen fixiert mich mit diesem Blick, der jeden Erklärungsversuch noch vor der Entstehung zu Staub zermalmt.«

»Ist ja sicher nicht unser letzter Flohmarkt«, droht sie kühl.

Aber auch nicht das letzte Mal, dass ich meine Kluft vergessen werde, denke ich still bei mir. Meine alte Motorradmontur verkaufen. So weit kommt's noch. Was da für tolle Erinnerungen dran hängen. Wenn ich allein schon an unseren irren Trip zu den World Police & Fire Games in Stockholm denke ...

Die Stände ringsherum sind mittlerweile gut gefüllt. Neben den üblichen Profidealern mit Billigklamotten und den mehr oder weniger originellen Schmuckdesignern gibt es erfreulich viele Amateure wie uns, die einfach nur taugliche Gebrauchsgegenstände versilbern möchten.

Auch die ersten Kunden schieben sich mit Kennerblick durch die Reihen: die Stunde der Jäger. Wer einen echten Treffer landen will, ist vor dem großen Andrang unterwegs. Und der erfahrene Schnäppchen-Greifer weiß erstaunlich präzise, was er sucht und was es maximal wert ist.

Während ich mir noch so meine Gedanken mache, begutachtet eine Frau in einem Hauch von Sommerkleid unsere alte schwäbische Spätzlepresse (keine Sorge, wir haben noch zwei andere zu Hause). Nach eingehender Untersuchung stellt sie das Teil wieder weg, macht ein betont uninteressiertes Gesicht und stöbert erst einmal ziellos im Rest unseres Angebots.

Der erfahrenen Trödelverhökerin an meiner Seite ist ihr auffällig unauffälliges Verhalten natürlich nicht entgangen. »Die Presse hat locker 80 Jahre auf dem Buckel: alter Familienbesitz. Und funktioniert noch tadellos«, wirft meine Frau den Köder aus.

Ertappt lächelt die Schnäppchenelse, nimmt das Schmuckstück erneut in die Hand und prüft es ein zweites Mal. Jetzt sitzt sie in der Falle. Und ich hege keinerlei Zweifel, dass die mir angetraute Jägerin ihre Beute schon bald erlegen wird.

Um sie ungestört agieren zu lassen und gleichzeitig meinen Minuspunkt mit der Motorradkluft auszuradieren, flöte ich meine Herzensgattin von der Seite an »Soll ich dir einen Milchkaffee besorgen, mein Goldstück?«

Sie lächelt, ohne den Blick von ihrem Zielobjekt zu nehmen. »Das wäre herzallerliebst.«

Ich mache mich auf den Weg. Der Markt füllt sich zusehends und ich kämpfe mich nur langsam zum Marktcafé durch. Es herrscht eine auffallend betriebsame Atmosphäre. Dies hier ist keiner von den Märkten, auf dem die Hälfte der Leute nur durch die Gänge schiebt und Zeit totschlagen will. Hier wird begutachtet, gefeilscht und mitgenommen.

Nachdem ich mit etwas Geduld zwei große Coffee to go ergattert habe, mache ich mich auf den Rückweg durch die minütlich dichter werdende Masse. An einem Comicstand bleibe ich kleben. Ich stelle die beiden Pappbecher ab und beginne fieberhaft zu wühlen. Und schon wieder habe ich unfassbares Glück: »Didi & Stulle« Band 8, »Ein Toter kommt selten allein zum Dessert«. Ein Kleinod, das ich vor Jahren verliehen und nie wieder gesehen habe. Wer weiß, ob dies nicht sogar mein Heft von damals ist. Die punkig gestylte junge Dame hinter dem Wühltisch taxiert mich bereits aufmerksam. Ich lupfe den Comic aus der Kiste und mustere ihn abschätzig. »Was willst'n dafür haben?«, frage ich, demonstrativ gelangweilt.

»Preis steht hintendrin«, antwortet sie spröde. Moment mal, sind wir hier auf einem Markt oder einer Beerdigung? Tut mir leid, aber wer auf einem Markt nicht handelt, der ist in meinen Augen klinisch tot. Davon abgesehen ist der auf der letzten Seite notierte Preis eine Frechheit. »Ich zahle dir ein Drittel«, sage ich in bewusst herablassendem Tonfall und fingere meine Geldbörse heraus. Und stelle mir schadenfroh vor, wie die mundfaule Verkaufsschnepfe die bekannte Fußballerantwort gibt: »Ein Drittel ist zu wenig, ich will mindestens ein Viertel.« Weil ich dabei lachen muss, stoße ich prompt mit dem Ellbogen an einen der Kaffeebecher. Der macht den Abflug und zerschellt zwischen den Beinen der Umstehenden.

»*Wenn du dit nich zahlen willst, denn lasset*«, sagt die Punkgöre ungerührt. Wie bitte? Will diese Rotznase jetzt etwa einem gestandenen Osmanen zeigen, wie man richtig handelt? Die wird gleich sehen, wo im Basar der Teppich fliegt. Wortreich mache ich die minderwertige Ware zur Schnecke. Was für eine todlangweilige und völlig krude Geschichte das wäre, schlecht und geschmacklos gezeichnet, kaufe ich nur aus Mitleid mit meinem Neffen, der querschnittsgelähmt in einem Rollstuhl ohne Räder sitzt, und dessen letzte und einzige Freude im Leben Comics wie dieser bleiben, obwohl die nicht mal das Papier wert sind, auf dem sie einst gedruckt wurden, wobei dies mit Sicherheit der mieseste Band ist, den ich je gesehen habe. Und wer dieser ominöse Herr »Fil« denn überhaupt sei. Undsoweiterundohneende. Die umstehende Kundschaft, anscheinend allesamt überzeugte »Didi & Stulle«-Fans, rottet sich schon langsam mordlustig zusammen.

Offenbar um mich endlich loszuwerden, nuschelt die zungengepiercte Lady nach fast zehnminütiger Dauerberieselung: »Na gut, ich geb dir das Ding zehn Cent billiger. Wegen deinem Neffen.« Immerhin. Zehn Cent! Ist auch Geld. Ich habe zwar schon erfolgreicher verhandelt, aber weitere Schmähungen des Heftes könnten angesichts der aggressiv blickenden Restkunden unangenehme Folgen für mich haben. Darum zahle ich lieber und trolle mich meines Weges.

Als ich mit dem inzwischen kalten Coffee to spei an unseren Stand zurückkomme, hat die Spätzlepresse erwartungsgemäß die Eigentümerin gewechselt. Trotzdem habe ich meine graziöse Gattin schon mit besserer Laune erlebt.

»Ah, der Herr Gemahl. Lange nicht gesehen. Wo war er denn? Ach, ich sehe schon, der Herr möchte uns in den Ruin stürzen. Während ich mir hier die Füße platt stehe, um seine alten Comics zu verhökern, treibt er sich herum und kauft neue Hochliteratur ein. Mit Sicherheit zu Mondpreisen.« Die aufgebrachteste Ehefrau von allen hat den Kaffee bereits auf, das spüre ich deutlich.

Zum Glück taucht in diesem Moment Karl als Retter in der Not auf und lenkt unsere Aufmerksamkeit auf die ungeheuren Errungenschaften seines privaten Beutezuges.

»Hier, das ist ein Originalstück der Berliner Mauer, so was kriegst du eigentlich gar nicht mehr.« Er hält mir ein winziges Beton-Bruchstück unter die Nase. »Und das hier«, sagt er vor Stolz nahezu berstend, während er eine völlig vergammelte Fantasieuniform-Kappe aus der Tüte zieht, »das ist eine echte DDR-Grenzermütze, die war bis 1989 an der Mauer im Einsatz.«

Wie immer, wenn der Ausnahmepädagoge sich in seiner eingebildeten Cleverness suhlt, muss ich mir mühsam das Lachen verkneifen. »Wahnsinn, Karl-Holger, du bist wirklich ein Fuchs. Was mich wundert: Hat man dir keinen Original-Trabi offeriert?«

Meine Ironie vermittelt sich dem Flohscheich nicht. Er schaut mich frisch motiviert an.

»Werden hier echt Trabis verkauft? Ich bin ernsthaft interessiert, Murat. Müsste mir nur Geld von meiner Mutter leihen. Ist aber im Ernstfall kein Hindernis.«

Oh oh, hier gilt es, schleunigst ein wenig Luft aus dem Ballon zu lassen. »Immer mit der Ruhe, Freund des Ostens. Du hast doch schon selbst bemerkt, dass man hier Original-DDR-Ware kaufen kann. Manchmal sogar zu Original-DDR-Konditionen. Den Trabi orderst du jetzt. Und holst in dann in zehn Jahren ab.«

*B*erlin für Trödelfans – die zehn besten Flohmärkte

Nowkoelln
Maybachufer zwischen Friedel- und Pannierstraße, Neukölln
www.nowkoelln.de
jeden dritten Sonntag im Monat

Trödelmarkt Arkonaplatz
Arkonaplatz, Berlin-Mitte
www.troedelmarkt-arkonaplatz.de
So 10–16 Uhr

Flohmarkt in der Arena
Eichenstraße 4, 12435 Berlin-Alt-Treptow
Sa + So 7–18 Uhr

Trödelmarkt Bergmannstraße
Marheinekeplatz, Kreuzberg
So 10–16 Uhr

Trödelmarkt Boxhagener Platz
Boxhagener Platz, Friedrichshain
www.boxhagenerplatz.de
So 10–18 Uhr

Flohmarkt Friedrichshagen
Dahlwitzer Landstraße / Schöneicher Straße,
Friedrichshagen
www.oldthing.de
So 8–16 Uhr

Mauerpark
Bernauer Straße 63–64, Mitte
www.mauerparkmarkt.de
So 7–17 Uhr

Antikmarkt am Ostbahnhof
Erich-Steinfurth-Straße 1,
10243 Berlin-Friedrichshain
www.oldthing.de
So 9–17 Uhr

Berliner Trödelmarkt
Straße des 17. Juni, Tiergarten
www.berliner-troedelmarkt.de
Sa + So 10–17 Uhr

Flohmarkt am Rathaus Schöneberg
John-F.-Kennedy-Platz 1, 10825 Berlin-Schöneberg
Sa + So 8–17 Uhr

Galerie des Ostens

Am nächsten Tag bringe ich als Erstes den Mietanhänger zurück und verstaue die Reste, die keinen Käufer gefunden haben, wieder im Keller. Viel ist nicht übrig geblieben, der Sonntag war ein guter Tag für die Haushaltskasse.

Draußen ist es ausnahmsweise bedeckt, und zum ersten Mal seit Karls Ankunft recht kühl.

»Heute wäre ein Tag fürs Museum«, sagt Karl, in den Himmel schauend. »Blöderweise ist aber Montag. Und montags sind die Museen alle geschlossen.«

»Nicht alle«, gehe ich dazwischen und denke dabei noch nicht einmal an das immer geöffnete Gaslaternenmuseum im Tiergarten.

»Also, da sagen meine Reiseführer aber klar was anderes.«

»Deine Reiseführer haben inzwischen schon ein paar Mal zu oft versagt. Zerschredder sie einfach. Aber gut, ich gebe zu, ich rede nicht von einem herkömmlichen Museum. Eher von einer Art Galerie.«

Karl schaut mich mal wieder ratlos an.

»Lass dich überraschen. Zieh dir 'ne Jacke über und ab geht die Luzie.«

Ich nehme meinen Zweithelm von der Garderobe und werfe ihm das Ding rüber. »Schau mal, ob der passt!«

Karl fängt die Halbschale verdutzt auf und probiert artig. »Und?«, fragt er eitel. Ich prüfe den Sitz. »Bestens. Ich mach schon mal die Maschine klar.«

Kurz darauf schnurren wir auf meiner treuen Kawasaki den Britzer Damm Richtung Norden und biegen dann rechts ab, Karl-Marx-Straße und Sonnenallee überquerend.

»Wo soll es denn hingehen?«, brüllt mir Karl von schräg hinten ins Ohr.

»Rüber nach Treptow!«, rufe ich nach hinten, sehr zufrieden darüber, dass der Schlauberger diesmal keine Chance hat, seine verhassten Reiseführer zu zücken und eines seiner gefürchteten Referate vorzubereiten. Hinter mir ist es still. Ich schätze, Karl macht sich gerade schwer Gedanken. Eine öffentliche Galerie in Treptow – und dann auch noch eine, die am Montag offen hat ...

»East Side Gallery!«, brüllt er mir auf einmal in die Löffel, so euphorisch wie ein Quizkandidat bei der richtig beantworteten 1-Million-Euro-Frage. Okay, der Punkt geht nach Schwaben. Ich gebe mich geschlagen und mache ein Daumen-hoch-Zeichen.

Vor Freude haut er mir so ausdauernd auf den Rücken, als wollte er ein Steak weich klopfen, der alberne Streber.

Wir lassen den Treptower Damm links liegen, überqueren die Spree und nehmen die Stralauer Allee Richtung Mitte. Kurz nach der Oberbaumbrücke fahre ich rechts ran und stelle meinen geliebten Feuerofen ab. Da das Lenkradschloss defekt ist, kette ich den Bock an einen Stahlzaun. Karl hat bereits seinen Reiseführer im Anschlag und paukt noch schnell ein paar Fakten zum heutigen Ausflugsziel.

Wir wechseln die Straßenseite und stehen am Anfang der größten Open-Air-Galerie der Welt. Die mit 1.300 Metern Länge zugleich auch der längste am Stück erhaltene Teil der Berliner Mauer ist. Da die NVA, die Nationale Volksarmee der DDR, diesen Abschnitt der Mauer damals komplett unter Bewachung hatte, war sie 1989 bei der Wende noch jungfräulich unbemalt. Im Gegensatz zum Rest des sich durch die gesamte Stadt ziehenden Bauwerks, das Hobbykünstler auf der Westseite mit Graffiti und Kommentaren aller Art verziert hatten. Kein Wunder, war dies doch ein perfekter Malgrund – wobei man das Wort »Malgrund« im wörtlichen wie im übertragenen Sinn verstehen kann. Denn was animiert Kreative eher zur Transformation als ein trister Untergrund? Das ist vielleicht auch die Ursache dafür, dass die DDR solch fantasievolle Gedenktage entwickelte (siehe Kasten).

»118 Künstler aus 21 Ländern haben hier mitgewirkt!«, ist Karl glücklich, seine neu eingelesenen Daten herausposaunen zu können.

»Kann sein«, widerspreche ich ihm nicht. »Was ich aber vor allem bemerkenswert finde, ist, dass es sich hier nicht um eine der sonst üblichen Sponti-Aktionen handelte. Also kein Gruppen-Graffiti oder so was. Ganz im Gegenteil: Es war sozusagen ein offizieller Auftrag des Ministerrates der DDR, der die East Side Gallery ins Leben gerufen hat.«

»Echt? So weit bin ich gerade beim Lesen nicht mehr gekommen.«

»Deswegen erzähl ich's dir ja. Oder glaubst du nur an Fakten, die du selbst gelesen hast? Die Idee entstand aus dem Zusammenschluss des westdeutschen Bundesverbands Bildender Künstler und Künstlerinnen mit dem Verband bildender Künstler der DDR. Als erstes gemeinsames Projekt sollte ebendieser noch vollständig nackte Teil der Mauer von Künstlern aus aller Welt bemalt werden. Was der Ministerrat dann halt genehmigt hat.«

»Ein echter Treppenwitz der Weltgeschichte. Erst eine solche Schreckensmauer hochzuziehen, um sie am Ende offiziell zur Bemalung freigeben zu müssen.« Recht hat er, der Schwoab. Könnten die Armeen dieser Welt für ihre Panzer auch ruhig in Erwägung ziehen.

Wir wandern die Bilder ab und diskutieren über Stil, Inhalt und Geschmack. Der durch die Mauer brechende Trabi ist Karl, wie zu erwarten, ein Extra-Foto wert. Mir ist das gefühlt auf jeder dritten Berlinpostkarte vermarktete Motiv inzwischen ein bisschen zu abgegriffen.

»Ich habe gelesen, dass die Galerie praktisch direkt nach der Fertigstellung unter Denkmalschutz gestellt wurde«, meint mein humanoider Datenspeicher. »Und restauriert wurde sie auch schon mal komplett, im Jahr 2000. Ganz schöner Aufwand.«

»Ja, so ist das, wenn Kunstwerke nackt dem Wetter und den Abgasen ausgeliefert sind. Warum werden wohl alle Nase lang irgendwelche alten Kirchen eingerüstet und mühsam restauriert? Nichts ist für die Ewigkeit. Ich finde aber gut, dass man die Bilder hier vor spontaner Nachbearbeitung schützt.«

»Was meinst du mit Nachbearbeitung?«

»Es soll ja Leute geben, die meinen, alles besser zu können.« Ich bemühe mich, ihn bei diesem Satz nicht anzuschauen. »Die versuchen dann, Bilder mit der Spraydose zu verschlimmbessern. Zum Glück ist die Galerie durch einen unsichtbaren Schutzlack gesichert – der hat sich auf jeden Fall bewährt.«

Karl lässt seine meckernde Lache hören.

»Na, mit dem Lack müsstet ihr ja angesichts eurer hyperaktiven Sprayer sämtliche Gebäude der Stadt einnebeln.«

Typisch Provinzspießer. Natürlich sind viele der Hauswand- oder U-Bahn-Graffiti eher Sachbeschädigung als Kunst. Aber auch, wenn ich das als ehemaliger Ordnungshüter vielleicht anders sehen müsste: Es bringt ja nichts, das Kind zusammen mit dem Bade auszuschütten. Es gibt eben auch Sprayer, die mehr Künstler als Vandalen sind. Eine Gesellschaft ohne kreative Freiräume ist tot. Also sind Graffiti legitimer Teil der Jugendkultur. Nichts gegen den heimeligen Charme von Kurorten. Aber alles in allem lebe ich halt doch lieber in einer lebendigen und widersprüchlichen Stadt wie Berlin als in, sagen wir mal, Bad Kissingen.

Und um noch einmal auf die East Side Gallery zurückzukommen: Die ist ein nicht mehr wegzudenkender Bestandteil des hauptstädtischen Erscheinungsbildes, ein knallbunter und witziger Kommentar zur Zeitgeschichte. Oder prägnanter gesagt: eine Moritat zur Wende.

All dies denke ich auf dem Rückweg Richtung Oberbaumbrücke, während der Reiseführer-Papagei an meiner Seite wieder einmal lautstark sein aufgeschnapptes Wissen herauskrächzt.

Geistesabwesend fummele ich den Schlüssel für das Kettenschloss aus meiner Jackentasche. Und schaue dann nach links. Danach, schon ein klein wenig hektischer, nach rechts. Und nach vorne. Anschließend in wachsender Panik einmal nach oben. Und einmal nach unten. Und bin wie vom Schlag gerührt. Der Plappervogel ebenso.

»Sag mal, Murat. Hattest du hier nicht vorhin dein Motorrad angekettet?«

Die Welt wäre ein angenehmerer Ort, würden sich unsere Mitmenschen nach jeder dummen Frage für mindestens einen Tag in Luft auflösen.

ℬesondere Gedenktage der DDR

Auch wenn das Leben in der DDR allgemein als grau und wenig fantasievoll diffamiert wurde: Das Land hatte auf jeden Fall ein Faible für außergewöhnliche Gedenktage. Hier nur eine klitzekleine Auswahl:

* Tag des Lehrers (12. Juni)
* Tag des Ministeriums für Staatssicherheit (8. Februar)

* Tag der Werktätigen der Wasserwirtschaft
  (dritter Samstag im Juni)
* Tag der Werktätigen der Leicht-, Lebensmittel- und
  Nahrungsgüterindustrie
  (dritter Samstag im Oktober)

Unterbaum und Oberbaum

Ich kann es einfach nicht fassen. Meine treue, geliebte Kawasaki. Kurzerhand weg. Geklaut von irgendwelchen geldgierigen gefühllosen Schiebern. Die Idioten haben offensichtlich das Kettenschloss durchtrennt, denn klägliche Reste davon liegen noch im Gras. Allerhöchste Zeit, das Eigenheim zum Verkauf zu stellen und den sofortigen Umzug nach Bad Kissingen in die Wege zu leiten.

»Ganz schön heißes Pflaster hier, Mannomann.« Karl ist sichtlich geschockt. »Und das am helllichten Tag. Ist ja die reinste Bronx hier. Du musst unbedingt die Polizei anrufen.«

Dieser Witzvogel ist definitiv nicht mehr tragbar. Lernfähigkeit gleich null. Hatte ich ihm nicht schon bei dem peinlichen Klau am Alexanderplatz zu erklären versucht, warum meine ehemaligen Kollegen keine realistische Option für mich sind? Die geiern sich doch schier weg, wenn sie mitbekommen, wie ungenügend ich meinen Feuerstuhl gesichert habe. Und aus professioneller Erfahrung weiß ich, wie gering die Chancen auf das Ergreifen der Täter oder gar eine Wiederbeschaffung meiner Traummaschine sind. Kaum zu glauben, dass ich gestern fast so etwas wie froh war, den altklugen Schwabenhammel wiederzusehen.

Was der mir schon alles angetan hat: Geld weg, Kawasaki weg. Fehlt nur noch, dass meine Frau und meine Tochter mich ebenfalls verlassen. Bevor das passiert, muss erst einmal dieser Geburtsgreis verschwinden.

»Weißt du was, Karl-Holger? Mach doch einfach mal die Mücke. Warum gehst du nicht schlicht mal ein Stück die Straße runter. Mindestens bis zur Oberbaumbrücke, hm? In deinen unbedarften Touri-Bibeln findest du womöglich sogar die ein oder andere belanglose Information darüber.«

Kaum habe ich den aufgestauten Dampf ein wenig abgelassen, bedauere ich den armen Irren fast schon wieder. Wie ein geprügelter Hund schaut er mich tief verletzt an. Gut, das ist jetzt wirklich nicht nett von mir und er ist auch nicht der, der mein Motorrad eingesackt hat. Zumindest nehme ich das an, denn ich hatte ihn ja jederzeit im Auge. Aber ich muss jetzt echt mal für mich sein und in Ruhe die Situation und die nächsten Schritte sondieren.

»Also gut, Murat. Wir sehen uns.« Mit belegter Stimme dreht er ab, winkt mir linkisch zu und marschiert in Richtung Oberbaumbrücke.

Obwohl er mir nun wirklich leidtut, wie er ganz offenkundig schwer getroffen dahinstapft und sogar wieder die Nummer mit dem Schnäuztuch abzieht, habe ich jetzt eindeutig Wichtigeres zu tun. Mit der Erfahrung meiner Polizeijahre untersuche ich akribisch und in aller Bedachtsamkeit den Tatort. Schon nach wenigen Augenblicken kommt mir ein ziemlich unangenehmer Verdacht, der mich nun doch zu einem Anruf bei der zuständigen Wache zwingt.

Und der meine Mutmaßung tatsächlich bestätigt. Es ist schon dämlich genug, sein Motorrad an ein Tor zu ketten. Aber an eines, das auch noch als Feuerwehrzufahrt dient, das ist schon dümmer, als die Polizei erlaubt. Ich stoppe das nächste Taxi und fahre zur Polizeidirektion in der Wedekindstraße. Und bin enorm erleichtert, dass keiner der Diensthabenden mich von früher kennt.

»Dumme Sache, muss ich schon sagen.« Der freundliche, aber recht gemütliche Beamte schaut in meine Papiere und sagt dann in einem bemüht langsamen Deutsch für Ausländer: »Herr Topal. Wohnen Sie schon lange in Berlin?«

Ich mache ein reuiges Gesicht. Und kann mir gerade noch verkneifen, so was wie »*Isch Murat neu Berlin weißdu*« zu antworten.

»Ihr Motorrad wurde sichergestellt. Können Sie hier abholen.« Er kritzelt eine Adresse auf ein Notizblatt. »Sie hören dann von uns.«

Keine Stunde später habe ich meine wackere alte Kawasaki wieder und könnte vor Glück ganz Berlin umarmen. Wie ein Frischverliebter sehe ich die Stadt mit ganz neuen Augen und nehme zum ersten Mal ernsthaft wahr, was für ein Hingucker die Oberbaumbrücke eigentlich ist: neugotisch in rotem Backstein, mit den beiden mehr als 30 Meter hohen Türmen auf dem mittleren Brückenbogen, die auf ihren Spitzen Reliefs des Berliner Bären und des Brandenburger Adlers tragen. Ich erinnere mich, im Deutschlandfunk mal gehört zu haben, dass die beiden Türme Vorbildern in Prenzlau und Kyritz nachempfunden sind. Erstaunlich, was man sich manchmal für seltsame Details merkt. Ebenso erinnere ich, dass der Name von früher über die Spree führenden begehbaren Holzstegen herrührt. Nur in der Mitte der Stege ließ man einen schmalen Durchlass, um von den passierenden Kähnen Zoll kassieren zu können. Nachts wurde der Durchlass mit einem dicken, mit Eisennägeln bewehrten Stamm verschlossen, dem sogenannten Baum. Den im Westen nannte man Unterbaum, den östlichen dagegen Oberbaum. Allerdings befand sich der Steg einst viel weiter in Richtung der heutigen Museumsinsel.

Nach einem kurzen Stopp am Motorradladen, wo ich mir ein neues Schloss besorge, parke ich meine Herzensmaschine auf der Kreuzberger Seite der Brücke, direkt unter der Hochbahn, und achte beim Anketten sorgfältig darauf, nicht noch einmal einen derart dummen Fehler zu machen.

Während ich zu Fuß über die Brücke gehe, lacht mich ein Plakat an, das für die diesjährige »Gemüseschlacht« wirbt. Ein von manchen auch »Wasserschlacht« genannter Wettkampf zwischen den beiden durch die Oberbaumbrücke verbundenen Stadtteilen Friedrichshain und Kreuzberg, der seit 1998 jeden Sommer auf der Brücke ausgetragen wird. Neben Ort und Datum nennt das Plakat auch die Spielregeln der »Schlacht«: Zugelassene »Waffen« der trotz des martialischen Namens eher spielerischen Veranstaltung sind unter anderem Eierkatapulte, selbst gebastelte Wasserwerfer, Mehlbomben und Schaumstoffschlagstöcke. Erlaubt ist alles, was matschig ist sowie glibbert, wabbelt und stinkt. Bei der Schlacht geht es darum, dass sowohl Friedrichshain als auch Kreuzberg den jeweils anderen Stadtteil als abtrünnig ansehen und diese eigenmächtige Abspaltung als eindeutigen Verstoß gegen das Völkerrecht geißeln. Für Friedrichshainer ist Kreuzberg in Wahrheit »Unterfriedrichshain«, während echte Kreuzberger Friedrichshain nur als »Ostkreuzberg« kennen. Erklärtes Ziel der Auseinandersetzung ist, die Einheit der beiden Stadtteile – selbstverständlich unter eigener Führung – wiederherzustellen. Die Friedrichshainer Seite fordert seit einiger Zeit zusätzlich die Unabhängigkeit von Berlin und der Bundesrepublik Deutschland sowie den Austritt Groß-Friedrichshains aus der NATO. Angeblich objektive Beobachter, die aber leicht als bezahlte Spitzel Friedrichhains zu identifizieren sind, behaupten so penetrant wie wahrheitswidrig, dass die Schlachten der letzten Jahre ausnahmslos von der Ostseite gewonnen wurden. Als tatsächlich neutraler Neuköllner sehe ich deutlich ein dauerhaftes Unentschieden. Trotz allen sportlichen Ehrgeizes kam es übrigens bislang zu keinerlei Gewaltexzessen, was den Ruf Berlins als gefährliche

Krawallstadt widerlegt. Der sich eh allein aus den rituellen Kreuzberger »Maifestspielen« zum Tag der Arbeit speist.

Der einzige kuriose Zwischenfall der bisherigen Gemüseschlachten ereignete sich 2004, als ein schlecht gelaunter Polizist einen 15-jährigen stockbraven Gymnasiasten aus Hellersdorf anzeigte, der ihm ein rohes Hühnerei ans Hosenbein geworfen hatte. Der Richter beließ es zum Glück bei der eher symbolischen Strafe von acht Stunden gemeinnütziger Arbeit.

In Sichtweite zur Brücke steht im Flussbett Richtung Treptow die höchste Statue Berlins: die haushohen »Molecule Men« des amerikanischen Künstlers Jonathan Borofsky; 30 Meter ragt das Trio aus der Spree. Die drei Metallmänner sollen das friedliche Miteinander der drei Stadtteile Treptow, Friedrichshain und Kreuzberg symbolisieren. Mit der Unzahl an Löchern in ihren Körpern sehen die Typen allerdings eher aus, als wären sie in einen brutalen Schusswechsel rivalisierender Mafiabanden geraten.

Während ich noch im Glücksgefühl wiedererlangter Liebe schwelge, melden sich unterschwellig doch schon wieder die Sorgen um meinen schwäbischen Adoptivgast. Wo mag der wohl sein?

Ich wandere langsam zur Mitte der Brücke und stelle fest, dass dies hier die reinste Partymeile ist. Durch die Luft wummern elektronische Beats, überall finden sich Leute, die Bier trinken, neben solchen, die tanzen, und anderen, die beides versuchen. Über allem liegt der unverkennbare Geruch von Cannabis. In einer der zahlreichen Gewölbenischen, aus der eine besonders penetrante Duftwolke herüberweht, entdecke ich Karl. Auf dem Boden hockend ist er mit einem Punk, einem Rastaman und zwei Skins in ein offenbar sehr intensives Gespräch verwickelt. Jedenfalls bemerkt er mich nicht, obwohl ich ihm praktisch direkt gegenüberstehe. Nachdem ich ihn ein paar Minuten interessiert beobachtet habe, ohne zu verstehen, worum sich die angeregte Diskussion eigentlich dreht, beschließe ich, ihn nicht zu stören und allein nach Hause zu fahren. Irgendwie habe ich das Gefühl, der Exilschwabe ist in diesem Moment tatsächlich mit Haut und Haar in Berlin angekommen. Jetzt muss ich nur noch überlegen, wie ich das eigentlich finde.

Lost im Reichstag

Noch drei Tage nach diesem Erlebnis liegt mir Karl in den Ohren, was für eine lockere und faszinierende Stadt Berlin doch ist. Um ihn ruhigzustellen, habe ich ihn für einen Reichstagsbesuch angemeldet. Dafür gibt es zwei Gründe – erstens: Er ist dann mindestens zwei Stunden beschäftigt, ohne dass er mir auf die Nerven gehen kann, und zweitens: Na gut – er ist dann mindestens zwei Stunden beschäftigt und geht mir nicht auf die Nerven.

Sie könnten jetzt schlecht von mir denken, liebe Leser, aber ganz ehrlich – wenn sie Karl persönlich kennengelernt hätten, würden sie ihn nicht nur für eine Reichstagsführung anmelden, sondern für zwei – hintereinander. Wenn er wieder einmal einen seiner ungefragten Vorträge hält, möchte ich inzwischen entweder ihn oder mich in die Spree stürzen. Und da die Spree nirgendwo in Berlin sonderlich tief ist, ihn oder mich vorher mit Betonschuhen ausstatten, damit die Aktion auch nachhaltig ist. Aber wenn es mich trifft, muss die traurigste Ehefrau von allen am Ende Karl heiraten, und mein Sohn wird von einem besserwiserischen Sprücheklopfer aufgezogen. Wenn Sie sich jetzt fragen, wo da der Unterschied zu mir sein soll, schlage ich vor, wir treffen uns auf der Brücke, die die Parlamentsgebäude Paul-Löbe-Haus und Marie-Elisabeth-Lüders-Haus verbindet, und reden in Ruhe. Vergessen Sie Ihre Betonschuhe nicht! Die Brücke führt im sechsten Stock über die Spree, das Geländer ist niedrig und durchsichtig, und so manche Politikerkarriere wurde schon dadurch verhindert, dass der angehende Volksvertreter diese furchterregende Überquerung scheute. Im Winter, wenn die Brücke vereist ist, freuen sich allüberall schon die Nachrücker auf den Landeslisten. Hieß es in der Berliner Politikszene früher: »Knallt der Jumbo auf die Piste, freut sich der nächste auf der Liste«, sagt man heute: »Über diese Brücke musst du gehen, diese Rutschpartie überstehen«

Ich habe Karl über den Besucherdienst des Deutschen Bundestages angemeldet. Man muss nur die 030 / 2270 anrufen und den Besucherdienst verlangen. Die sind sehr nett. Einzelpersonen und kleine Gruppen haben meist kein Problem, auch kurzfristig an einer Plenarsitzung teilzunehmen oder sich in sitzungsfreien Wochen die Abläufe erklären zu lassen. Man muss sich nur ein paar Tage vorher anmelden und den Personalausweis mitbringen. So eine Führung ist bestimmt sogar für einen Schlaumeier wie Karl interessant.

Und ich bin ihn los.

Als ich ihn nach unserer gemeinsamen Anreise mit dem 100er-Bus zum Besuchereingang am Westportal begleite, bleibt Karl urplötzlich stehen und dreht sich um. Das macht er so unerwartet, dass ich in seinen beachtlichen Bauch stolpere. Eines muss man dem Sonderschwaben lassen – er fühlt sich so weich an wie die große Matratze im Sportunterricht. Als Schüler war mein größter Traum, einmal auf dieser riesigen Matratze zu übernachten. Aber das hat leider nie geklappt. Dafür übernachtet Karl bei mir – ist das ausgleichende Gerechtigkeit? Oder nicht doch eher doppelte Bestrafung?

In diesem Moment merke ich, dass ich die ganze Zeit versonnen über Karls Bauch streichele.

Was ist los mit mir? Habe ich unbewusste erotische Fantasien wegen des Spätzleessers? Das müsste dann aber eine schwerwiegende Form des Stockholm-Syndroms sein.

Stockholm-Syndrom: Sie erinnern sich?

1973 nahmen Bankräuber in der schwedischen Hauptstadt mehrere Geiseln und hielten diese fünf Tage gefangen. Am Ende solidarisierten sich die Opfer mit ihren Kidnappern so stark, dass sie sie im Gefängnis besuchten und sich für ihre Freilassung einsetzten. Geht es mir als Karls Geisel nun eventuell genauso? Ich verdränge diesen Gedanken ebenso schnell wie die Gedanken an mein noch immer nicht geschriebenes Bühnenprogramm, die mich in stillen schuldbewussten Minuten überkommen, ziehe schleunigst die Hand von seinem Bauch weg und verabschiede mich am Fuß der Reichstagstreppen von meinem Gast. Ach, wäre es doch für immer. Aber der Reichstag ist leider nicht der Londoner Tower, in den englische Herrscher einst lästige Zeitgenossen auf Nimmerwiedersehen hineinwarfen.

Zu seinem Glück ahnt Karl nichts von meinen Trennungsfantasien. Er marschiert stolz an der weit über 100 Meter langen Schlange der wartenden Besucher links vorbei Richtung Tür, auf der »Angemeldete Besucher« steht. Dabei bleibt er immer wieder stehen, um aufgebrachten Schlangestehern zu erklären, dass er sich *nicht* vordrängelt. Da er auch in dieser Situation nicht aus seiner Haut kann, erläutert er den Wartenden zusätzlich in epischer Breite und sehr von oben herab, dass man sich anmelden kann, um nicht wie ein Depp stundenlang in der knallheißen Sonne anstehen zu müssen. In der Schlange keimt aggressive Unruhe auf. Es riecht nach Lynchjustiz.

Mir ist das egal – ich bin kein Polizist mehr und kann mich ja nicht um jeden Zwischenfall kümmern.

Ich schaue Karl zufrieden hinterher und verplane innerlich die wertvollen Stunden ohne ihn. Schon länger wollte

ich mir die aktuelle Ausstellung im Automobil-Forum anschauen. Kaum habe ich ein paar Schritte Richtung Friedrichstraße gemacht, schlägt mir jemand von hinten die
Hand auf die Schulter.

Als ich mich umdrehe, traue ich meinen Augen nicht:
Es ist Karl. Jetzt mutiert er endgültig zur Klette.

»Murat«, sagt er in diesem Ton, den ich so an ihm hasse,
weil er mich an meinen ehemaligen Chef erinnert, der bei
jeder Gelegenheit zu sagen pflegte: »Herr Tooopaaal, Sie
wollen doch noch etwas werden.«

Jetzt also Karl: »Muuuraaaat, warum kommst du denn
nicht mit?«

Diese Frage habe ich mehr gefürchtet, als dass die wun-
derbarste Ehefrau von allen mir irgendwann den Koffer vor
die Eigenheimtür stellt. Um nicht mit der Wahrheit herausrücken zu müssen, speise ich Karl mit einem kleinen
Ablenkungsmanöver ab.

»Junge, wenn du da jetzt nicht reingehst, bekommst du
keinen Platz bei der Führung und dir entgehen alle wichtigen Daten.«

Bei dem Wort »Daten« reagiert Karl wie ein läufiges
männliches Frettchen auf ein williges Weibchen. Es gibt
kein Halten!

»Also gut, dann bis später«, ruft er noch, bevor er diesmal
endgültig an der Menschentraube vorbei im Eingang für
angemeldete Besucher verschwindet.

Ich setze meinen gerade so unsanft unterbrochenen Spaziergang fort. Die kleine Abwechslung wird mir guttun. Kein
Karl, keine Daten – einfach nur Bäume und Wiesen und ich.

Nie könnte ich meinem neugierigen Dauergast erklären,
was mir damals im Reichstag passiert ist. Damals, das war
2005 – kurz bevor ich meine Arbeit bei der Berliner Polizei
aufgab, um hauptberuflich Bühnenkünstler zu werden.

Ihnen kann ich es ja sagen, es bleibt aber unter uns. Der
Bundestag hat zwar seine eigene Polizei, was meinen Chef

aber keineswegs an der Umsetzung einer seiner typischen unberechenbaren Ideen hinderte.

»Herr Tooopal! Sie wollen doch noch etwas werden – da habe ich eine schöne Aufgabe für Sie.«

Diesmal sollte ich zwei Wochen bei den Kollegen vom Bundestag hospitieren: sozusagen als Nachhilfeunterricht in Staatsbürgerkunde. Offenbar dachte er, das könnte mir als Halbtürken nur guttun. So etwas hatte es zuvor noch nicht gegeben, weshalb alle zuständigen Stellen sich dagegen sträubten – aber was mein Chef sich einmal in den Kopf gesetzt hatte, das setzte er auch durch. Na gut, dachte ich – mal keine Kreuzberger Kleinkriminellen – das hat ja auch was für sich.

Die ersten Tage im Reichstag waren ganz in Ordnung. Die Kollegen und ich verstanden uns prima. Wir gingen regelmäßig auf Streife durch die Verwaltungsgebäude. Ich wusste gar nicht, dass das Regierungsviertel so groß ist.

Es gibt ja nicht nur den Reichstag, sondern auch das Paul-Löbe-Haus, das Marie-Elisabeth-Lüders-Haus und das Jakob-Kaiser-Haus. Im Paul-Löbe-Haus tagen die Ausschüsse – dort wird die Sacharbeit gemacht, bevor sich die Parlamentarier im Plenum treffen, um darüber zu debattieren. Das Marie-Elisabeth-Lüders-Haus, das auf der anderen Spreeseite steht, beherbergt die drittgrößte Parlamentsbibliothek der Welt – größere haben nur Washington und Tokio. Im Jakob-Kaiser-Haus an der Wilhelmstraße befinden sich die meisten Abgeordnetenbüros.

Gegenüber von Reichstag und Paul-Löbe-Haus steht das Bundeskanzleramt, im Volksmund gern als »Elefantenklo« oder »Bundeswaschmaschine« verspottet. Bis auf das Kanzleramt sind all die genannten Gebäude auch unterirdisch miteinander verbunden.

Darüber hinaus gibt es diverse andere Liegenschaften des Parlaments. Zum Beispiel Unter den Linden 50 und Unter den Linden 71, in denen Teile der Fraktionen und einige

Abgeordnetenbüros untergebracht sind. Die Gebäude liegen neben der russischen und gegenüber der alten US-Botschaft. Das finde ich super – da haben beide Geheimdienste eine faire Chance, die deutschen Volksvertreter abzuhören. Die russische Botschaft ist besonders eindrucksvoll – all das viele Gold! Da ist der Rubel beim Bau echt gerollt.

Der Polizei- und Sicherungsdienst sitzt im Reichstag Eingang Nord – da haben die sogar einen Verhörraum, den man nur von außen oder per geheimen Knopf öffnen kann. Die Fenster sind komplett vergittert. Erinnert ein bisschen an einen Hochsicherheitstrakt. Da fragte ich mich schon, für welche Art Delinquenten dieser Raum eigentlich gedacht war. Vielleicht für Abweichler von der Fraktionslinie?

Witziger fand ich den Andachtsraum in der ersten Etage des Reichstags. Da gab es sogar ein Taufbecken! Erst spät wurde ich aufgeklärt, dass das kein Taufbecken, sondern ein Weihwasserbecken für die Katholiken ist. Damit sie sich vor und nach der Andacht mit Weihwasser bekreuzigen können. An Muslime ist aber auch gedacht: Es gibt dort eine Stufe, auf der man in Richtung Mekka beten kann.

Die Eingangswoche war ganz easy. Dann wurde auf einmal alles anders. Mein erster Sitzungstag! War der gesamte Parlamentsbetrieb in der Woche vorher eher ruhig und gemächlich, wirkte er plötzlich wie ein aufgescheuchter Ameisenhaufen, in den ein Elefant getreten ist.

Alle rannten wild durcheinander und waren auch plötzlich ganz anders angezogen.

Während in der ersten Woche Jeans und Turnschuhe das Bild bestimmten, liefen auf einmal alle schick in Anzug und Kostüm herum. So viele elegant gekleidete Menschen hatte ich noch nie auf einem Haufen gesehen. Und alle schleppten riesige Aktenstapel mit sich herum.

Kurz nach drei Uhr nachmittags geschah das für mich Unerwartete. Im Plenarsaal hob ein irrsinniges Geschrei an. Beschimpfungen flogen durch den Raum und gut gekleidete erwachsene Menschen schrien in höchster Lautstärke und mit gewaltigem aggressiven Potenzial aufeinander ein.

Mir war klar: Hier ist Gefahr in Verzug! Oft genug hatte ich ähnliche Situationen am 1. Mai in Kreuzberg erlebt. Es galt also, drohende Gewalttätigkeit zu verhindern. Aber wie?

Ich stand in der Höhe des Westeingangs – da wo über dem Eingangstor in gotischen Lettern »Dem deutschen Volke« steht.

Direkt vor mir gab es drei Türen. Über der ersten stand »Ja«, über der zweiten »Nein« und über der dritten »Enthaltung«. Das wäre mal was für die unentschlossenste Ehefrau von allen gewesen!

Aber mir fiel die Entscheidung auch nicht leicht. Um mich nicht mit womöglich unabsehbaren Folgen unnötig festzulegen, rannte ich durch die Tür, auf der »Enthaltung« stand – um für alle Fälle gerüstet zu sein mit der Hand am Pistolenhalfter.

»Aufhören! Sofort aufhören!! Ich löse diese Versammlung auf! Verlassen Sie alle den Raum! Ich verweise Sie dieses Ortes!«, brüllte ich mit demonstrationserfahrener Stimme.

Mein Auftritt war ein durchschlagender Erfolg.

Die Abgeordneten schrien sofort noch lauter, allerdings nun auf einmal alle in meine Richtung. Manche warfen sich in Panik auf den Boden. Andere krochen unter ihre Tische. Da im Plenarsaal nur die ersten Reihen mit Tischen bestückt sind, mussten die hinteren Abgeordnete ersatzweise unter ihre Stühle krabbeln. Das sah sehr lustig aus.

Die vor mir im Staub kriechenden Volksvertreter entfachten in mir unklugerweise einen gewissen Übermut. Ich kam so richtig in Fahrt!

»Benehmen Sie sich gefälligst anständig – verlassen Sie den Saal geordnet. Einer nach dem anderen.«

Da klopfte mir jemand vorsichtig auf die Schulter. Ein Kollege.

»Murat, was machst du da?«

»Ausschreitungen verhindern!«, bellte ich im Brustton der Überzeugung.

»Aber lieber Kollege. Auch wenn es auf den ersten Blick vielleicht so aussieht: Das ist keine verbotene Demo – das ist eine Plenarsitzung. Das muss so sein.«

Ich war völlig platt. Was in Kreuzberg oder Neukölln zu Massenverhaftungen geführt hätte, war hier normal?

»Was? Echt?«

Als die Abgeordneten sahen, dass ich unsicher wurde und damit an Autorität verlor, kamen sie unter ihren Tischen und Stühlen langsam wieder hervor.

Irgendjemand schrie voller Empörung: »Jetzt sieht man, was dabei herauskommt, wenn man Türken zu Polizisten macht!« Und zack, schon ging der Tumult wieder los. Mein Kollege fasste mich am Arm und zog mich, sozusagen das Corpus Delicti, vorsichtig aus dem Plenarsaal hinaus.

Einige Stunden später lernte ich, dass mit dem Sicherheitsdienst des Deutschen Bundestages nicht zu spaßen ist. Ich wurde zwar nicht im vergitterten Verhörzimmer eingesperrt, bekam aber kurzerhand Hausverbot.

Wenn ich am Osteingang, wo die Politiker rein- und rausgehen – vorbeikäme und einer von ihnen würde überfallen, dürfte ich nicht helfen. Selber schuld, kann ich da nur sagen. Aber dass ich Karl die Sache mit dem Hausverbot nicht erzählen kann, dafür haben Sie nun sicher Verständnis. Denn als Nächstes würde es dann brühwarm meine Frau von ihm erfahren.

*D*as Automobil Forum Unter den Linden

An der Ecke Unter den Linden und Friedrichstraße stößt der Flaneur auf einen großen Autosalon mit Luxuswagen der Marken Bentley, Bugatti, Seat, Skoda und Volkswagen. Dies ist das Automobil Forum der Firma Volkswagen, welches seinen besonderen Reiz daraus bezieht, dass in seinem Keller wechselnde, aber immer hochinteressante Foto-, Kunst- und Wissenschaftsausstellungen gezeigt werden. Einschlägig Interessierten rate ich wärmstens dazu, das jeweils aktuelle Programm zu studieren. Selbst sparsame Schwaben wie Karl können sich hier reuelos einen interessanten Nachmittag machen, denn: Der Eintritt ist frei!

Automobil Forum Unter den Linden
Unter den Linden 21
10117 Berlin-Mitte
täglich 10–20 Uhr

Berlin alaaf

Die schlaueste Ehefrau von allen weiß, was sie sagen muss, um ihren Ehemann, also mich, unglücklich zu machen. Sie schafft das mit sechs Worten. Drei Worte brauchte sie bei unserem ersten Rendezvous, um mich sehr glücklich zu machen – vor dem Standesbeamten dann nur ein Wort, um mich selig zu machen, und jetzt sechs Worte und meine heile Welt zerspringt endgültig in Scherben.

»Karl bleibt noch ein paar Tage.«

Auch wenn ich mich an den schrägen Sonderling inzwischen fast schon gewöhnt habe, irgendwann muss alles auch mal ein Ende haben.

»Hat Karl kein Zuhause?«, frage ich genervt.

»Nee, hat er nicht.«

Jetzt ist es raus. Die ganze Zeit über ahnte ich, dass mir die Schwabenmafia etwas Wesentliches verheimlicht. Es stellt sich heraus, dass Karl aus seiner Heilbronner Wohnung geworfen wurde, weil ... ja warum eigentlich? Die diskreteste Ehefrau von allen schützt vor, nichts zu wissen.

Als ich den Entwurzelten selbst frage, zeigt Karl sich von seiner Dr.-Jekyll-Seite: schweigsam.

Da er nichts sagen, ich aber alles wissen will, setze ich meine schärfste Waffe ein: meine Frau. Wenn sie mich schon mit Karl unglücklich macht, möchte ich wenigstens wissen, wie ihn sich andere vom Hals geschafft haben – vielleicht ist dieses Wissen ja hilfreich.

Nach reichlichem Hin und Her stellt sich heraus, dass Karl so anhänglich ist, weil er eine Wohnung in Berlin sucht. Er ist aus seiner Schwabenwohnung geflogen, weil er den Nachbarn, die dummerweise gleichzeitig seine Vermieter waren, mit seiner ständigen Besserwisserei auf die Nerven ging. Was der wahre Grund für seine Kündigung in der Sonderschule ist, versuche ich schon gar nicht mehr herauszufinden.

Tatsache ist: Wir haben Karl nun sozusagen geerbt.

Alles klar. Es ist, wie es ist. Aber ich gebe zu: Ich bin sauer! In wenigen Tagen ist nämlich Pfingsten. Was interessiert den Osmanen Murat Topal ein derart urchristlicher Feiertag, werden Sie sich jetzt fragen. Ich will Ihnen nicht zu nahe treten, aber Sie denken zu kurz.

Pfingsten hat in Berlin definitiv wenig mit dem Heiligen Geist, dafür aber viel mit multikulturellem Budenzauber zu tun. Es ist nämlich Karneval der Kulturen! Und das ist in Westberlin der größte Feiertag des Jahres. Multikulti pur *and at its best* – wie die Engländer sagen würden.

Und von denen hat Berlin das Konzept ja abgekupfert. Genauer gesagt von den Briten und den Holländern, noch genauer gesagt vom Londoner Notting Hill Carnival und dem Rotterdamer Zomercarnaval.

Da fällt mir gerade auf, dass ich bisher noch nie Wagen oder Tanzgruppen aus England oder den Niederlanden gesehen habe. Es wurde beim Berliner Umzug weder jemals Tee getrunken noch Käse gerollt. Eigenartig.

Das erkläre ich Karl dann auch beim Frühstück. Wenn er sich schon verhält wie das Kaugummi in der Schuhrille, er also einfach nicht mehr wegzukriegen ist, dann muss er sich in Zukunft auch stärker als bisher weltkluge Monologe von mir anhören.

»Weißt du Karl, ich denke, dass es vor allem die optisch blassen Gesellschaften sind, die einen Karneval der Kulturen haben wollen.«

Karl schaut mich zum ich-weiß-nicht-wie-vielten Male verständnislos an. Irgendwie fehlt ihm das Grundverständnis für meine messerscharfen Gedankengänge.

»Blasse Gesellschaften?«

»Na, die Engländer, die Holländer und wir.«

»Türken sind blass?«

Also, ich weiß nicht. Es stimmt ja, dass ich Halbtürke bin. Aber manchmal vergesse ich diesen osmanischen Hintergrund komplett. Sonst hätte ich wahrscheinlich auch nicht ausgerechnet eine Schwäbin geheiratet. Jedenfalls bin ich irritiert, wenn ich mit der Nase auf meine Herkunft gestoßen werde. Allerdings glaube ich, dass die meisten Berliner, die Angst vor Überfremdung haben, sich nicht vor den Türken, sondern vor den Schwaben fürchten. Berlin ist voll davon. Und wenn jetzt auch noch so ein abwegiges Exemplar wie Karl dazukommt, kann ich diese Furcht durchaus nachvollziehen. Meine persönliche Theorie ist ja, dass Schwabophobiker nur Angst vor der Kehrwoche haben. Völlig zu Recht, wie ich aus eigener leidvoller Erfahrung sagen kann. Die Vierteleschlotzer shampoonieren ihre Häuser von außen und ihre Mülleimer von innen. Davor kann man sich berechtigterweise fürchten.

Von dieser und einigen anderen kleinen Ausnahmen abgesehen, feiern wir Hauptstädter unsere Ausländer: mit eben besagtem Karneval der Kulturen, der – wie ich als Bezirkspatriot an dieser Stelle kurz und stolz vermerken möchte – seinen Ursprung in Neukölln hatte. Und zwar in der Werkstatt der Kulturen, die sich der Pflege der Vielfalt migrantischer und minoritärer Kultur-, Kunst- und Aktionsformen verschrieben hat.

Aber genug der Vorrede. Trotz Karl gehen wir auch diese Pfingsten wieder auf den KdK, wie Insider wie ich den Megaschwof abkürzen.

Der Zug, zu dem mittlerweile jedes Jahr über 4.000 Akteure gehören, setzt sich mittags um 13 Uhr in Bewegung. Das ist euphemistisch ausgedrückt. Eine Schnecke ist im Vergleich zu der Geschwindigkeit des Zuges ein Formel-1-Weltmeister. Letztes Jahr stand ich am Südstern und habe eine geschlagene Stunde nur einen einzigen Wagen angeschaut. Ich wusste nachher alles über die Leute auf dem Wagen, inklusive Kontostand und Sternzeichen. Das macht aber nix – beim Warten auf die nächste Tanzgruppe helfen die vielen Stände mit Caipirinha oder für vernünftige Jungs wie mich mit Apfelschorle.

Der Südstern ist als Standort übrigens ideal – und seit vielen Jahren unser Stammplatz.

Man hat einen tollen Blick, es gibt genug Kneipen in der Nähe, die man bei dringenden Bedürfnissen aufsuchen kann, und der Zug steht hier auch nicht länger als anderswo.

Karl hat natürlich wieder die Weisheit mit Löffeln gefressen. Trotz der markerschütternden Geräuschkulisse, Sambarhythmen! Pfeifen schrillen! Trommeln schlagen!, ist sein schrill tönendes Organ nicht zu überhören. Mit seinem Caipirinha in der blassweiß-feisten Hand sieht er aus wie ein alkoholabhängiger englischer Haushofmeister, der sich in eine Eingeborenenfeier verirrt hat. Und so ähnlich ist es ja auch.

Was mich jedes Jahr aufs Neue wundert, ist, dass so wenig Türken bei dem Umzug mitmachen. Wir sind die größte Migrantengruppe Berlins, aber beim Karneval der Kulturen kaum präsent. Beziehungsweise wie die Deutschen lediglich am Rand zugegen. Nur dass meine Landsleute kein Bier trinken, sondern Tee oder türkische Limo. Dabei schauen sie den halb nackten Tänzerinnen gerne in die, ähm, Augen.

Meine Frau findet wie jedes Jahr alles megatoll. Sie hat den ultrabunten Rock vom vorletzten Badeurlaub aus dem

Schrank gekramt. In Kombination mit ihrem süßen Schwangerschaftsbäuchlein sieht das einfach hinreißend aus und ich kann meine verliebten Blicke kaum von ihr abwenden.

Der Lärm ist ohrenbetäubend, aber zum Glück ist dieses Jahr endlich mal wieder gutes Wetter. Die letzten drei oder vier Feste waren völlig verregnet und viel zu kühl, sodass statt der Rekordzahl von 1,5 Millionen Besuchern jeweils »nur« um die 600.000 kamen. Immer noch eine gewaltige Menge, insbesondere wenn man bedenkt, dass 1996 beim ersten Karneval der Kulturen gerade einmal 50.000 Zuschauer am Straßenrand standen.

Aber dieses Jahr ist es warm – es ist voll – es ist toll!

Und ich werde diese Pfingsten für einen ganz besonderen Special Effect sorgen. Zu diesem Zweck habe ich einen Freund beauftragt, meine Sporttasche in einem Gebüsch in der Nähe der vatikanischen Botschaft zu verstecken. Unter dem Vorwand, aufs Klo zu müssen, setze ich mich von meinen Begleitern ab und wechsle in der Toilette des Brauhauses am Südstern meine Kleidung.

Einige Minuten später erscheint eine erstaunlich behaarte, geheimnisvoll verschleierte Bauchtänzerin und mischt den Zug als Einzelgängerin zwischen einem brasilianischen und einem kolumbianischen Wagen so richtig auf. Die Leute am Straßenrand johlen ausgelassen und klatschen im Rhythmus ihrer lasziven Bewegungen. Nur am Südstern steht eine Frau in einem ultrabunten Rock, die sich für die Darbietung offensichtlich gar nicht erwärmen kann. Mir dünkt, es ist die scharfsichtigste Ehefrau von allen.

ℬerlins zweites Großereignis: die Berlinale

Das größte Publikumsfestival der Welt, die Internationalen Filmfestspiele Berlin, findet alljährlich im Februar statt und ist eines der weltweit bedeutendsten Filmfeste. Eine internationale Jury vergibt an die Preisträger des Jahres Goldene und Silberne Bären. Das Festival wächst stetig. Inzwischen werden während der zehn Festivaltage gut 400 Filme präsentiert, mehr als 230.000 Eintrittskarten verkauft und rund 20.000 Fachbesucher aus 120 Ländern gezählt. Circa 4.200 Journalisten berichten in die ganze Welt. Zeitgleich zur Berlinale findet der European Film Market (EFM) statt, der zu den international wichtigsten Treffen der Filmindustrie gehört und sich zu einem bedeutenden Marktplatz für Produzenten, Verleiher, Filmeinkäufer und Co-Produktionsagenten etabliert hat.

*B*erlins drittes Großereignis: die 48 Stunden Neukölln

Die seit 1999 jährlich im Frühsommer stattfindenden »48 Stunden Neukölln« sind inzwischen das größte Kunst- und Kulturfestival Berlins. Allein 2010 wurden bei diesem Event der Superlative weit mehr als 700 Einzelveranstaltungen an über 350 Neuköllner Spielorten realisiert. Da soll noch mal einer behaupten, es gebe keine Kultur in Neukölln!

Der Grundgedanke des Events ist simpel: Sämtliche künstlerischen und kulturellen Aktivitäten des Bezirks sollen an einem festen Termin des Jahres gebündelt werden und alle Organisationen, Initiativen, Künstler und Kulturschaffenden Neuköllns sollen dabei mitmachen. In den ersten fünf Jahren trauten die Organisatoren der Anziehungskraft einer reinen Kulturveranstaltung nicht so recht und verbanden das Spektakel mit einem großen

Straßenfest. Was dazu führte, dass im Laufe der Zeit der lärmende, alkoholgeschwängerte Teil der Veranstaltung überhandzunehmen drohte. 2004 zogen die Organisatoren daher die Reißleine und koppelten das Straßenfest von den »48 Stunden Neukölln« ab. Dies erwies sich als ein kluger Schachzug, denn seitdem steigen die Besucherzahlen von Jahr zu Jahr kräftig an. 2010 zählte man 70.000 Besucher.

125 Jahre und kein bisschen leise

Nachdem Karl noch den gesamten Pfingstmontag auf seine ihm eigene verklemmte Art von der unglaublich erotischen Bauchtänzerin auf dem Kulturenkarneval geschwärmt hat und anscheinend weiterhin nicht ahnt, wie nah er diesem wunderbaren Wesen schon gekommen ist, möchte er heute ins Café Kranzler. Mal ganz ehrlich – manchmal frage ich mich, ob unser Gast ausreichend Lebenserwartung hat, um biologisch so alt zu werden, wie seine Hobbys heute schon sind. Er liebt Kaffee und Kuchen, und ich weiß aus sicherer Quelle – nämlich von der informativsten Ehefrau von allen –, dass Karl Rheumadecken sammelt. Die er auf kostenlosen Kaffeefahrten ersteht. Da kreuzt sich seine Altbackenheit mit schwäbischer Sparsamkeit. Deswegen liebt er auch Sonderangebote aller Art. Vor einigen Tagen kam er mit einem BH Größe 110 Cup A nach Hause. War ein Schnäppchen. Meine Frau hat sich fast totgelacht.

Als Karl pikiert fragte, warum sie so lacht, war ihr Kommentar: »Karl, ehrlich, dieser BH passt vielleicht Vladimir Klitschko, aber bestimmt keiner normalen Frau.«

Egal, heute ist Pfingstdienstag und Karl möchte zum Kurfürstendamm. Ich habe dreimal nachgefragt, ob ich ihn richtig verstanden habe. Über den Kurfürstendamm haben viele Leute eine Meinung, manche sogar eine gute. Hildegard Knef ging einst gar so weit, in einem erfolgreichen Chanson ihr Heimweh nach ihm zu beklagen. Ich kann Hildegard Knefs Sehnsucht nur bedingt nachvollziehen. Mal ganz abgesehen von der Frage, warum man für jeden Anlass ein Lied schreiben muss. Ich bin Neuköllner, würde aber trotzdem nie singen: Ich hab so Heimweh nach der Karl-Marx-Straße! Manche Dinge gehören einfach nicht an die Öffentlichkeit.

Karl kennt Hildegard Knef natürlich noch. Und auch das besagte Lied. Sofern ich seine Worte gerade richtig verstanden habe, denn der Kurfürstendamm, allgemein nur als Ku'damm bekannt, ist ziemlich stark befahren. Busse, Autos – Hektik allerorten. Jedenfalls tagsüber – nachts ist der Ku'damm nach Aussagen zuverlässiger Zeitzeugen heutzutage ziemlich ruhig.

Ich schreie Karl ins Ohr, dass der Ku'damm eine wechselvolle Vergangenheit hat. Mehr fällt mir nicht ein. Eine besondere Gegenwart kann ich nicht erkennen.

Und die Leute erst!

»Mensch, Karl – guck dich doch mal um!«, schreie ich in sein linkes Ohr. »Keiner hier ist unter 60 Jahre alt – außer uns beiden.«

Karl nickt begeistert und strahlt. Da begreife ich zum ersten Mal, warum er diese Kaffeefahrten macht – er fühlt sich dann jung und dynamisch. Aber er hat recht: Ich spüre hier auch schon, wie sich meine Schultern straffen und der Bizeps wächst.

Doch Karl und ich fallen hier aus einem weiteren Grund besonders auf. Karl hat von Natur aus wenig Haare. Ich hingegen habe den Kampf gegen meinen tückischen Haarausfall aufgegeben und rasiere mir im vorauseilenden Gehorsam den Kopf. In manchen, eher etwas ungemütlichen Ecken Berlins fällt man ja mehr auf, wenn man keine Glatze hat – am Ku'damm ist das anders. Die Leute tragen immer Haare und die Damen und manche Herren zusätzlich noch einen Hut auf dem Kopf! Hier gibt sich keiner auf. Wer kein Haupthaar mehr hat, ersetzt es halt durch ein Toupet – deshalb tragen auch so viele Männer Hüte: damit das Zweithaar nicht weggeweht wird. Aber Hut und Toupet beiseite: Der Kurfürstendamm ist 2011 stolze 125 Jahre alt geworden. Grund genug, sich vor der wechselvollen Geschichte dieser Magistrale zu verneigen.

Und wechselvoll war die Geschichte bei Gott. Vor dem Zweiten Weltkrieg und der daraus resultierenden Teilung Berlins stellte der Ku'damm die Konkurrenz zur Prachtstraße Unter den Linden dar. In Etablissements wie dem Café des Westens und dem Lunapark galt: sehen und gesehen werden.

»Die goldenen 20er-Jahre«, erklärt mir Karl, der anscheinend wieder den Gedankenleser in sich aktiviert hat, ungefragt, »die goldenen 20er-Jahre sind untrennbar mit dem Kurfürstendamm verbunden. Das war die große Zeit des Varietés. Und des politischen Kabaretts.«

Bei dem Stichwort »politisches Kabarett« befürchte ich kurz, dass Karl sich wieder an seinen Vorsatz erinnert, auf Vorlesebühnen Geschichten seines langweiligen Lebens auszubreiten. Dem ist aber zum Glück nicht so. Während ich mich also wieder entspanne, fällt mir mein Nachmittag im Mainzer Kabarettarchiv ein, welches ich allen Freunden der Kleinkunst nur wärmstens ans Herz legen kann. Dort beeindruckte mich nicht zuletzt die Arbeit von Werner Finck im einstmals am Ku'damm angesiedelten »Kabarett der Komiker«. Noch in der Nazizeit machte der unerschrockene Wortartist zeitkritisches politisches Kabarett. Legendär seine Frage an die stets anwesenden Gestapo-Spitzel: »Spreche ich zu schnell? Kommen Sie noch mit? Oder muss ich mitkommen?« Eines Tages musste er leider wirklich mitkommen, überlebte den Krieg aber und war bis zu seinem Tod in den 70er-Jahren ein gefragter Kabarettist und Schauspieler. Über seine Lehre aus den Gefängnis-erfahrungen im Dritten Reich sagte er später: »Ich stehe hinter jedem, bei dem ich nicht sitzen muss, wenn ich nicht hinter ihm stehe.« Und nie wurde die Essenz des so kurz-lebigen Tausendjährigen Reichs so gut auf den Punkt ge-bracht wie in seinem Satz »Es ist ja eine Ironie des Schick-sals, dass gerade in dem Land, in dem am meisten ›Heil‹ gerufen wurde, so wenig heil geblieben ist.«

Nach der Zerstörung und anschließenden Teilung Deutschlands bekam der Kurfürstendamm eine ganz neue Rolle zugewiesen: Er wurde zum Schaufenster für das Wirtschaftswunder des Westens. Hier sollte und musste al-les glitzern. Der Boulevard wurde die Neidmeile der Ostler. Die sich deswegen besonders freuten, als ausgerechnet hier am 2. Juni 1967 die Studentenunruhen der 60er-Jahre in der großen Demo gegen den Schahbesuch gipfelten. Tempi passati. Nicht dass Sie denken, Karl hätte in all der Zeit, die wir hier den Ku'damm hochlaufen, seine Klappe gehalten. Ganz im Gegenteil. Aber da ich meinen eigenen Gedanken zum Thema nachhing, habe ich seine sicher hochinteres-santen Ausführungen leider komplett verpasst.

Nun stehen wir vor einer roten Ampel am Joachimstaler Platz, der Kreuzung von Kurfürstendamm und Joachims-taler Straße. Begeistert zeigt mein Führer auf einen vier-einhalb Meter hohen Pfeiler, auf dem eine gläserne Kanzel thront. Die mir vorher noch nie aufgefallen ist. Da ich mir ziemlich sicher bin, dass die Mauer nicht mitten über den Ku'damm verlief, kann das kein ehemaliger Grenzwach-turm sein. Aber was dann?

Natürlich muss ich meine Neugier nicht lange zügeln, denn schon blubbert es zwanghaft aus dem schwäbischen Wanderlexikon heraus: »Das ist etwas ganz Besonderes. Eine Verkehrskanzel, von der aus Polizisten per Hand die

Ampeln geschaltet haben. 1962 wurde das System in dieser Form abgeschafft – die Kanzel steht aber unter Denkmalschutz. Tja, Murat, damals wurde eben alles noch nach tatsächlichem Bedarf geregelt und nicht automatisch nach Schema F. Kannst du dir das vorstellen?«

Und ob ich das kann. Wie oft habe ich während meines Polizeidienstes an Kreuzungen den Verkehr regeln müssen, wenn zur Abwechslung mal wieder die Ampeln ausgefallen waren. Man muss ja nicht glauben, dass Autofahrer, Fußgänger oder Radfahrer sich jemals nach einem Verkehrspolizisten richten würden. Die meisten wissen wahrscheinlich nicht einmal, was dessen Handzeichen überhaupt bedeuten.

Stundenlang stand ich im dicksten Verkehrsmief, immer den sicheren Tod vor Augen. Da hätte ich so eine Kanzel gut gebrauchen können. Plötzlich kommt mir ein Gedanke.

»Sag mal, du Bücherfresser, kommt der Begriff ›jemanden abkanzeln‹ eigentlich daher, dass Verkehrsteilnehmer von dort oben abgekanzelt wurden?«

Karl schaut mich mitleidig an.

»Na, so was kann ja nur ein Osmane fragen. Nee, der Ausdruck kommt von den Predigten in der Kirche, die ja auch von einer Kanzel herab gehalten wurden. Da wurden die armen Sünder vom selbstgerechten Pfarrer abgekanzelt.«

Apropos Osmane. Man sieht nicht sehr viele Kopftücher am Ku'damm. Dafür aber am nahegelegenen Breitscheidplatz ganz viele fliegende Händler. Der Breitscheidplatz ist eh so ein Fall für sich. Zu Westberliner Zeiten bildete er mit der Gedächtniskirche und dem angrenzenden Europacenter samt darauf prunkendem Mercedesstern den mondänen Kern der Frontstadt. Heute sieht er mit seinen Billighändlern und dem eingerüsteten Turm der Gedächtniskirche eher wie die schäbige Karikatur eines prestigeträchtigen Platzes aus, und der Sightseeing-Wert tendiert von Tag zu Tag stärker gen null. Orte wie die Reichstagskuppel und das Brandenburger Tor haben dem Breitscheidplatz in der

Gunst der Besucher sowieso schon seit Jahren den Rang abgelaufen.

Vielleicht ist es das deprimierende Gesicht dieser Gegend, das die Lust zu süßen Sünden weckt. Jedenfalls habe ich Karl in unserer gemeinsamen Berliner Zeit noch nie so überzeugt zugestimmt wie in dem Moment, als er mich am Ende unseres kleinen Ausflugs zu Kaffee und Kuchen in das Neue Kranzler Eck am Kurfürstendamm 21 einlädt. Die dort stehende Buddy Bär Quadriga ist genauso süß wie der Bienenstich, den wir uns bestellen. Die zur Buße notwendigen zwei Extrastunden im Fitnessstudio nehme ich billigend in Kauf.

Kauend möchte Karl mich überzeugen, dass der Ku'damm überhaupt nicht so gestrig ist, wie ich als Neuköllner Dorfbratze vielleicht glaube. Der Ausdruck Dorfbratze zeigt mir, dass der Provinzguru den Zenit seiner Peinlichkeit noch nicht überschritten hat und immer noch mit Berliner Dialektausdrücken protzen möchte. Ich strafe ihn demonstrativ mit Schweigen und bestelle mir lieber einen weiteren Bienenstich. Dieses Mal sogar mit Sahne. Drei weitere Stunden Fitnessstudio on top.

»Murat«, schwadroniert der selbstgerechteste aller Gäste unbeirrt weiter, »wenn du glaubst, dies hier wäre ein totes Viertel, bist du komplett schief gewickelt. Hast du die Baustelle zwischen Gedächtniskirche, Kantstraße und Bahnhof Zoo gesehen? Da entsteht ein riesiges Hotel mit 32 Stockwerken. Das wird das neue Waldorf Astoria.«

Bei diesem Stichwort fiel mir die Geschichte eines alten Kumpels ein. Der wollte frisch verliebt seiner neuen Flamme mit spontanem New-York-Shoppingtrip und Übernachtung im Waldorf Astoria zeigen, was für ein unglaublich weltläufiger Hammertyp er ist. Leider ahnte er nicht, dass dieses legendäre Hotel in Wirklichkeit ein über einen ganzen Straßenblock reichender riesiger Wohnkomplex ist. Und sich zudem aus einem luxuriösen Teil und einer recht heruntergekommenen Touristenfalle zusammensetzt. Der luxuriöse Teil aber, den er samt Freundin an der Hand zielstrebig ansteuerte, erforderte einen besonderen Zugangscode. Zu seiner großen Überraschung konnte er diesen in den Reiseunterlagen nicht finden. Und das trotz einer an sein Reisebüro überwiesenen horrenden Übernachtungssumme. In der festen Überzeugung, es könne sich hier nur um einen lässlichen Fehler der Urlaubsdealer handeln, randalierte er beim Hotelportier gut eine halbe Stunde herum, bevor man ihn letzten Endes trotz anhaltender lautstarker Proteste in einer Besenkammer unterbrachte, die bestenfalls Boris Becker zur Zeugung eines weiteren Kindes gereicht hätte. Ich möchte hier keinen Zusammenhang unterstellen, aber ab diesem Moment kriselte diese eigentlich noch frische Liebe und war noch vor dem Rückflug nach Berlin faktisch am Ende. Man möge mir also verzeihen, wenn ich einen an das Waldorf Astoria erinnernden neuen Hotelkomplex weniger für einen Neuanfang als für einen weiteren Mosaikstein im Grabmal dieser Gegend halte.

𝓑uddy Bears

Diese Bären sind circa zwei Meter groß, wiegen etwa 50 Kilogramm und stehen überall in der Stadt. Doch sie sind friedlich. Der Buddy Bär (engl. *buddy* = Kumpel, Freund) ist ein Kunstprojekt, entwickelt 2001 von dem Berliner Unternehmerehepaar Eva und Klaus Herlitz sowie dem österreichischen Künstler Roman Strobl. Es wurden vier unterschiedliche Bärenmodelle entworfen: ein auf allen vieren stehender (»Freund«), ein auf den Beinen stehender (»Tänzer«), ein Kopfstand machender (»Akrobat«) sowie ein sitzender Bär. Sie sind jeweils auf einem Betonsockel montiert und mit einer Plakette versehen, die den

Namen des Bären, den Künstler und den Sponsor nennt.

Im Juni 2001 wurden sie erstmals vor dem KaDeWe in der »Buddy Bär Berlin Show« ausgestellt. Mittlerweile findet man die Bären nicht mehr nur in Berlin. Insgesamt gibt es über 1.200 Bären, wovon sich rund 900 außerhalb Berlins und Brandenburgs befinden. Zahlreiche Unternehmen und Privatpersonen erwarben Buddy Bären (circa 1.300 Euro pro Stück) für ihre Heimatstadt oder ihr Heimatland. Sogar in vielen Botschaften und Konsulaten der Bundesrepublik Deutschland steht heute ein Buddy Bär, der die Gäste willkommen heißt, unter anderem in Bangkok (Thailand), Brasilia (Brasilien), Canberra (Australien), Dhaka (Bangladesch), Jekaterinburg (Russland), Maskat (Oman), Neu-Delhi (Indien), Ottawa (Kanada), Sofia (Bulgarien), Sankt Petersburg (Russland), Taipeh (Taiwan), Tokio (Japan), Windhuk (Namibia) und Washington (USA). www.buddy-baer.com

ℬerlin für Kabarettfreunde

Hier finden Comedy- und Kabarettfreunde stets interessante und hochwertige Programme:

Ufa-Fabrik
Viktoriastraße 10–18
12105 Berlin-Tempelhof
www.ufafabrik.de

Mehringhof-Theater
Gneisenaustraße 2a
10961 Berlin-Kreuzberg
www.mehringhoftheater.de

Comedy Club Kookaburra
Schönhauser Allee 184
10119 Berlin-Mitte
www.comedyclub.de

BKA-Theater
Mehringdamm 34
10961 Berlin-Kreuzberg
www.bka-luftschloss.de

Quatsch Comedy Club
Friedrichstraße 107
10117 Berlin-Mitte
www.quatsch-comedy-club.de

Wühlmäuse
Pommernallee 2–4
14052 Berlin-Charlottenburg
www.wuehlmaeuse.de

Alles nicht ganz koscher

»Murat, wusstest du, dass der Alexanderplatz früher ein Viehmarkt war?«

Mein Westentaschen-Jauch sieht mich herausfordernd an, während wir die Rolltreppe vom Bahnsteig der U5 hochfahren. Es ist morgens neun Uhr. Ich würde jetzt gerne behaupten, dass uns hehre Ziele wie Frühsport oder ein Erbauungsspaziergang durch Friedrichshain so zeitig aus dem Haus getrieben haben. Der Grund ist viel banaler: ein simples Großreinemachen, das meine Frau und meine Mutter gestern Abend spontan beschlossen und radikal durchsetzten. Als potenzielle Staub- und Dreckverursacher waren wir bei dieser Aktion offenkundig nicht gefragt. Nicht, dass mich das in tiefe Depressionen gestürzt hätte.

Wenn man wie wir an der Haltestelle Weberwiese der U5 aussteigt, kann man sich oberirdisch die Zuckerbäckerbauten der Karl-Marx-Allee anschauen, die früher Stalinallee hieß. Die in den 50er-Jahren gebauten Häuser sehen wirklich aus wie Naschwerk, sind wunderschön verziert, und die Wohnungen haben zum Teil Kacheln aus Delfter Porzellan. Das ist sozusagen Platte de luxe.

Berühmt oder eher berüchtigt wurde die Prachtallee aber, als dort im Juni 1953 die DDR-Arbeiteraufstände begannen, die ja bekanntlich mit dem Eingreifen der Sowjetarmee blutig endeten. Was dazu führte, dass im Westen der 17. Juni als Tag der Deutschen Einheit begangen wurde. Der dann 1990 vom 3. Oktober abgelöst wurde. Ich klinge inzwischen schon wie Karl, oder?

Während also Karl in seiner üblich langatmigen Art vom ehemaligen Viehmarkt Alexanderplatz schwadroniert, denke ich, dass der Alexanderplatz letzten Endes auch heute noch einem Viehumschlagort ähnelt. Wer das nicht glaubt, versuche mal, in der Rushhour in den sich dort vielfältig kreuzenden Untergrundgängen unfallfrei die U-Bahn zu wechseln. Menschenmassen, wo man hinschaut. Supereilig, mit dem unvermeidlichen Coffee to go in der Hand und mieser Laune im Gesicht werden die Horden von einer unsichtbaren Hand zwischen den einzelnen Linien hin und her geschoben. Auch meine Laune fällt rapide in den Keller, als mir die Erinnerung an meine am Alex schmählich gestohlene Geldbörse kommt.

»Was für ein Mist«, fluche ich unwillkürlich.

Von meinem plötzlichen emotionalen Ausbruch überrascht, bricht Karl seinen Viehvortrag ab.

»Was ist, Murat?«, fragt er besorgt.

»Ach nichts«, winke ich ab. Was mir jetzt gerade noch fehlen würde, wäre gönnerhafter Trost aus seinem dauerplappernden Mund.

Nachdem wir einige Hundert Meter schweigend nebeneinander hergegangen sind, stößt Karl mich von der Seite an. Er möchte mich überreden, am Hackeschen Markt frühstücken zu gehen. Dort müsse er mir etwas Wichtiges anvertrauen, deutet er geheimnisvoll Weltbewegendes an. Ich ahne nichts Gutes.

»Karl, du musst mir keine Geheimnisse erzählen«, sage ich vorbeugend, als wir wenig später in dem sehr charmanten Ampelmann-Café auf der Wiese vor der S-Bahn sitzen und auf unser Frühstück warten. »Wir sind schließlich nicht beste Kumpels oder so was.«

Der leicht zu kränkende Datenstaubsauger schaut mich beleidigt an. Und nötigt mir, quasi als Trostpflaster, das Versprechen an, dass wir uns nachher noch die Hackeschen Höfe und das Scheunenviertel anschauen.

»Wir schauen uns alles an – versprochen. Du bekommst heute so viel Historie, dass du dich nachher garantiert zehn Jahre älter fühlst.«

Karl rührt mit vorwurfsvoller Miene in seiner heißen Schokolade herum. ›Ich dachte, du wärst mein Freund, Murat‹ scheint jede Faser seines von der Enttäuschung gebeutelten Körpers sagen zu wollen. Nach fünf Minuten anklagenden Herumrührens halte ich es nicht mehr aus.

»Also gut, Kamerad: Was ist?«

Nachtragend ist der Leidemann jedenfalls nicht. Sofort sprudeln seine wichtigen vertraulichen Neuigkeiten nur so aus ihm heraus.

Die gute Nachricht: Er sucht sich jetzt ernsthaft eine Wohnung und einen Job in Berlin. Das ist natürlich auch gleichzeitig die schlechte Nachricht. Aber es kommt noch schlimmer: Er verrät mir zwischen zwei Schluck heißer Schokolade, dass die Jüdische Gemeinde Berlin ihn vielleicht als Archivar einstellen möchte.

Und jetzt platzt die Bombe. Er hat in seiner Bewerbung behauptet, Jude zu sein. Das stimmt leider nicht. Er hat auch behauptet, dass seine Familie ursprünglich aus dem Scheunenviertel stammt. Das stimmt leider ebenfalls nicht. Als ich ihn frage, warum in Dreiteufelsnamen er etwaigen Arbeitgebern solche dreisten Lügen auftischt, zuckt der Märchenerzähler nur die Schultern. Kleinlaut fügt er hinzu: »Ich hab halt gelesen, dass im Scheunenviertel und um den Hackeschen Markt herum viele Juden gelebt haben. Da dachte ich, das könnte meine Bewerbung etwas aufpeppen.« Diese verdammten Reiseführer! Ich muss unbedingt daran denken, sie heute Abend alle miteinander in den Sondermüll zu geben. Simplify your Life, kann ich da nur sagen.

Wobei die Info an sich natürlich stimmt. Das Scheunenviertel liegt oder vielmehr lag um die heutige Dircksenstraße und reichte bis zum Rosa-Luxemburg-Platz. Dort waren im 17. Jahrhundert außerhalb der Berliner Stadtmauern 27 Scheunen errichtet worden. Das hatte seinen Grund, denn Heu und Stroh sind bekanntermaßen extrem brennbar, und durch das Outsourcing der Scheunen konnte man verhindern, dass im Fall des Falles gleich die ganze Stadt abgefackelt wurde.

1773 verfügte Friedrich Wilhelm I., dass alle Juden ohne Wohneigentum in das Scheunenviertel umgesiedelt wurden. Ab sofort durften sie Berlin außerdem nur noch durch die nördlichen Stadttore betreten. Durch stete Zuwanderung entstand so im Scheunenviertel nach und nach eine bedeutende jüdische Gemeinde, deren kultureller Einfluss immer stärker wurde. Übrigens, all die großspurigen Neukölln-Kids, die laut herumtönen, sie lebten im Ghetto, sollten sich erst einmal klarmachen, was ein Ghetto tatsächlich war und bedeutete. Ich habe zumindest noch nicht gesehen, dass eines dieser armen unterdrückten Ghettokids zwangsweise in Neukölln bleiben musste.

Mit der Industrialisierung und dem daraus resultierenden unaufhörlichen Zuzug verarmter Landbewohner wurde Wohnraum in Berlin und Umgebung ein zunehmend rares Gut. Bewohner eines Hauses begannen, in den wenigen verfügbaren Betten im Schichtbetrieb zu schlafen. Ich stelle mir kurz vor, wie sich unser gut genährter Besuch tagsüber in unserem Ehebett wälzt, und verdränge den Gedanken sofort wieder. Karl dagegen scheint die Idee interessant zu finden.

»Ob das wohl stimmt, Murat? Haben die wohl bei jedem Wechsel die Bettwäsche ausgetauscht?«

Ich sehe Karl perplex an.

»Das meinst du doch nicht ernst, oder? Die Bettwäsche haben die bestenfalls alle paar Wochen gewechselt. Was meinst du, was das Waschen ohne Maschine für harte körperliche Arbeit war? Da musste der Kessel geheizt werden und die Wäsche gekocht und geschwenkt und gebleicht.« Ich kenne die Prozedur noch aus meinen frühkindlichen Urlauben in der Türkei.

Während der Industrialisierung bekam das Scheunenviertel einen schlechten Ruf. Die Armut führte in dem Karree zu verstärkter Kriminalität und Prostitution. Ganz anders als in der jüdischen Gemeinde am Hackeschen Markt. Sie blühte auf und entwickelte einen großbürgerlichen Lebensstandard.

Wo heute in den Hackeschen Höfen Kinos, Kleinkunst, Gastronomie und In-Shops die Gäste erfreuen, war früher die jüdische Gemeinde aktiv. Hier wurde gelehrt, hier hatten jüdische Studenten eine Kantine; es gab ein jüdisches Krankenhaus und eine jüdische Mädchenschule.

Die sogenannte Spandauer Vorstadt war ein echtes Renommierviertel. Hier lebte unter anderem Brendel Veit (später Schlegel), die älteste Tochter des Philosophen und Aufklärers Moses Mendelssohn, die mit ihren Freundinnen Rahel Levin und Henriette Herz die Berliner Salonkultur begründete.

Karl hat mir bestenfalls mit einem Ohr zugehört. Wahrscheinlich weiß er das alles eh schon aus seinen schlauen Büchern. Jedenfalls wechselt er abrupt das Thema.

»Weißt du was, Murat?«

Ich schiebe meinen gerade servierten Frühstücksteller seufzend zur Seite. Es kommt jetzt sicher nichts Gutes – und ich habe recht.

»Ich möchte, dass wir nach dem Frühstück alle jüdischen

Friedhöfe Berlins besuchen – wir müssen ein Grab finden, mit dem ich meine jüdische Vergangenheit belegen kann.«

Ich sehe ihn fassungslos an.

»Du willst ein Grab finden, das auf den Namen Häberle lautet?«

Selbst der größte Traumtänzer von allen sieht ein, dass dies relativ aussichtslos ist. Es ist sowieso höchst erstaunlich, dass die Jüdische Gemeinde bei diesem so unjüdischen Nachnamen nicht sofort misstrauisch geworden ist.

»Du wirst ihnen die Wahrheit sagen müssen, Karl.«

Der Trickser nickt deprimiert, aber einsichtig.

Am nächsten Tag ist klar: Den Job kann er sich abschminken – Karl wohnt also weiter bei uns. Er bleibt, bis vielleicht eines Tages ein Wunder geschieht, unser treuer und teurer Kost- und Schlafgänger.

Jüdischer Friedhof Weißensee

Der 1880 angelegte Jüdische Friedhof Berlin-Weißensee ist der flächengrößte erhaltene jüdische Friedhof Europas (42 Hektar, so groß wie 86 Fußballfelder). Mit seinen 115.000 Grabstellen steht er unter Denkmalschutz. Die zum Teil prächtigen Grabsteine und Mausoleen wurden unter anderem von Stararchitekten wie Mies van der Rohe und Walter Gropius entworfen. Der Friedhof gehörte zu der Handvoll jüdischer Institutionen in Deutschland, die auch während der Nazizeit in jüdischer Selbstverwaltung blieben. Auf ihm ist zum Gedenken an die sechs Millionen Juden, die Opfer der nationalsozialistischen Verfolgung geworden sind, ein Denkmal errichtet worden. Mittelpunkt ist ein zentraler Gedenkstein mit folgender Inschrift:

GEDENKE EWIGER WAS UNS GESCHEHEN. GEWIDMET DEM GE-
DÄCHTNIS UNSERER ERMORDETEN BRÜDER UND SCHWESTERN
1933–1945 UND DEN LEBENDEN DIE DAS VERMÄCHTNIS DER TO-
TEN ERFÜLLEN SOLLEN.

Die Jüdische Gemeinde zu Berlin

Zudem gibt es ein Ehrenfeld für die im Ersten Weltkrieg gefallenen jüdischen Soldaten, in dessen Zentrum ein drei Meter hohes Denkmal aus Muschelkalkstein von Alexander Beer steht, das einen monumentalen Altar darstellt.

Zur Erhaltung der baulichen Substanz des Friedhofes wurde 2002 der Förderverein Jüdischer Friedhof e. V. gegründet. Das Areal soll in einigen Jahren offiziell zum Weltkulturerbe der UNESCO zählen.

Mit dem Film »Im Himmel, unter der Erde« hat Britta Wauer dem Jüdischen Friedhof Weißensee 2011 ein filmisches Denkmal gesetzt, welches zu Recht den Panorama Publikumspreis der 61. Internationalen Filmfestspiele Berlin erhielt.

Jüdischer Friedhof Berlin-Weißensee
Herbert-Baum-Straße 45
13088 Berlin-Weißensee

Das eigentliche Berlin

Jetzt zeig es mir endlich, Murat.«
Ich nehme Karl wortlos bei der Hand und führe ihn durch den Flur unseres Hauses zur Eingangstür. Die öffne ich mit Schwung.

»Hier!«

Karl sieht mich verständnislos an.

»Hier«, sage ich und deute hinaus.

Die empörteste Ehefrau von allen ruft böse: »Murat! Was ist denn aus deiner legendären türkischen Gastfreundschaft geworden?«

Ich spüre, wie mein linkes Auge nervös zuckt. Das tut es seit dem Tag, an dem ich unseren Dauerbesuch vom Hauptbahnhof abgeholt habe, und inzwischen immer öfter.

Ich vermute, es handelt sich um Augen-Tinnitus. Ich sehe überall Pfeifen. Und Karl ist die Oberpfeife. Es gab in den letzten Wochen eine Zeit, da fand ich unsere Heimsuchung fast sympathisch. Und sah sie nahezu als Familienzuwachs. Aber jetzt will ich definitiv nicht mehr. Im Gegensatz zu Konstantin Wecker sage ich: Genug ist doch genug. Ich will mit der süßesten Ehefrau aller Zeiten und meinem bald das Erdenlicht erblickenden Kind alleine sein.

»Hier« wiederhole ich, nach draußen deutend.

»Das soll das eigentliche Berlin sein?« Karl-Holger betrachtet meinen Vorgarten mit skeptischen Blicken. Dass die Quasselstrippe extrem nerven kann, sollte inzwischen selbst der gutmütigste Leser eingesehen haben. Aber dass er die letzten Tage auch noch ständig auf der dümmsten aller dummen Touri-Fragen herumreitet, das setzt dem König aller Nervengifte endgültig die Krone auf.

»Was ist denn nun das richtige Berlin?«

Leute, es gibt kein richtiges oder falsches Berlin. Marzahn ist genauso richtig wie Neukölln. Wilmersdorf genauso richtig wie Pankow. Oder falsch.

»Geh und finde es heraus.« Ich schiebe Karl durch die Haustür und schließe sie mit Schmackes.

Sogleich klingelt er aufgebracht Sturm. Und mein weichherziges Weib hat Mitleid und lässt ihn wieder herein.

»Du kannst Karl doch nicht im Schlafanzug in den Vorgarten stellen.«

Warum nicht? Warum eigentlich nicht? Seit seiner Ankunft tut der Wahnwitzige nichts anderes, als auf meinen hochsensitiven Nervensträngen herumzutrampeln! Und ich darf ihn nicht einmal als Pyjama-Gartenzwerg auf den Rasen stellen? In was für einer kaputten, ungerechten Welt leben wir eigentlich? Aber bitte, von mir aus. Soll er halt kriegen, was er sich wünscht. Vielleicht gibt er ja dann endlich, endlich, endlich Ruhe.

»Zieh dir was Vernünftiges an«, blaffe ich den Nachtbekleideten an. »Dann zeige ich dir das eigentliche Berlin – du willst es ja nicht anders.«

Karl flippt fast aus vor Freude. Fehlt nur noch, dass er vor Begeisterung Männchen macht.

Wir fahren mal wieder zum Alexanderplatz, in Karls Welt nur noch als Viehmarkt bekannt, und laufen von dort die paar Meter zum Nikolaiviertel.

Das Nikolaiviertel ist das ursprüngliche Zentrum Berlins und mittendrin steht die Nikolaikirche mit ihren gewaltigen auf die schlanken Türme gesetzten goldenen Kugeln. Zwischen 1230 und 1250 erbaut, ist sie das älteste erhaltene Gebäude der Stadt und Berlins erste Kirche. Berlin selbst wurde 1237 erstmals urkundlich erwähnt und ist damit ein Teenager unter Deutschlands Städten. Nur mal so zum Vergleich: Trier ist über 2.000 Jahre alt.

Das Nikolaiviertel sieht für sein trotzdem vergleichsweise hohes Alter erstaunlich jung und gut erhalten aus. Was einen simplen Grund hat: Es wurde im Zweiten Weltkrieg fast komplett zerstört und von den DDR-Oberen zur 1987 anstehenden 750-Jahr-Feier neu aufgebaut. Unmittelbar nach der Wende war es der Lieblingsort aller Berlinreisenden, was dazu führte dass die hier angesiedelte Gastronomie notorisch ausgebucht war. Inzwischen sind im Stadtdschungel neue Trampelpfade entstanden und Gegenden wie der Prenzlauer Berg, der Hackesche Markt, die Oranienburger Straße oder die Kreuzberger Bergmannstraße ziehen längst deutlich mehr Touristen an als das Nikolaiviertel.

Was nichts daran ändert, dass hier einst der berühmte Berliner *Milljöh*-Zeichner Heinrich Zille als Lithograf arbeitete und wirkte; in diesen Straßen streifte er durch die Kneipen und bannte das einfache Berliner Volk aufs Papier. Weswegen es in der Probststraße 11 ein Zille Museum gibt und in der Poststraße eine Sandsteinskulptur, die an das Berliner Original erinnert.

Aber das Nikolaiviertel ist erst der Anfang unserer Gewalttour durch das »eigentliche« Berlin. Wenn der Sofasurfer schon solch dämliche Fantasien von richtig und falsch hat, dann soll er dafür auch büßen. Die Sonne ist meine Komplizin und brennt unbarmherzig vom stahlblauen Himmel. Aber ich bin fit und durchtrainiert. Und der Schwoab nicht. Das wird er bald merken.

Berlin ist übrigens buchstäblich auf Sand gebaut.

Ich stelle mir vor, wie es gewesen sein muss, als die Straßen noch nicht geteert oder gepflastert waren und die Menschen in Staub und Sand gehüllt wurden, wenn eine eilige Kutsche vorbeidonnerte. Heute hüllen einen die vorüberjagenden Pferdestärken eher in Abgaswolken.

Unter den Linden sollte derzeit übrigens besser »Unter Bauarbeitern« heißen.

Die prächtige Berliner Staatsoper, mit der katholischen Hedwigs-Kathedrale im Hintergrund, ist momentan eine Großbaustelle. Der asbestverseuchte Palast der Republik, die frühere Volkskammer der DDR, im Volksmund gerne »Ballast der Republik« oder in Anspielung auf Erich Honecker und die zahllosen Leuchten der Foyerdeckenbeleuchtung »Erichs Lampenladen« genannt, wurde dagegen bereits dem Erdboden gleichgemacht. Auf dieser Brache soll demnächst irgendwann das alte Stadtschloss wieder neu entstehen. Ich glaube nicht, dass Berlin unbedingt ein weiteres Schloss braucht. Der allem Vergangenen und Untergegangenen zugewandte Karl sieht das natürlich anders.

»Ein Schloss ist für die Ewigkeit, Murat!«, ruft er mit Tränen des Pathos in den Augen.

Wie gerne hätte ich ein Schloss, um dieses Mundwerk zu verschließen.

Aber man kann nicht alles haben, und so hetze ich ihn weiter zum Gendarmenmarkt. Normalerweise wäre ich vorher kurz in der wunderbaren Tadshikischen Teestube eingekehrt, aber eine Strafexpedition ist nun einmal kein Vergnügungsausflug Am Gendarmenmarkt versuche ich Karl zu beweisen, dass Berlin nun wirklich schon genug Prachtbauten hat. Das wunderbare Konzerthaus wird flankiert vom Deutschen und vom Französischen Dom, die ich offen gestanden nie auseinanderhalten kann, die man ihrerseits aber auf keinen Fall mit dem Berliner Dom durcheinanderwerfen sollte, der sich wiederum Unter den Linden befindet.

Der Gendarmenmarkt ist ohne jeden Zweifel der prächtigste Platz Berlins. Sofern man diesen Titel nicht dem direkt am Brandenburger Tor gelegenen Pariser Platz verleihen will, wo ich Karl als Nächstes hintreibe. Das Brandenburger Tor bildet zusammen mit der Reichstagskuppel *das* Symbol für das wiedervereinigte Deutschland. Zu Recht, denn beide Bauwerke standen ja direkt an der Mauer. Der Reichstag im Westen, das Brandenburger Tor im Osten.

Karl steht schwer fasziniert und, wie mir scheint, auch schon recht ruhebedürftig unter dem mittleren Bogen des Brandenburger Tores und starrt hinauf.

»Schau mal, Murat, wie unglaublich hoch das ist.«

Bevor er zu pseudophilosophischen Exkursen ausholen kann, führe ich ihn aus leicht zu durchschauenden Gründen in den Raum der Stille, der sich rechts am Brandenburger Tor befindet. Hier soll man innere Einkehr halten.

Karl lauscht.

»Es ist hier aber gar nicht still, Murat.«

»Nee, natürlich nicht – weil du redest.«

Ich bin mit meinem Türkisch am Ende. Allah, hab ein Einsehen und schicke Karl in die Wüste.

Aber Allah hat kein Einsehen. Stattdessen höre ich den Pathetiker murmeln: »Das ist alles für die Ewigkeit hier. Murat, echt – das ist alles für die Ewigkeit.«

Was für ein Quatsch. Ich erkläre Karl, dass das Brandenburger Tor vor nicht allzu langer Zeit für den durchfahrenden Verkehr geschlossen werden musste, weil die dauernden Erschütterungen dazu führten, dass es instabil geworden war.

»Karl-Holger, ein einfacher BVG-Bus kann dieses Tor zum Schwanken bringen. Denk an den Zweiten Weltkrieg – nichts ist für die Ewigkeit.«

Ich gönne meinem Opfer keine Pause und schleppe es weiter zum Bahnhof Friedrichstraße. Der war in den Mauerjahren ein düsterer innerstädtischer Grenzübergang mit einer großen und inoffiziell »Tränenpalast« getauften Abfertigungshalle, was sich auf die zahlreichen Tränen bezog, die Verwandte und/oder Verliebte bei ihren abendlichen Trennungen vergossen. Denn mehr als Tagespassierscheine waren nicht drin. Heute tobt um den Bahnhof herum wieder, wie einst in den 20er-Jahren, das pralle Leben mit Geschäften, Restaurants, Theatern, unter anderem dem Kabarett Distel dem Admiralspalast oder auch dem Theater am Schiffbauerdamm, in dem in den 50er-Jahren Bertolt Brecht arbeitete und wirkte.

Apropos Brecht. Ich scheuche meinen zunehmend schlapper durch die Gegend krauchenden Klienten die Chausseestraße Richtung Wedding hoch. Karls Jammern überhöre ich geflissentlich. Wie man schon in dem Stummfilmklassiker »Berlin. Die Sinfonie der Großstadt« sehen kann, ist Berlin vor allem eins: immer in Bewegung. Schnell, hektisch, rasant. Wer unbedingt das wahre, eigentliche, richtige Berlin kennenlernen will, muss dieses Tempo mitgehen können. Und zwar zu Fuß! Dumm natürlich, wenn der einem von der Natur nur geliehene Körper vernachlässigt wurde und so gar keine Bewegung gewöhnt ist.

»Wo geht es denn noch hin, Murat?«, schnauft das ausgelaugte Walross.

»Zum Dorotheenstädtischen Friedhof. Der ist fantastisch und mittendrin in Berlin. Mittiger und historischer geht kaum. Und das, glaube mir, ist wirklich ein Platz für die Ewigkeit.«

Vorher zeige ich meinem kaum noch aufschauenden Begleiter links an der Ecke Hannoversche Straße das Haus Chausseestraße 131, in dem vor seiner Ausweisung aus der DDR der Liedermacher Wolf Biermann lebte und sang. Die Adresse ist durch Biermanns gleichnamige LP unsterblich geworden. Heute befindet sich im Erdgeschoss des unscheinbaren Hauses ein türkisches Restaurant.

Ein paar Meter weiter die Chausseestraße hoch gelangen wir zum Dorotheenstädtischen Friedhof, der zum Zeitpunkt seiner Gründung ebenso wie das Scheunenviertel außerhalb der Berliner Stadtmauern lag. Rechts vom Eingang befindet sich das Brecht-Haus. Karl erlangt einen kleinen Teil seiner Lebensgeister wieder. Ich nehme an, es motiviert ihn, in der Nähe von so viel Toten zu sein. Der nekrophile Zug an ihm ist ja unverkennbar.

»Das ist das Brecht-Haus? Kann man da rein?«

»Kann man – unten gibt es sogar ein Lokal, in dem noch nach den Rezepten von Helene Weigel gekocht wird.«

Karl ist tief beeindruckt.

Aber Essen fassen ist nicht. Wir sind ja nicht zum Spaß unterwegs. Ich zerre ihn auf den Friedhof und zeige ihm auf 17.000 Quadratmetern Fläche das verblichene Who is who deutscher beziehungsweise preußischer Philosophie, Literatur und Kunst. Um rein willkürlich ein paar der hier Ruhenden aufzuzählen: Georg Wilhelm Friedrich Hegel, Johann Gottlieb Fichte, Heinrich Mann, Bertolt Brecht, Helene Weigel, Heiner Müller, Karl Friedrich Schinkel, Anna Seghers, Rudolf Bahro, Bernhard Minetti, Bärbel Bohley, Fritz Teufel.

Die Ausgliederung der Friedhöfe aus der Stadt hatte natürlich rein hygienische Gründe. Man hatte Angst, dass die Verwesenden innerhalb der Stadtmauern Epidemien Vorschub leisten könnten. Man blieb übrigens auch tot noch gerne unter sich – direkt an den Dorotheenstädtischen Friedhof grenzt der Französische Friedhof, der von den zugewanderten Hugenotten gegründet und genutzt wurde.

Ich setze mich auf eine Bank in der Nähe des Ehrengrabs für den ehemaligen Bundespräsidenten Johannes Rau. Es ist faszinierend zu sehen, wie Karl unter all den

Toten sofort wieder aufblüht. Ganz im Gegensatz zu mir. Ich sehe ihn noch zwischen den vielen Grabmälern verschwinden. Ein schönes Bild. Dann nicke ich ein.

Als ich wieder aufwache, steht die Sonne schon ziemlich tief. Vielleicht ist das Tempo meiner Stadt inzwischen zu hoch für mich!? Von Karl keine Spur. Wäre er während meines Nickerchens zurückgekehrt, hätte er mich sicher mit seinem Geplapper geweckt. Rücksichtnahme ist für den Pädagogen a. D. ein alt-aramäisches Fremdwort.

Seine Abwesenheit bereitet mir nun doch ein wenig Sorge.

Ich erinnere mich noch gut an einen grausamen und nie aufgeklärten Mord auf dem Friedhof Bergmannstraße. Wenn Karl sich hier neben einen frisch Trauernden gestellt und ihn mit seinen Fragen und angelesenen Weisheiten terrorisiert hat, wäre zumindest ein Totschlag aus Notwehr nicht auszuschließen.

Ich rufe ihn auf seinem Handy an – nichts. Das Handy ist ausgeschaltet. Oder ist aufgrund seines hohen Alters ebenfalls verschieden.

Nachdem ich vergeblich den kompletten Friedhof abgesucht, hinter jeden Grabstein geblickt und das Restaurant des Brecht-Hauses durchgescannt habe – inklusive Herren- und Damentoilette –, fahre ich besorgt nach Hause.

Als ich die Haustür aufmache, kommt mir meine Ehefrau schon strahlend entgegen.

»Das hast du gut gemacht, Schatz.« Sie umarmt und küsst mich.

Natürlich finde ich es generell toll, wenn meine Liebste mich lobt, umarmt und küsst. Aber ich wüsste dann doch gerne, was ich denn gut gemacht habe.

»Na, das mit Karl.«

»Karl? Wo ist er denn?«

»Du hast ihn gerade verpasst. Er hat seine Sachen gepackt und ist gegangen. Er lässt dich herzlich grüßen, hatte aber keine Zeit mehr, auf dich zu warten.«

»Keine Zeit mehr, auf mich zu warten? Diese Fleisch und Blut gewordene Klette? Bist du sicher, dass du mit dem echten Karl gesprochen hast?«

»Dumme Frage. Aber er braucht dich wohl nicht mehr. Er hat jetzt Isolde.«

»Isolde?« Das Ganze wird ja immer mysteriöser.

»Isolde. Aus Waiblingen. Mitte 20. Angehende Friedhofsgärtnerin.«

»Ich verstehe nur Friedhof.«

»Genau. Sie haben sich auf dem Friedhof getroffen, wo sie irgendwelche Studien für ihre Friedhofsgärtnerinnen-Prüfung betreiben musste.«

»Hä? Ist hier irgendwo eine versteckte Kamera?«

»Quatsch. Die beiden haben geredet und Karl hat sich wohl sofort in sie verliebt. Aber jetzt kommt das wirklich Seltsame.«

»Bisher finde ich die ganze Geschichte schon ausreichend seltsam.«

»Wart's ab. Sie hat sich nämlich auch in ihn verliebt.«

Oh weh. Zwei Nekrophile unter sich.

Ich folge meiner Frau in die Küche, wo noch Karls monströse Koffeintanke steht. Unbenutzt. Nach dem ersten, damals von mir unterbundenen Test, hatte er irgendwie den Spaß an seinem Schnäppchen verloren.

»Danke übrigens für das schöne Hochzeitsgeschenk.«

Verdammt, ich wusste, heute war irgendein besonderer Tag. Dass ich es aber auch nie schaffe, an diesen elendigen Hochzeitstag zu denken. Aber wieso ›Danke für das Geschenk‹? Ist das jetzt bitterer Sarkasmus? Oder was?

»Tut mir leid«, stammele ich kläglich vor mich hin.

»Du brauchst dich nicht zu entschuldigen. Karl hat mir erklärt, dass du kein sicheres Versteck für das Riesending hattest und er deshalb so tun sollte, als ob das seine Anschaffung wäre. Das ist doch ein süßer Trick von dir gewesen. Und noch ein süßeres Geschenk. Du bist wirklich der aufmerksamste Ehemann von allen.«

Na gut, wenn sie meint. Dann wird es wohl so sein. Karl, der alte Schlawiner. Ist ja alles in allem doch nicht komplett verkehrt, der Kerl. Ich setze mich erleichtert an den Küchentisch, während meine frisch verliebte Gattin mir eine Fassbrause einschenkt.

»Er ist also tatsächlich gegangen, ohne sich zu verabschieden?«

»Na ja, Isolde hatte ein Ticket mit Zugbindung. Das konnte sie als Schwäbin natürlich nicht verfallen lassen. Das kann ich absolut nachvollziehen. Und da er Angst hatte, dass sie womöglich im Zug jemand anderen kennenlernt, hat Karl in Rekordzeit seine Klamotten zusammengepackt und ist gleich mitgefahren. Hätte nicht gedacht, dass er derartig eifersüchtig sein kann.«

Ich schaue meine Frau verblüfft an. Wie wenig Menschenkenntnis die Damenwelt doch manchmal hat. Jemand besitzergreifenderen als Karl kann man sich doch kaum vorstellen. Dann gehe ich nachdenklich in unser Gästezimmer, welches so viele Wochen zwangsokkupiert war.

Wenn ich bedenke, wie ruck, zuck es mit Büchern und Broschüren vollgestopft war. Und mit Klamotten. Und vor allem mit diesem Ausbund an Breite.

Jetzt ist es ganz leer – bis auf zwei Bücherkisten, die verloren in der Ecke stehen.

»Die sollen wir ihm nachschicken«, flüstert mir die zärtlichste Ehefrau von allen ins Ohr, die mir leise gefolgt ist. Und mir außerdem noch zuflüstert: »Jetzt haben wir endlich wieder Zeit für uns.«

Da hat sie recht, und das ist wunderbar. Und dass ich das schreibe, hat nichts damit zu tun, dass meine Frau gerade neben mir steht – ehrlich.

Glücklich, wie ich in diesem Moment bin, muss ich an das Lied einer echten Berliner Pflanze denken. Katja Ebstein, die einst so treffend sang:

Wunder gibt es immer wieder,
heute oder morgen
können sie geschehen.
Wunder gibt es immer wieder,
wenn sie dir begegnen,
musst du sie auch sehn.

Vielleicht also erlebe ich gar noch das Wunder, dass mein neues Programm rechtzeitig fertig wird. Und falls nicht, sollten Sie als zufälliger Premierengast nach all dem hier Gelesenen hoffentlich Verständnis haben, dass ich einfach keine Zeit hatte, neue Nummern zu schreiben.

Heinrich Zille

Heinrich Rudolf Zille (geboren 1858 in Radeburg, gestorben 1929 in Berlin) war ein deutscher Grafiker, Lithograf, Maler, Zeichner und Fotograf. Als »Pinselheinrich« bekannt, widmete er sich oft Themen aus dem Berliner Volksleben und aus den Hinterhöfen, dem *Milljöh*, das er ebenso lokalpatriotisch wie sozialkritisch darstellte. Seine Zeichnungen versah er oft mit Bonmots oder Berliner Dialektbemerkungen und Kurzgeschichten. Zille gehörte als, obwohl in Sachsen geborenes, Berliner Original zu den bekanntesten Berlinern der ersten Hälfte des 20. Jahrhunderts.

Mit 40 Künstlern, die wie er aus der Künstlergruppe Berliner Secession austraten, gründete er 1913 die Freie Secession. Berühmt ist der Bildband »Mein Milljöh«, ebenso die Zyklen »Hurengespräche« und »Berliner

Luft«. Nach seinem Tod erhielt Zille ein Berliner Ehren-begräbnis auf dem Südwestkirchhof Stahnsdorf. 1970 wurde er posthum zum Ehrenbürger von Berlin ernannt. Zille-Denkmäler stehen am Alexanderplatz, am Köllni-schen Park, im Heinrich-Zille-Park, im Nikolaiviertel und im Volkspark Prenzlauer Berg.

Zille Museum
Propststraße 11
10178 Berlin-Mitte
www.heinrich-zille-museum.de

*D*ie Berliner Domlandschaft

Berliner Dom (Am Lustgarten, 10178 Berlin-Mitte)
Der Berliner Dom ist die größte Kirche Berlins und ge-hört zu den bedeutendsten protestantischen Kirchen-bauten in Deutschland. 1465 begann mit der Aufwertung der St.-Erasmus-Kapelle zum Kollegiatsstift die Ge-schichte des auf der Spreeinsel gelegenen Doms. 1539 wurde er im Zuge der Reformation zu einer lutherischen Kirche. 1747 bis 1750 ließ Friedrich der Große nördlich des Stadtschlosses einen barocken Neubau errichten und das baufällige alte Backsteingebäude abreißen. Karl Friedrich Schinkel gestaltete diesen Neubau dann eini-ge Jahre später im damals beliebten klassizistischen Stil um. Nach Gründung des Deutschen Reiches kam es zu einem weiteren Umbau. 1905 wurde die neue Prunkkir-che eingeweiht, die dann im Zweiten Weltkrieg zerstört wurde. 1975 begann der Wiederaufbau des Doms in der heutigen Form.

Deutscher Dom (Gendarmenmarkt 1–2, 10117 Berlin-Mitte)
Der Deutsche Dom am Gendarmenmarkt wurde zwischen 1702 und 1708 nach Plänen von Martin Grünberg für die deutsche Gemeinde der Friedrichstadt gebaut. Im Zweiten Weltkrieg fast vollständig zerstört, wurde er zwischen 1982 und 1996 wiederaufgebaut, wobei das Gebäude 1984 durch einen Grundstückstausch von der Evangelischen Kirche an den Staat überging. Insofern stiftet die Bezeichnung »Dom« heutzutage eher Verwirrung, da das Gebäude keinerlei kirchliche Funktion mehr hat.

Französischer Dom (Gendarmenmarkt, 10117 Berlin-Mitte)
Im Gegensatz zu dem der deutschen Friedrichstadt-Gemeinde übergebenen Deutschen Dom wurde die zwischen 1701 und 1705 erbaute Französische Friedrichstadtkirche für die französisch reformierten Glaubensflüchtlinge, die Hugenotten, errichtet.

Zwischen 1780 und 1785 ließ Friedrich der Große zwei symmetrische Kuppeltürme an die Deutsche und die Französische Kirche anbauen. So entstanden die Bauten erst gut 80 Jahre nach der eigentlichen Grundsteinlegung in der Form, wie sie heute das Erscheinungsbild des Gendarmenmarktes prägen. Im Zweiten Weltkrieg ebenfalls fast komplett zerstört, konnte der Französische Dom zwischen 1981 und 1987 rekonstruiert werden. Heute befindet sich in seinem Turmbau das Hugenottenmuseum, welches die Geschichte und das Leben der französischen Einwanderer zeigt.

Von der Aussichtsplattform, die seit Ende Juni 2009 für jedermann zugänglich ist, hat man einen grandiosen Panoramablick über Berlin.

*D*as neue Stadtschloss

Das Berliner Stadtschloss war die Hauptresidenz der Markgrafen und Kurfürsten von Brandenburg, später der Könige in beziehungsweise von Preußen und der Deutschen Kaiser. 1443 in einer ersten Version von Kurfürst Friedrich II. errichtet, wurde es im Lauf der Jahrhunderte mehrfach um- und ausgebaut. Während der Märzrevolution 1848 war der Schlossplatz Ort friedlicher Demonstrationen und gewalttätiger Straßenkämpfe. König Friedrich Wilhelm VI. hielt vom Balkon aus flammende Reden für das Volk, ebenso wie im Ersten Weltkrieg Kaiser Wilhelm II. Vom selben Balkon aus proklamierte Karl Liebknecht am 9. November 1918 nach der militärischen Niederlage des Kaiserreiches und der Flucht des Monarchen die Sozialistische Deutsche Republik. Im Zweiten Weltkrieg fast vollständig zerbombt, wurde das Stadtschloss von der DDR 1950 als Symbol des preußischen Absolutismus endgültig gesprengt. Stattdessen entstand an derselben Stelle der Palast der Republik, der dann 2008 asbestverseucht wieder abgerissen wurde.

Seit der deutschen Wiedervereinigung tobt die Diskussion, ob ein Wiederaufbau des Schlosses sinnvoll ist oder nicht. Das Bundesbauministerium hat am 23. November 2010 einen Zeitplan vorgestellt, wonach das Berliner Schloss bis 2019 rekonstruiert sein soll. Architekt für den Wiederaufbau des Schlosses ist Franco Stella. Das Budget beträgt 553 Millionen Euro.

10 Dinge, die man gesehen oder erlebt haben muss

1 Bei ungemütlichem Wetter in die **Tadshikische Tee-stube** einkehren. Im 1. Stock des Palais am Festungs-graben findet man bei vielfältigen internationalen Teespe-zialitäten und kleinen Speisen mitten im Herzen Berlins einen Ort der Ruhe und morgenländischen Gelassenheit.
Am Festungsgraben 1, 10117 Berlin-Mitte
Mo–Fr 17–24 Uhr, Sa + So 15–24 Uhr

2 In der warmen Jahreszeit im **Hofcafé bei Mutter Fou-rage** zwischen italienischen Terrakotten und blühen-den Pflanzen ausgiebig draußen frühstücken.
Chausseestraße 15a, 14109 Berlin-Wannsee
1. Mai bis 30. September: Mo–So 9–19 Uhr
1. Oktober bis 30. April: Mo–So 10–18 Uhr
www.hofcafe-berlin.de

3 Ein **Open-Air-Konzert** in der **Zitadelle Spandau**, Berlins stimmungsvollster Freilichtbühne, besuchen.
Infos unter www.citadel-music-festival.de

4 Einen Nachmittag lang im **DDR Museum** in der Karl-Liebknecht-Straße 1 die DDR hautnah und interaktiv erleben. Öffnungszeiten: So bis Fr 10–20 Uhr, Sa 10–22 Uhr. Tipp: erst am späteren Nachmittag hingehen, dann ist es nicht mehr ganz so voll. www.ddr-museum.de

5 Ein **Fußballspiel** in der **Alten Försterei** anschauen, der Heimstatt von Union Berlin. Ursprünglicher und intensiver kann man ein Fußballspiel in den heutigen Zeiten des Event-Sports kaum noch erleben.

6 **Russendisko** im Kaffee Burger: Abhotten zu Balkan-Grooves, meistens aber ohne Russen.
Infos unter www.kaffeeburger.de

7 Das **Gaslaternenmuseum** ist mitten im Tiergarten eine ständige Freilichtausstellung mit historischen Gaslaternen. Mit Einbruch der Dämmerung werden die Lichter eingeschaltet und bieten ein nostalgisches und imposantes Bild.
Ecke Straße des 17. Juni und Klopstockstraße
ganzjährig geöffnet, freier Eintritt

8 Sich mit Gleichgesinnten zur Schnitzeljagd für Erwachsene treffen, der **Berlin Rallye**. Mit Stadtplan und einem Buch voller kniffliger Fragen rätseln sich die Teams zu einem geheimen Zielort durch. www.berlin-rallye.com

9 Im **Weltrestaurant Markthalle** auf den Spuren von Sven Regeners »Herr Lehmann« wandeln und prima Bier und Schweinebraten genießen.
Pücklerstraße 34, 10997 Berlin-Kreuzberg
täglich 10 Uhr bis spät
www.weltrestaurant-markthalle.de

10 Den **Türkenmarkt am Maybachufer** besuchen: Original-Basar-Feeling mitten in Kreuzkölln und frisches Obst und Gemüse zu Dumpingpreisen.
Di + Fr 10–18:30 Uhr

Die Top 10 Restaurants für Alt-Berliner Küche

Zur Gerichtslaube
Poststraße 28, 10178 Berlin-Mitte
www.gerichtslaube.de
täglich ab 11:30 Uhr

Schöneberger Weltlaterne
Motzstraße 61, 10777 Berlin-Schöneberg
www.schoeneberger-weltlaterne.de
täglich ab 17 Uhr

Zum Schusterjungen
Danziger Straße 9, 10435 Berlin-Prenzlauer Berg
täglich ab 11 Uhr

Mutter Hoppe
Rathausstraße 21, 10178 Berlin-Mitte
www.prostmahlzeit.de/mutterhoppe
täglich ab 11:30 Uhr

Zur letzten Instanz
Waisenstraße 14–16, 10179 Berlin-Mitte
www.zurletzteninstanz.de
Mo–Sa ab 12 Uhr

Wirtshaus Max und Moritz
Oranienstraße 162, 10969 Berlin-Kreuzberg
www.maxundmoritzberlin.de
täglich ab 17 Uhr

Dicke Wirtin
Carmerstraße 9, 10623 Berlin-Charlottenburg
http://dicke-wirtin.de
täglich ab 17 Uhr

Alt Berliner Biersalon
Kurfürstendamm 225, 10771 Berlin-Charlottenburg
www.alt-berliner-biersalon.de
rund um die Uhr geöffnet

Diener Tattersall
Grolmanstraße 47, 10623 Berlin-Charlottenburg
www.diener-tattersall.de
täglich ab 18 Uhr

Nante-Eck
Unter den Linden 35, 10117 Berlin-Mitte
www.nante-eck.de
täglich ab 9 Uhr

Murats Shoppingtipps

Hier ein paar Läden, die meiner Meinung nach immer einen Besuch lohnen:

* **Die Espressonisten**, Gutenbergstraße 27, 14467 Potsdam, www.espressonisten.de: Spezialisten für Kaffee

* **Designer Outlet Berlin**, Alter Spandauer Weg 1, 14641 Wustermark OT Elstal, 16.500 m² Designer-Outlets, www.designer-outlet-berlin.de

* **Stollwerck Werksverkauf**, Motzener Straße 32, 12277 Berlin-Marienfelde, www.stollwerk.de: Schokolade satt

* **Antiquariat im Hufelandhaus**, Hegelplatz 1, 10117 Berlin-Mitte, www.lange-springer-antiquariat.de: eins der größten Antiquariate Europas

* **Grober Unfug**, Weinmeisterstraße 9, 10178 Berlin-Mitte, www.groberunfug.de: Comics, Merchandise, DVDs, Soundtracks und vieles mehr

* **Berlintapete**, Kollwitzstraße 80, 10435 Berlin-Prenzlauer Berg, www.berlintapete.de: originelle Wandmotive

* **Senfsalon**, Hagelberger Straße 46, 10965 Berlin-
Kreuzberg, www.senfsalon.de: Senfsorten, Zubehör
und Literatur rund um Senf

* **Harry Lehmann**, Kantstraße 106, 10627 Berlin-
Charlottenburg, www.parfum-individual.de: Verkauf
von selbst kreierten Parfums nach Gewicht

* **Anagramm**, Mehringdamm 50, 10961 Berlin-Kreuzberg, www.anagramm-buch.de: Buchladen mit großer
Auswahl an Kinderbüchern

* **Negativeland**, Danziger Straße 41, 10435 Berlin-
Prenzlauer Berg, www.negativeland.de: Filmklassiker
und Independent-Filme

* **Sing Blackbird**, Sanderstrasse 11, 12047 Berlin-Neukölln,
http://singblackbird.com: Vintagekleidung, Kaffee, Süßes

* **Freak out Records**, Prenzlauer Allee 49, 10437 Berlin-Prenzlauer Berg, www.freakoutrecords.com: Punk, Jazz, Klassiker, Soul, Funk, Independent, Soundtracks; neu oder gebraucht

* **Camp 4**, Karl-Marx-Allee 32, 10178 Berlin-Mitte, www.camp4.de: Outdoor, Bergsport, Trekking; Beratung durch erfahrene Backpackern

* **Hamann Schokolade**, Brandenburgische Straße 17, 10707 Berlin-Wilmersdorf, www.hamann-schokolade. de: Spezialist für Bitterschokolade

* **Heimat Berlin 1**, Kastanienallee 13/14, 10435 Berlin-Prenzlauer Berg und Heimat Berlin 2, Bergmannstraße 16, 10961 Berlin-Kreuzberg, www.heimat-berlin.eu: Hutprofis, die aber eine Menge Artikel mehr auf Lager haben

* **Ährenkranz**, Torstraße 101, 10119 Berlin-Mitte, www.aehrenkranz.de: unter anderem Taschen mit Namen von berühmten Berliner Nachtclubs

Wörterbuch

ja	*jo*
nein	*nee*
bitte	*bidde*
danke	*danke*
dies, das, dieses, jenes	*det, dit, ditte*
ich	*ick, icke*
Warte auf mich!	*Wadde ma!*
Wie spät ist es, bitte?	*Könn Se ma sagen, wie spät et is?*
Mir ist schlecht.	*Mir is kodderig.*
Darf ich bitte eine Zigarette von Ihnen haben?	*Haste ma 'ne Kippe, ey?*
Schönes Wetter, finden Sie nicht auch?	*Boah, krasset Wetter, wa*?*

---

* Ein *Wa* ist rhetorisch gemeint, Sie müssen nicht darauf antworten. Sachtes Nicken empfiehlt sich als Geste der Höflichkeit. (Vgl. auch das englische »... you see?«)

Guten Tag, wie geht es Ihnen?	*Juten Tach, allet kla?*
Wie komme ich denn zu ...?	*Wo jeht's 'n hier nach ...?*
Ich liebe dich.	*Ick liebe dir.*
laufen	*loofen*
kaufen	*koofen*
saufen	*soofen*
Mittagsschlaf halten / dösen	*nusseln*
mein Bruder	*meene Keule / meen Atze*
meine Schwester	*meene Schwelle*
Brötchen	*Schrippe*
Butterbrot	*Stulle*
Frikadelle	*Bulette*
Pfannkuchen	*Eierkuchen*
Berliner	*Pfannkuchen*

Bier	*Molle*
Schnäpschen / Kurzer	*Schnäppakin*
schlechter Kaffee	*Lorke*
sehr betrunken	*knülle*
stehlen	*mausen*
Polizei	*Polente*
super	*dufte, knorke*
Freundin/Partnerin	*Ische*
Lassen Sie meine Freundin/ Partnerin sofort in Ruhe, sonst muss ich Ihnen leider körperlichen Schmerz zufügen!	*Lass ma scheen die Finga von meene Ische, sonst jibtet wat vorn Zopp!*
Ehefrau / Ehemann	*Olle / Oller*

Die besten Berliner Sprüche

Keen Haar uff'm Kopp,
aba 'n Kamm inne Tasche.

Alter Angeber.

doof wie Stulle

dumm wie Brot

jottwede (auch: *Jott–We–De*
oder *jwd*)

ganz weit draußen

Dir ham se wohl mit'm
Klammerbeutel jepudert.

Dein Verstand hat wohl
schon gelitten, als du noch
ganz klein warst.

Wenn de denkst, du hasten
drinne, klemmt er inner
Sofarinne.

Wenn du glaubst, etwas
erreicht zu haben, steckst
du noch ganz am Anfang.

Ick lach ma 'n Ast und setz
ma druff.

Das nehm ich ganz
gelassen.

Der hat wat uff de Pfanne.

Der kann was.

Scheenen Dank ooch für det Backobst.	Darauf kann ich wirklich verzichten.
Det kann Lehnmanns Kutscha ooch.	Das ist kein Kunststück, das kann ja jeder.
Nu aba ran an de Buletten!	Los geht's, fangen wir an!
Nu ma sachte mit die jungen Ferde.	Immer mit der Ruhe.
Nu mach ma keene Fisimatenten!	Jetzt mach keinen Blödsinn!*

---

* Zurückzuführen auf eine Anmache von napoleonischen Soldaten während der Besetzung Berlins zu Beginn des 19. Jahrhunderts, die sie den Berliner Mädchen hinterherriefen: »*Visite ma tente!*« – »Besuch mal mein Zelt!«

Glossar

Badeschiff. Kein Schiff, das baden geht, wohl aber eins, in dem man baden kann. Liegt in der Spree in der Nähe der Oberbaumbrücke.

Ballast der Republik. Ehemaliger Palast der Republik, Asbest-belastet und mittlerweile entsorgt. An seiner statt soll mit dem Wiederaufbau des alten Stadtschlosses ein neuer Ballast der Republik entstehen.

Berliner Weiße mit Schuss / mit Strippe. Obergäriges alkoholarmes Bier aus Gersten- und Weizenmalz, wahlweise mit Schuss (Himbeer- oder Waldmeistersirup) oder *Strippe* (Kümmelbranntwein).

Böhmisches Dorf. Hat nichts mit der bekannten Redensart »Das sind für mich böhmische Dörfer« zu tun, sondern bezeichnet eins der bedeutendsten Kulturdenkmäler Berlins in der Nähe des Neuköllner Richardplatzes.

Bonnies Ranch. Karl-Bonhoeffer-Nervenklinikum in Reinickendorf.

Boxi. Boxhagener Platz.

»Bratwurstkrieg«. Der Urheberstreit zwischen Grill-Walker und Grill-Runner darüber, wer den »laufenden« Bratwurststand erfunden hat.

Bundeswaschmaschine. Kanzleramt.

Café Achteck. Achteckige Pissoirs aus der Gründerzeit, zum Beispiel am Chamissoplatz zu besichtigen.

Café Schönstedt. Amtsgericht Neukölln. Ein Teil wurde früher als Jugendgefängnis benutzt.

Eierwärmer. Reichstagsgebäude (mit Glaskuppel).

Elefantenklo. Das Kanzleramt.

Fassbrause. Klingt nach Frühform der Campingdusche, ist aber eine verfeinerte Apfel-Limonade mit Lakritz-Zusatz.

Gemüseschlacht. Traditionell und jährlich abgehaltene »Schlacht« zwischen den zwangsverheirateten Bezirken Friedrichshain und Kreuzberg, bei dem als Wurfmunition neben Wasser alles zum Einsatz kommt, was glibbert, schwabbelt und nicht verletzt (zum Beispiel altes Gemüse, Mehl oder Pudding).

Görli. Görlitzer Platz.

Gold-Else. Vergoldete Engelsfigur auf der Siegessäule.

Häckerle. Kein Computer-Chaot in der Ausbildungsphase, sondern Berliner Heringsrezept, ursprünglich aus Schlesien.

Hoppelpoppel. Berliner Gericht mit Bratkartoffeln und Bratenresten – aber kein Hasenbraten!

Hoppetosse. Keine Hüpfburg, sondern ein ehemaliges Ausflugsschiff, jetzt Restaurant an der Oberbaumbrücke, der sogenannte Kohldampfer.

Hufeisensiedlung. Kein Ponyhof, sondern eine gleichnamige Neuköllner Siedlung in Form eines Hufeisens, von der UNESCO als Weltkulturerbe geschützt.

Hungerharke. Denkmal zur Luftbrücke am ehemaligen Flughafen Tempelhof.

KaDeWe. Kaufhaus des Westens. Legendärer Shoppingtempel. In den 1980er-Jahren gab es in den Räumlichkeiten des heutigen Mehringhof-Theaters (Gneisenaustraße 2a) zudem ein CaDeWe (Cabaret des Westens). Dessen Betreiber gründeten später das BKA. Das Kürzel steht hier nicht für das Bundeskriminalamt, sondern die Berliner Kabarett-Anstalt.

Knut. Zu früh verstorbener Berliner Popstar, bürgerlicher Beruf: Eisbär, Riesen-Fangemeinde, starke Medienpräsenz, glänzendes Merchandising.

Kotti. Kottbusser Tor.

Kutschi (auch Kurtschi). Kurt-Schumacher-Platz. 2012, mit Eröffnung des neuen Berliner Großflughafens in Schönefeld, wieder lebenswert. Denn dann liegt der *Kutschi* nicht mehr in der Einflugschneise des Flughafens Tegel.

Lippenstift und Puderdose. Die beiden Gebäude der Gedächtniskirche.

LSD-Viertel. Szeneviertel, um die Lychener, Stargader und Dunckerstraße gelegen.

Merkwürdiges Viertel. Treffende Bezeichnung für das Märkische Viertel in Reinickendorf.

Mont Klamott. Der Große Bunkerberg im Volkspark Friedrichshain.

Netzspinne. Liniennetzplan der BVG.

Nolli. Nollendorfplatz.

Plötze. Jugendstrafanstalt Plötzensee (auch der See an sich).

Potse. Potsdamer Straße.

Pregnant Hill. Kosename für Prenzlauer Berg, dem Berliner Bezirk mit der größten Kleinkinderdichte.

Rennpappe. Trabi, im Nachwende-Berlin noch lange Teil des Straßenbildes.

Retourkutsche. Name der Quadriga auf dem Brandenburger Tor.

Rosinenbomber. Name für die Flugzeuge der Alliierten während der Berliner Luftbrücke.

Rostkreuz. Der renovierungsbedürftige S-Bahnhof Ostkreuz.

Schau. DDR-Slang für »toll, klasse«.

Schwangere Auster. Ehemaliges Kongresszentrum, jetzt »Haus der Kulturen der Welt« im Tiergarten.

Soffi. Sophie-Charlotten-Platz.

Sportmolle. Anderes Wort für Fassbrause, Molle = Bierflasche, also quasi ein Vorläufer des Clausthalers.

Stabi. Staatsbibliothek.

Stutti. Stuttgarter Platz.

Suppenschüssel. Granitschale im Lustgarten.

Tantiemenbunker. Hauptsitz der Gema, Nähe Wittenbergplatz.

Telespargel. Fernsehturm am Alex, erbaut in den 60ern, auch »Ulbrichts Zeigefinger« genannt.

Theo. Theodor-Heuss-Platz.

Topi. Gängiger Spitzname des Autors.

Tränenpalast. Lange Jahre Abfertigungshalle für West-Ost-Pendler beziehungsweise Reisende nahe dem Bahnhof Friedrichstraße, so benannt wegen der vielen tränenreichen Abschiede. In Nachwende-Jahren lange Zeit als Veranstaltungsort genutzt.

Tretmine. Besonders in den Bezirken Kreuzberg und Neukölln anzutreffende Gehwegbehinderung, bestehend zu 100 Prozent aus Hundeexkrement.

Urst. West-Pendant-Ausdruck zu *schau*, *urst-schau*: der ultimative Nachwende-Ausdruck für »besser geht es nicht«.

»Vermehlung«. Hochzeitsritual in der Britzer Mühle.

© Carolin Wessel

Mischa-Sarim Vérollet
WESTFALEN
Als Leo Frida suchte und Pumpernickel
fand – ein Heimatbuch
ISBN 978-3-934918-93-1

Der in Bielefeld aufgewachsene Erfolgsautor Mischa-Sarim Vérollet zeigt, wie der Balkenhase in Westfalen läuft und die Westfalen ticken!

Mischa-Sarim Vérollet, geboren 1981 auf Gibraltar, strandete mit drei Jahren in Ostwestfalen. Er wuchs in der Provinzmetropole Bielefeld auf, wo er 2004 zum ersten Mal auf einer Poetry-Slam-Bühne stand. Inzwischen ist er einer der bekanntesten Poetry-Slam-Künstler Deutschlands. 2009 erschien der Erzählungsband *Das Leben ist keine Waldorfschule* (ausgezeichnet als *Kuriosester Buchtitel 2009*), 2010 der Roman *Warum ich Angst vor Frauen habe*.

Die *Heimatbuch*-Reihe

CONBOOK VERLAG
www.conbook-verlag.de

Alles zu den Heimatbüchern: **www.heimatbuch.de**

GROSSER TIERGARTEN
NATUR IST AM SCHÖNSTEN, WENN RINGSHERUM HAUPTSTADT IST.
the place to be.
visitBerlin.de
facebook.com/Berlin
twitter.com/visitBerlin
youtube.com/Berlin
Visit Berlin